ENZYKLOPÄDIE
DEUTSCHER
GESCHICHTE
BAND 57

ENZYKLOPÄDIE
DEUTSCHER
GESCHICHTE
BAND 57

HERAUSGEGEBEN VON
LOTHAR GALL

IN VERBINDUNG MIT
PETER BLICKLE
ELISABETH FEHRENBACH
JOHANNES FRIED
KLAUS HILDEBRAND
KARL HEINRICH KAUFHOLD
HORST MÖLLER
OTTO GERHARD OEXLE
KLAUS TENFELDE

DIE GERMANEN

VON
WALTER POHL

R. OLDENBOURG VERLAG
MÜNCHEN 2000

Die Deutsche Bibliothek – CIP-Einheitsaufnahme

Enzyklopädie deutscher Geschichte / hrsg. von Lothar Gall in Verbindung mit Peter Blickle ... – München : Oldenbourg

Pohl, Walter:
Die Germanen / von Walter Pohl. – München : Oldenbourg, 2000
(Enzyklopädie deutscher Geschichte ; Bd. 57)
ISBN 3-486-55705-X
ISBN 3-486-55706-8

© 2000 Oldenbourg Wissenschaftsverlag GmbH, München
Rosenheimer Straße 145, D-81671 München
Internet: http://www.oldenbourg-verlag.de

Das Werk einschließlich aller Abbildungen ist urheberrechtlich geschützt. Jede Verwertung außerhalb der Grenzen des Urheberrechtsgesetzes ist ohne Zustimmung des Verlages unzulässig und strafbar. Das gilt insbesondere für Vervielfältigungen, Übersetzungen, Mikroverfilmungen und die Einspeicherung und Bearbeitung in elektronischen Systemen.

Umschlaggestaltung: Dieter Vollendorf
Gedruckt auf säurefreiem, alterungsbeständigem Papier (chlorfrei gebleicht).
Gesamtherstellung: R. Oldenbourg Graphische Betriebe Druckerei GmbH, München

ISBN 3-486-55705-X (brosch.)
ISBN 3-486-55706-8 (geb.)

Vorwort

Die „Enzyklopädie deutscher Geschichte" soll für die Benutzer – Fachhistoriker, Studenten, Geschichtslehrer, Vertreter benachbarter Disziplinen und interessierte Laien – ein Arbeitsinstrument sein, mit dessen Hilfe sie sich rasch und zuverlässig über den gegenwärtigen Stand unserer Kenntnisse und der Forschung in den verschiedenen Bereichen der deutschen Geschichte informieren können.
Geschichte wird dabei in einem umfassenden Sinne verstanden: Der Geschichte in der Gesellschaft, der Wirtschaft, des Staates in seinen inneren und äußeren Verhältnissen wird ebenso ein großes Gewicht beigemessen wie der Geschichte der Religion und der Kirche, der Kultur, der Lebenswelten und der Mentalitäten.
Dieses umfassende Verständnis von Geschichte muß immer wieder Prozesse und Tendenzen einbeziehen, die säkularer Natur sind, nationale und einzelstaatliche Grenzen übergreifen. Ihm entspricht eine eher pragmatische Bestimmung des Begriffs „deutsche Geschichte". Sie orientiert sich sehr bewußt an der jeweiligen zeitgenössischen Auffassung und Definition des Begriffs und sucht ihn von daher zugleich von programmatischen Rückprojektionen zu entlasten, die seine Verwendung in den letzten anderthalb Jahrhunderten immer wieder begleiteten. Was damit an Unschärfen und Problemen, vor allem hinsichtlich des diachronen Vergleichs, verbunden ist, steht in keinem Verhältnis zu den Schwierigkeiten, die sich bei dem Versuch einer zeitübergreifenden Festlegung ergäben, die stets nur mehr oder weniger willkürlicher Art sein könnte. Das heißt freilich nicht, daß der Begriff „deutsche Geschichte" unreflektiert gebraucht werden kann. Eine der Aufgaben der einzelnen Bände ist es vielmehr, den Bereich der Darstellung auch geographisch jeweils genau zu bestimmen.
Das Gesamtwerk wird am Ende rund hundert Bände umfassen. Sie folgen alle einem gleichen Gliederungsschema und sind mit Blick auf die Konzeption der Reihe und die Bedürfnisse des Benutzers in ihrem Umfang jeweils streng begrenzt. Das zwingt vor allem im darstellenden Teil, der den heutigen Stand unserer Kenntnisse auf knappstem Raum zusammenfaßt – ihm schließen sich die Darlegung und Erörterung der Forschungssituation und eine entsprechend gegliederte Auswahlbiblio-

graphie an –, zu starker Konzentration und zur Beschränkung auf die zentralen Vorgänge und Entwicklungen. Besonderes Gewicht ist daneben, unter Betonung des systematischen Zusammenhangs, auf die Abstimmung der einzelnen Bände untereinander, in sachlicher Hinsicht, aber auch im Hinblick auf die übergreifenden Fragestellungen, gelegt worden. Aus dem Gesamtwerk lassen sich so auch immer einzelne, den jeweiligen Benutzer besonders interessierende Serien zusammenstellen. Ungeachtet dessen aber bildet jeder Band eine in sich abgeschlossene Einheit – unter der persönlichen Verantwortung des Autors und in völliger Eigenständigkeit gegenüber den benachbarten und verwandten Bänden, auch was den Zeitpunkt des Erscheinens angeht.

Lothar Gall

Inhalt

Vorwort des Verfassers................................. IX

I. *Enzyklopädischer Überblick* 1
   1. Germanenbilder: antike Wahrnehmungen und moderne
      Ideologien..................................... 1
   2. Die Vielfalt der Völker........................... 7
   3. Die Entdeckung der Germanen 11
   4. Römische Offensiven und germanische Widerstände 13
   5. Die Germania in der frühen Kaiserzeit................ 18
   6. Aufbruch der Peripherie: die Markomannenkriege und das
      3. Jahrhundert.................................. 25
   7. Die Alemannen................................. 29
   8. Die frühen Franken.............................. 33
   9. Von der spätantiken zur merowingischen Germania 38

II. *Grundprobleme und Tendenzen der Forschung* 45
   1. Was ist germanisch?............................. 45
      1.1 Suche nach Ursprüngen: Sprachentwicklung,
          archäologische Kultur, Ethnogenese............. 45
      1.2 Römische Wahrnehmungen von der Entstehung
          der Germanen 51
      1.3 Tacitus und die Folgen 59
   2. Elemente germanischer Gesellschaft 65
      2.1 Königtum, Herrschaft, Gefolgschaft............. 65
      2.2 Die Sippe und die Stellung der Frauen 72
      2.3 Religion, Mythen, Rituale..................... 78
   3. Ethnische Prozesse und Konfrontationen mit dem
      Imperium 86
      3.1 Gentes des Frühzeit: Kimbern und Teutonen,
          Bastarnen, Sueben.......................... 86
      3.2 Auseinandersetzungen der frühen Kaiserzeit 93
      3.3 Die Alemannen 101
      3.4 Die fränkische Germania 107

III. Quellen und Literatur............................. 117

   A. Quellen, Quellensammlungen, Hilfsmittel............ 117

   B. Literatur 120

   Register 143
      1. Autoren, Personen und Völker.................. 143
      2. Ortsregister................................. 150
      3. Sachregister................................ 152

   Themen und Autoren 157

Vorwort des Verfassers

Die Germanen sind ein Gegenstand, der sehr unterschiedliche Erwartungen auslösen kann. Dieser Band soll, im Rahmen der „Enzyklopädie deutscher Geschichte", Voraussetzungen und Ansätze aufsuchen, die in die spätere, in engerem Sinn ‚deutsche' Geschichte führen. Deshalb setzt sich hier ein Mediävist mit dem Thema auseinander. Diese Auseinandersetzung mit Anfängen ist jedoch belastet mit jahrhundertelanger täuschungsreicher Suche nach Ursprünglichem im Germanentum, dem zugleich zeitloser Wert zugeschrieben wurde. Diese Irrwege sind nun untrennbar mit dem Gegenstand verbunden, weshalb Forschungsgeschichte und Ideologiekritik ein wesentlicher Gesichtspunkt des Bandes sind. In der Darstellung beschränkt sich das Buch auf die Germanen im Sinn des antiken Begriffes: Es beschreibt die Geschichte des Gebietes jenseits von Rhein und Donau, das die Römer ‚Germania' nannten, etwa vom 1. Jahrhundert v. Chr. bis zum 6. Jahrhundert n. Chr. Es endet dort, wo Goten, Franken oder Langobarden als Herren ehemaliger römischer Provinzen in den Brennpunkt zeitgenössischer wie moderner Geschichtsschreibung treten. Trotz dieser Beschränkung ist die Fülle des Geschriebenen durch diesen Band nur in Auswahl zu bewältigen. Im Vordergrund steht die Frage nach Identitäten und ihrer Wirksamkeit. Die Germanen waren immer als ‚die' Germanen selbstverständlicher Gegenstand deutscher Geschichte gewesen. Doch bei näherem Hinsehen ist dahinter kein wirkungsmächtiger, seiner selbst bewußter Großverband zu entdecken. Welches waren die Gemeinschaften, an denen sich Germanen orientierten, und welche Bindekräfte konnten sie entfalten? Was bedeutet die Vielzahl überlieferter Völkernamen, in welchen Zusammenhängen werden sie genannt? Dabei wird vor allem die schriftliche Überlieferung berücksichtigt; dazu kommen, soweit es dem Historiker möglich ist, Hinweise auf die beeindruckende Fülle archäologischer und philologischer Befunde.

Einer großen Anzahl von Kollegen verdanke ich wertvolle Hinweise; genannt seien Herwig Wolfram, die Herausgeber Johannes Fried und Lothar Gall, sowie Horst Wolfgang Böhme, Helmut Castritius, Gerhard Dobesch, Dieter Geuenich, Ulrike Hirhager, Jörg Jarnut, Susanne Pils, Brigitte Pohl-Resl, Hermann Reichert, Piergiuseppe

Scardigli, Michael Schmauder, Heiko Steuer, Dieter Timpe und Ian Wood, und für den Verlag Adolph Dieckmann. Unschätzbare Hilfe bei der Bibliographie leistete Maximilian Diesenberger, weitere Unterstützung bekam ich von Susanne Grunsky, Dagmar Giesriegl, Helmut Reimitz, Richard Corradini und Peter Erhart. Zu danken ist der Österreichischen Akademie der Wissenschaften, als deren Mitarbeiter ich mich im Rahmen der Forschungsstelle für Geschichte des Mittelalters der Arbeit an dem Buch widmen konnte, sowie dem Institut für Österreichische Geschichtsforschung, dessen Bibliothek ich benutzen konnte.

I. Enzyklopädischer Überblick

1. Germanenbilder: antike Wahrnehmungen und moderne Ideologien

Ein Volk, das sich Germanen nannte, hat es vielleicht nie gegeben. Als Fremdbezeichnung hingegen hat der Germanenname eine lange und reichhaltige Geschichte, von Caesars *Germani* bis zu den heutigen *Germans*. Die Römer, soviel ist gewiß, haben seit Caesar die Völker jenseits von Rhein und oberer Donau so genannt. In der Spätantike kam der Name langsam aus der Mode und rückte erst durch die Humanisten wieder ins Zentrum der Debatten. Was der Name ‚Germanen' jeweils benannte, war unterschiedlich. Doch hat kaum ein anderer Völkername so starke und widersprüchliche Gefühle ausgelöst. Auch dieser affektive Gehalt spielte von Caesars Zeiten bis ins 20. Jahrhundert eine Rolle. Menschen unterschiedlichster Herkunft haben sich daher oft mit Stolz jenen Germanen zugerechnet, die bei anderen Schrecken und Bewunderung, Abscheu und Neugier erregten. Das gilt nicht zuletzt für die neuzeitlichen Deutschen, die durch rückblickende Identifizierung mit heldenhaften Germanen eine unbefriedigende Gegenwart zu überhöhen suchten. „Unser, unser sind der Goten, Vandalen und Franken Heldentaten", formulierte der Humanist Beatus Rhenanus. Die Aneignung der germanischen Vergangenheit durch die Deutschen verklärte und verzerrte den Gegenstand bis weit in unser Jahrhundert; im Bewußtsein der Öffentlichkeit sind die Germanen vielfach immer noch „die ersten Deutschen". Penible Forschungen und kontroverse Debatten waren mit solchen Verkürzungen durchaus vereinbar. Wo voreingenommene Fragestellungen, ideologisch aufgeladene Begriffe und Zirkelschlüsse die Resultate verfärbten, war oft gar nicht leicht nachweisbar. Nach 1945 hat sich die Forschung nur allmählich von einem verselbständigten Germanenbegriff gelöst.

Ein Studienbuch über die Germanen kann sich daher nicht darauf beschränken, so gut wie möglich Geschichte und Lebensweise in der alten Germania darzulegen. Sein Thema sind ebenso die Wahrneh-

Affektiver Gehalt des Germanennamens

mungen der Zeitgenossen und die modernen Deutungen, die sich oft untrennbar mit dem Gegenstand verflochten haben. Im Ergebnis müssen viele Vermutungen und Gewißheiten vergangener Forschergenerationen zurückgenommen werden. Wir wissen weniger über die Germanen, als es aus älteren Handbüchern den Anschein hat. Dafür hat die Diskussion der letzten Jahrzehnte gerade an diesem schwierigen Gegenstand Methode und Begriffe eindrucksvoll geschärft. Bis in unser Jahrhundert erklärte die moderne Forschung die Entstehung von Völkern vorwiegend mit dem Modell des Stammbaumes, wie es schon die Zeitgenossen anwendeten. Erst heute können wir die Vielfalt und Widersprüchlichkeit ethnischer Prozesse einigermaßen darstellen. Zugleich wurde der Abstand zwischen Wirklichkeiten und Wahrnehmungen deutlich: Fremdbilder und Vorurteile, literarische Motive und überkommene Kategorien, politische Interessen und Legitimationsbedürfnisse verzerrten die Darstellung ebenso wie sie oft neue Realitäten schufen. In diesem Sinn war vor kurzem geradezu von der „Erfindung der Germanen" (LUND) die Rede. Schlüsseltexte zur germanischen Frühgeschichte wie Caesars Germanenexkurs und die *Germania* des Tacitus sind neu befragt worden. Klar wurde, daß der römische Blick auf die Germanen, dem wir einen Großteil unseres historischen Wissens verdanken, nicht einfach wie eine störende Brille abgenommen werden kann.

Doch ist die Diskussion in vollem Gang, und in vielen Fragen steht der Verfasser eines Studienbuches daher auf unsicherem Boden. Im besten Fall kann er den Leser ein Stück weit auf jenem Weg begleiten, den die Forschung seit 1945 eingeschlagen hat. An die Stelle eines einzigen, in sich geschlossenen und je nach Blickpunkt von Volksseele und Volkscharakter, von Sprache und Kultur, oder gar von Rasse und Blut zusammengehaltenen germanischen Volkes tritt eine Vielfalt von ‚Völkern im Werden'. Aus einem vor allem von den Wahrnehmungen römischer Beobachter umschriebenen Raum, der Germania, wuchsen sie in mehrfachen Brüchen und Neuansätzen in die veränderte ethnische Geographie des spät- und nachrömischen Europa hinein. Um sie zu beschreiben, muß man sich einer Mehrzahl von einander ergänzenden, aber nicht deckungsgleichen Perspektiven bedienen: Zu den oft unterschiedlichen Blickwinkeln unserer Texte kommen vor allem archäologische und sprachwissenschaftliche Befunde, die das Germanenbild unserer schriftlichen Nachrichten mit reichhaltigen und detaillierten Informationen auffüllen können, deren direkter Zugriff auf eine allgemeingültige Definition germanischer Identität bisher aber immer in die Irre führte.

Neue Deutungen

Völker im Werden

1. Germanenbilder: antike Wahrnehmungen und moderne Ideologi   3

In der Abgrenzung seines Gegenstandes geht dieses Buch vom antiken Germanenbegriff aus. Die römisch-germanischen Königreiche der Goten, Vandalen oder Langobarden, die seit dem 5. Jahrhundert n. Chr. auf Reichsboden entstanden, sind kaum als Teil der deutschen Geschichte zu betrachten; ihnen ist ein Band des „Oldenbourg Grundrisses der Geschichte" über die Völkerwanderungszeit gewidmet. Das fränkische Merowingerreich, dessen Zentrum in Gallien lag, ist Thema des schon vor längerer Zeit erschienenen EDG-Bandes 26 von R. KAISER. Daher orientiert sich dieser Band an der antiken Germania zwischen Rhein, Donau und Weichsel. Die ‚gotischen Völker', die von ihren ‚skythischen' Nachbarn die Kampfweise zu Pferd gelernt hatten und denen die Römer seit dem 3. Jahrhundert n. Chr. jenseits der unteren Donau begegneten, wurden von den Zeitgenossen nicht als Germanen betrachtet, sondern eher mit Sarmaten, Alanen und Hunnen in Verbindung gebracht. Dazu zählten nicht nur Goten und Gepiden, sondern auch Vandalen und einige kleinere Völker, die vorübergehend unter hunnische Herrschaft gerieten. Gerade diese Völker feierten im 5. Jahrhundert die spektakulärsten Erfolge und konnten die Kerngebiete des Weströmischen Reiches besetzen; bis 711 war freilich das letzte ihrer Reiche zusammengebrochen.

Abgrenzung des Themas

Die relativ klaren Grenzen entlang großer Ströme, die antike Autoren der Germania gaben, sollten freilich nicht darüber hinwegtäuschen, daß auch dieser territoriale Germanenbegriff widersprüchlich blieb. Erstens wurde er von den meisten griechischen Autoren, bis in byzantinische Zeit, nicht geteilt, da sie germanische Völker meist als Kelten betrachteten. Für sie blieb also die Zweiteilung der griechischen Ethnographie aufrecht, die nördliche Barbaren entweder den Skythen im Osten oder den Kelten im Westen zuordnete. Zweitens trafen die Römer im Nordosten Galliens, also westlich des Rheins, auf eine Reihe von Völkern, die sie ebenfalls zu den Germanen rechneten; Tacitus meinte sogar, von den linksrheinischen Tungrern stamme eigentlich der Germanenname. Diese *Germani cisrhenani* sprachen vermutlich keine germanische Sprache. Drittens erlaubte die östliche Begrenzung der Germania, entlang der Weichsel und dann etwa entlang einer Linie bis zum Donauknie nördlich von *Aquincum*/Budapest, nur eine ungefähre Orientierung. Zum Unterschied von Rhein und Donau, wo römische Armeen (allerdings zunehmend mit Hilfe von Soldaten germanischer Herkunft) für klare Grenzen sorgten, waren die Verhältnisse im Osten weiter in Bewegung.

Widersprüche des antiken Germanenbegriffes

Der territoriale Germanenbegriff, den Julius Caesar prägte, blieb also unpräzise, was bei seinem Umfang nicht überrascht. Schwieriger zu klären ist, ob ihm jemals ein lebendiges Zusammengehörigkeitsgefühl der Germanen entsprach, was die ältere Forschung voraussetzte. Diejenigen, die etwa aufgrund der bei Tacitus erwähnten Mannus-Sage für die Zeit vor Caesar eine germanische Selbstzuordnung in irgendeiner Form voraussetzen, beziehen diese jedenfalls nicht auf den weiten Horizont des caesarischen Germanenbegriffes, sondern suchen sie bei einer wesentlich kleineren Gruppe von Stämmen, die meist links und/oder rechts des Niederrheins angenommen wird. Umstritten ist, ob sie nach unseren heutigen Kriterien (sprachlich, archäologisch) den Germanen zugehörte. Damit entfällt in jedem Fall die methodische Voraussetzung, historische, sprachliche und archäologische Befunde als Ausdruck einer vorgegebenen, ‚völkischen' Einheit zu begreifen, wie es KOSSINNA zu Beginn unseres Jahrhunderts forderte. Jede Disziplin hat den eigenen Germanenbegriff an ihren Quellen zu bewähren.

,Völkische' Einheit?

Für den Historiker ist in dieser Beziehung der Befund dürftiger als lange angenommen. ‚Die Germanen' als geschichtswirksame Gemeinschaft oder als Motivationshorizont der Handelnden lassen sich aus den Schriftquellen kaum nachweisen. Meist tritt der Germanenbegriff als Pauschalbestimmung auf, die zugleich implizite Urteile über Charakter und Lebensweise einschloß. In der frühen Kaiserzeit ersparte er vielfach die Aufzählung identitätswirksamerer Kleinverbände. Doch verlor der Germannenname in der Spätantike viel von seiner praktischen Bedeutung, als die Römer ihre germanischen Gegner am Rhein in Alemannen und Franken einzuteilen begannen. Im 6. Jahrhundert hatte das Frankenreich der Merowinger den Germanennamen weitgehend monopolisiert, was ihn vollends entbehrlich zu machen begann. Die an antiken Schriften geschulten Gelehrten der Karolingerzeit gaben ihm seinen ursprünglichen territorialen Sinn zurück, als sie ihn im 9. Jahrhundert auf das ostfränkische Reich bezogen, weshalb der ostfränkische König Ludwig den Beinamen „Germanicus" erhielt (erst neuzeitliche Gelehrte haben das mit „der Deutsche" übersetzt).

Wandlungen des Germanenbegriffes

Von Anfang an trat aber die deskriptive Bedeutung des Germanennamens gegenüber seiner affektiven zurück. Schon Caesar verwendete die zugespitzte Beschreibung der ‚germanischen' Scharen des Ariovist, um Freunden wie Gegnern in Rom bestimmte politische Schlußfolgerungen zu suggerieren. Die Germanen waren Barbaren wie alle Nordvölker, auf die Griechen wie Römer stießen. Das klischeehafte Menschenbild, das damit angesprochen war, leitete die Wildheit der Barbaren vom rauhen Klima und der ungünstigen Landesnatur ab. Je weiter entfernt von der Mittelmeerkultur, desto wilder wurden die Menschen. Deshalb mußten die Germanen noch wilder sein als die

Barbarenbilder

1. Germanenbilder: antike Wahrnehmungen und moderne Ideologi 5

ebenfalls barbarischen Gallier, die wenigstens von weisen Druiden gezügelt und von römischer Zivilisation beeinflußt waren. Groß und kräftig, mit langen Haaren und Bärten, schmutzig und halbnackt, unberechenbar und grausam, unbeherrscht und unbeherrschbar, todesmutig und sauflustig, so stellte sich die antike Zivilisation das barbarische ‚Andere' vor, das niemand so rein verkörperte wie die Germanen. Wer Dekadenzerscheinungen dieser Zivilisation kritisieren wollte, so wie es Tacitus tat, für den bot sich dieses ‚Andere' freilich als Hort urtümlicher und verlorener Tugenden an: Einfachheit, Keuschheit, Mut und Treue gehörten zu diesem Bild vom ‚edlen Wilden', in dem sich die antike Kultur gelegentlich den Spiegel vorhielt. Christliche Autoren wie Salvian von Marseille (5. Jh.) oder Winfrid-Bonifatius (8. Jh.) griffen später solche Bilder auf, um sündhaften Christen die unverdorbene Lebensweise heidnischer Germanen vorzuhalten.

Diese positive Form des Germanenbildes war es auch, die christianisierten und gebildeten Germanen seine Rezeption erleichterte. Daneben trat gelegentlich der Stolz auf die großen Taten der Vorfahren, die man in römischen Geschichtswerken beschrieben fand. Im Mittelalter herrschte zudem die Tendenz, Verwandtschaft und enge Beziehungen zwischen germanischen Völkern und den Römern zu betonen. So glaubten die Franken, wie die Römer von den Trojanern abzustammen, und im 12. Jahrhundert meinten manche im Heiligen Römischen Reich, Caesar selbst habe unter den Germanen den Stand der Ministerialen geschaffen. Dennoch spielten die Germanen für die mittelalterlichen Deutschen als Selbstbezeichnung eine überraschend geringe Rolle. In der Chronik Ottos von Freising (12. Jh.) wird der Begriff ‚Germanen' für die Zeit nach 400 nur einmal, und da als Verlegenheitslösung, verwendet (6, 19). Nur Germania kam im Mittelalter häufiger vor.

Das änderte sich erst durch die Humanisten. Die Wiederentdeckung der *Germania* des Tacitus im 15. Jahrhundert erleichterte den deutschen Humanisten eine Verklärung der germanischen Ursprünge, die von nun an bis ins 19. Jahrhundert als heroisches Gegenbild zum bedauerlichen Zustand des Reiches große Bedeutung bekamen. In der germanischen Vorzeit vermeinte man unverstellt und unvermischt die germanisch-deutsche ‚Volksseele' zu erfassen, deren Reinigung von der verderblichen Zivilisation der romanischen Völker jeweils der eigenen Gegenwart aufgegeben war. Solche schwärmerischen Vorstellungen motivierten auch die Pioniere der wissenschaftlichen Germanenforschung wie J. GRIMM oder K. MÜLLENHOFF. Als zu dieser Germanenideologie noch die pseudo-naturwissenschaftliche Rassenlehre trat, wurden aus den vorwiegend moralisch-kulturellen Zielvorstellungen

Germanenbegriff
– des Mittelalters

– der Neuzeit

vieler Germanenforscher rassenpolitische Programme, die in den Massenterror des Nationalsozialismus mündeten. Die Germanenforschung vor 1945, die oft durchaus differenzierte Positionen vertrat, ist selbstverständlich nicht pauschal dafür verantwortlich zu machen. Doch der naive Zugang zu ihren Ergebnissen, wie er bei interessierten Laien heute noch häufig vorkommt, ist dadurch unentrinnbar in den kurzschlüssigen Vergleich mit dem Heutigen verstrickt.

Scheinbarer Naturalismus des Germanenbildes

Auf der anderen Seite bleibt die Frage auf der Tagesordnung, wie die geschichtliche Erzählung von einer so lange vergangenen Zeit ihren unheilvollen Aufforderungscharakter, ihre düstere Faszination gewinnen konnte. Das lag wohl vor allem am verführerischen, scheinbar lebensgesättigten Naturalismus der Begriffe. Ein Volk war die große Schicksalsgemeinschaft von Menschen gleichen Blutes und gleicher Kultur. Mit Sippe und Familie, Gefolgschaften und Männerbünden verband sich die Vorstellung von einer Bindekraft und Gefühlsunmittelbarkeit, wie sie modernen Institutionen fehlte. Geschlechterrollen und Kindererziehung stellte man sich, mit Verweis auf Tacitus, naturgemäß und unproblematisch vor. Fehde und Kampf, Volksgericht und drakonische Strafen ersetzten suggestiv die komplexen modernen Mechanismen der Konfliktbewältigung durch direkte Gewalt als einfachsten Weg der Problemlösung. Die Moralisierung von Tapferkeit und Treue als urgermanische Werte beseitigte dabei die ethischen Schranken. Dazu traten anti-moderne Feindbilder, die zumeist schon aus der antiken Zivilisations(selbst)kritik stammten: Kosmopolitismus, urbanes Leben, Intellektualität, Individualismus, Handel oder lustbetonte Sexualität wurden zur Bedrohung von außen stilisiert, gegen die nur die Besinnung auf urgermanische Werte helfen sollte. Mit den Germanen der Frühzeit haben solche Ressentiments wenig zu tun, außer daß ein schon in der Antike üblicher bipolarer Schematismus – Römer/Barbaren – als Ausdruck der Sache selbst genommen und der germanische Pol zum moralischen Vorbild verklärt wurde.

Wer waren die Germanen?

Die moderne Forschung mußte auf die täuschende Lebensnähe, auf die suggestive Anschaulichkeit ihrer Germanenbilder verzichten. Viele der scheinbar konkreten, aus dem Leben gegriffenen Begriffe – wie Volk, Sippe, Adel, Gefolgschaft, Sakral- oder Heerkönigtum – verloren dabei ihre Unmittelbarkeit und wurden als hochkomplizierte Abstraktionen sichtbar, in denen sich mehrere Interpretationsschichten überlagerten. Die Germanenforschung ist unzugänglicher geworden und muß in Kauf nehmen, daß die Verständigung über ihren Gegenstand und dessen Grundbegriffe schwieriger wird. An diesen Anforderungen orientiert sich auch vorliegende Einführung. Wer waren die

Germanen? Was ist germanisch? Wie waren sie organisiert? Nicht eine archäologisch fundierte Ethnographie, die alle Lebensbereiche zu durchleuchten sucht, wie das Germanen-Handbuch der DDR-Akademie, soll geboten werden. Ein Historiker versucht Konzepte und Modelle für einen Prozeß zu finden, der den Wahrnehmungshorizont der Zeitgenossen bei weitem überforderte: die Entstehung der germanischen Welt innerhalb eines römischen *orbis terrarum*. Aus dieser Fragestellung ergibt sich auch der zeitliche Schwerpunkt: Die Untersuchung endet, als die Germania aufhörte, Peripherie einer römischen Welt zu sein.

2. Die Vielfalt der Völker

Der ethnischen Begrifflichkeit vieler Sprachen liegt die Vorstellung von gemeinsamer Abstammung zugrunde, wie bei *gens, natio*, Stamm. Diese Denkweise geht in die Frühzeit zurück. Abstammungsmythen, *origines gentium*, und Genealogien verfolgten die Herkunft von Völkern zurück zu mythischen Stammvätern, durch die oft auch der Name erklärt wurde. Als Ausdruck der Stammesverwandtschaft verstanden antike Gelehrte wie Vergil, Tacitus oder Ammianus Marcellinus Gemeinsamkeiten des Aussehens (*habitus*), der Sitten und Gebräuche, der Sprache, der Tracht und Bewaffnung. Isidor von Sevilla brachte diese Merkmale im 7. Jahrhundert in für das Mittelalter grundlegender Weise in ein System. Zugleich ging man aber mit diesem Modell recht flexibel um und wußte um die Widersprüche und Ungenauigkeiten, die es in der Realität umgaben, wie sich etwa an der *Germania* des Tacitus zeigen läßt. Dieses zwanglose Nebeneinanderdenken mythologisch-historisch fundierter Idealtypen, klassifizierenden Augenscheins, ethnisch legitimierter politischer Strukturen und realer Bevölkerungsvielfalt wurde im 19. Jahrhundert durch einen einheitlicheren Volksbegriff abgelöst, der eine Klassifizierung nach objektiven Kriterien erforderte. Die wissenschaftliche Germanenforschung konnte daher lange Zeit historische, philologische und archäologische Befunde als Ausdruck einer zugrundeliegenden, quasi naturgegebenen ethnischen Identität werten.

<small>Traditioneller Volksbegriff</small>

Heute ist diese Annahme aufgegeben. Völker werden als soziale Gruppen verstanden, die im Lauf der Zeit starken Wandlungen ausgesetzt sein können. Die Untersuchung der ethnischen Prozesse des 1. Jahrtausends n. Chr. hat viel dazu beigetragen, die Vielfalt der Mög-

<small>Aspekte der Ethnizität:</small>

lichkeiten zu erkunden, wie Menschen ihre Identität in größeren oder kleineren Gruppen finden können.

Methodisch führt das dazu, daß folgende Phänomene grundsätzlich unterschieden werden müssen und keines davon als Beweis für die Existenz eines anderen gelten kann:

– Sprache 1. Die Sprecher einer Sprache, wobei in vielen Fällen wiederum unterschieden werden kann zwischen dem Bereich, in dem sich Zeitgenossen miteinander verständigen konnten, und dem von der modernen Philologie erschlossenen Verbreitungsgebiet einer (in vorgeschichtlicher Zeit zudem aus späteren Verhältnissen rekonstruierten) Sprache.

– Kultur 2. Diejenigen, die aufgrund von Grab- und Siedlungsfunden einer archäologischen Kultur zugeordnet werden können, wobei sich solche Kulturen mit sehr unterschiedlicher Deutlichkeit ausprägen. Besondere Vorsicht ist dann geboten, wenn die Zuordnung nur aufgrund weniger Objekttypen, sozusagen ‚Leitfossilien', erfolgt.

– Abstammung 3. Eine Abstammungsgemeinschaft, biologische oder rassische Gruppe. Die großen Hoffnungen, die auf der Suche nach einer nordischen Rasse bis 1945 in die physische Anthropologie gesetzt wurden, haben sich nicht erfüllt. Heute ist die Forschung so gut wie einig darüber, daß die zeitgenössischen Vorstellungen von gemeinsamer Abstammung ein Mythos sind und alle historischen Völker durch Vermischung entstanden sind. Die Definition rassischer Typen durch Schädelmessung hält sich immer noch als Forschungsrichtung, wird aber nur mehr von einer Minderheit von Forschern innerhalb wie außerhalb der Disziplin als wissenschaftliche Methode akzeptiert. Häufiger tauchen einfachere Parameter wie die Körpergröße in der Diskussion auf. Doch sowohl die Anthropologie als auch neuerdings die DNA-Forschung können nur mit statistischen Methoden Gruppen bilden, wobei die als signifikant angenommenen Abweichungen nur wenige Merkmale betreffen und oft im Grenzbereich des Meßbaren bleiben.

– Politischer Verband 4. Der politische Verband. In der Historiographie der Antike und des Frühmittelalters werden barbarische Herrschaftsbereiche zwar regelmäßig mit Völkernamen benannt, und die frühmittelalterlichen Königreiche stellten sich selbst als ethnische Gemeinschaften dar (*regnum Francorum* o.ä.). Doch damit wird nicht ethnische Einheitlichkeit vorausgesetzt, sondern Unterscheidung ermöglicht oder Prestige beansprucht. Die oft kurzlebigen Herrschaftsräume deckten sich kaum je mit Völkern, Sprachgemeinschaften oder Kulturprovinzen.

– Name 5. Eine Gruppe, die in schriftlichen Quellen mit einem bestimmten Völkernamen bezeichnet wird. Dabei treten vor allem zwei Schwierigkeiten auf: Zum einen ist sehr oft schwer zu rekonstruieren, auf wel-

2. Die Vielfalt der Völker

che Bevölkerung sich dieser Name tatsächlich bezieht. Für die gesamte Kaiserzeit ist eine einigermaßen gesicherte Lokalisierung germanischer Völker nach den Schriftquellen eher die Ausnahme als die Regel, genaue Abgrenzungen sind meist unmöglich. Zum anderen müssen Selbst- und Fremdbezeichnung nicht übereinstimmen, die Nachricht kann überhaupt auf einem Irrtum beruhen oder überholte Verhältnisse widerspiegeln. Gerade letzteres kam in der immer auf älteren Texten aufbauenden antiken und mittelalterlichen Ethnographie häufig vor.

6. Eine durch gemeinsames Zugehörigkeitsbewußtsein definierte Gruppe. Nach R. WENSKUS ist es dieser subjektive Faktor, der für die ethnische Identität ausschlaggebend ist. Der Nachweis dieses Gemeinschaftsbewußtseins kann in der Germanenforschung nur indirekt erfolgen. Es kann, aber muß sich nicht in gemeinsamen Institutionen (nach WENSKUS die ‚Verfassung' im weitesten Sinn), einer verbindenden und archäologisch faßbaren Symbolsprache, sprachlicher Angleichung oder eindeutiger Wahrnehmung und Benennung durch die Nachbarn ausdrücken. Gerade in Zeiten ethnischer Verschiebungen können von mehreren Identitätsebenen oder -angeboten unterschiedliche aktualisiert werden, je nachdem, wem man sich gegenübersieht, einem Bewohner des Nachbardorfes, einem Fremden oder einem Feind.

– Zugehörigkeitsbewußtsein

Daß zumindest einige dieser sechs Elemente zusammenfallen, kommt häufig vor, muß aber im einzelnen Fall belegt werden und ist nicht von vornherein anzunehmen. Dabei ist besonders darauf zu achten, daß Brüche und Widersprüche nicht zugunsten eines einheitlichen Bildes geglättet werden (z. B. widersprüchliche Informationen in den Quellen oder nicht übereinstimmende Verbreitungskarten von als konstitutiv angenommenen Fundtypen oder Fundumständen). Gerade in der interdisziplinären Zusammenarbeit ist ein weiterer Punkt zu beachten, der dem Spezialisten meist bewußt ist, aber im Dialog der Disziplinen leicht verlorengeht. Die Befunde, die zu den verschiedenen Kriterien gesammelt werden, ergeben meist nicht klare Abgrenzungen einheitlicher Räume, sondern ein in sich gegliedertes Kontinuum. Jene Merkmale, auf die sich die Definition von ethnischen oder sozialen Gruppen stützt, sind aus einer Vielzahl nicht distinktiver Elemente vom Betrachter ausgewählt. So gingen schon zeitgenössische Autoren vor. Tacitus hatte etwa mehrfach große Schwierigkeiten zu entscheiden, ob ein Volk germanisch war oder nicht. Die Peukiner waren in Sprache und Kultur wie die Germanen, ihr Aussehen entsprach aber eher den Sarmaten; trotz sprachlicher und kultureller Übereinstimmung konnten die *Cotini* und *Osi* keine Germanen sein, weil ihnen die germanische Freiheitsliebe fehlte; die Aesten waren wiederum in Aussehen und Re-

Definitionsprobleme

ligion wie die Sueben, sprachen aber eine angeblich dem Britannischen verwandte Sprache (Germania 43; 45; 46). Einheitliche Kriterien hat Tacitus nicht angewandt, und deutlich wird vor allem, daß er die Sprache nicht für entscheidend hielt. Die heutige Forschung ist trotz zahlreicher Versuche, Kataloge von Kriterien für ethnische Identität festzulegen, in diesem Punkt nicht entscheidend weitergekommen, aus dem einfachen Grund, weil es universell anwendbare eindeutige und objektive Merkmale eben nicht gibt und die Zuordnung zu ethnischen Verbänden immer nur auf Grund einer bewußten oder unbewußten Abwägung von Kriterien erfolgt.

Entstehung der Germanen

Für die Diskussion über die Entstehung der Germanen bedeutet das, daß die Frage nach den Ursprüngen nicht mehr mit einer umfassenden Geschichtserzählung zu beantworten ist, in der die Ergebnisse der Disziplinen harmonisiert werden können. Die Sprachwissenschaft kann weiterhin nach bestimmten Kriterien, etwa der 1. Lautverschiebung, die Entstehung der germanischen Sprache(n) definieren und grob zeitlich und räumlich einordnen. Selbst wo sich dabei beachtliche Überschneidungen mit dem Verbreitungsgebiet einer archäologischen Kultur ergeben können (wie der eisenzeitlichen, vorrömischen Jastorf-Kultur mit Zentrum an der Unterelbe), kann diese Bevölkerung archäologisch nicht ohne weiteres als ‚Germanen' definiert werden. Aus der Forschungsgeschichte wird nämlich deutlich, wie sehr die Auswahl und Deutung der Funde (bzw. des Namengutes) von den Schlußfolgerungen der jeweils anderen Disziplin beeinflußt war, was leicht zu Zirkelschlüssen führte. Der Historiker wiederum muß seinen Germanenbegriff mit den schriftlichen Nachrichten in Einklang bringen. Diese lassen vermuten, daß in vorchristlicher Zeit vor Caesar nur relativ kleine Gruppen beiderseits des Niederrheins *Germani* genannt wurden. Der allgemeine Germanenbegriff, der viele rechtsrheinische Völker umfaßte, verbreitete sich seit Caesar als Fremdbezeichnung. Erst von da an kann sinnvollerweise eine Geschichte der (oder besser: von) Germanen geschrieben werden. Dabei ist zu beachten, daß bei diesen Germanen Zusammengehörigkeitsbewußtsein, Abstammungsgemeinschaft, politischer Verband nicht, gemeinsame Kultur nur sehr eingeschränkt nachweisbar sind. Der Name bezeichnete auch weiterhin kein einheitliches Volk, sondern blieb eine, mehr oder weniger angemessene, ethnographische Sammelbezeichnung.

3. Die Entdeckung der Germanen

Die Züge der Kimbern und Teutonen gegen Ende des 2. vorchristlichen Jahrhunderts sind, aus moderner Sicht, die erste einer Reihe dramatischer Konfrontationen zwischen Römern und Germanen. Seit dem Mittelalter wurde der Name der Teutonen zum gelehrten Synonym für den Namen der Deutschen, einfach weil er dem Wort *theotiscus* (volkssprachlich, deutsch) ähnelte. Eine solche Vermengung von Teutonen, Germanen und Deutschen ist freilich anachronistisch. Erst Caesar ordnete Kimbern und Teutonen den Germanen zu. Die Zeitgenossen hatten in den gefährlichen Nordbarbaren eher die direkten Nachfolger der gallischen Invasoren um 400 v. Chr. gesehen.

Kimbern und Teutonen

Die Kimbernzüge berührten die Gebiete der Boier, wohl in Böhmen und Mähren, der Skordisker an Donau und Save sowie die Ostalpen, wo Noriker und Taurisker wohnten; hier wurde 113 v. Chr. beim nicht genau lokalisierbaren Noreia erstmals eine intervenierende römische Armee geschlagen. Dann zogen die Wandervölker über das Gebiet der Helvetier, mit denen es offensichtlich zu einem Ausgleich kam, nach Gallien. Im Lauf der Zeit schlossen sich Teutonen, Ambronen, Haruden sowie Teile der Helvetier und anderer keltischer Gruppen an. Der Aktionsradius der mit ihren Erfolgen anwachsenden kimbrisch-teutonischen Kriegerverbände reichte bis nach Spanien und Nordgallien. Mehrfach besiegten sie, nach immer wieder gescheiterten Verhandlungen um Ansiedlung, römische Armeen, unter anderem bei Arausio/Orange (105). Erst 102 zog das inzwischen mehrere zehntausend Krieger umfassende Völkerheer in zwei getrennten Abteilungen nach Italien. Der Konsul Marius zerschlug noch im selben Jahr die westliche Gruppe unter Führung der Teutonen bei Aquae Sextiae, 101 das Kimbernheer bei Vercellae.

Kimbernzüge

Die Schilderungen der Kimbernzüge enthalten neben den verbreiteten Grundzügen des Nordvölkerstereotyps (groß, blond, blauäugig, wild) zahlreiche weitere Elemente, die später in das, antike wie moderne, Germanenbild eingingen. Ihr schrecklicher Schlachtgesang und ihr ungestümer Angriff verwirren den Gegner. Hitze macht den Kämpfern am meisten zu schaffen, durch die Annehmlichkeiten der städtischen Zivilisation erschlaffen sie. Im Fall des Sieges werden Gefangene getötet, die Pferde ertränkt, die Beute in den Fluß geworfen. Eine große Rolle während der Kämpfe wird den Frauen zugeschrieben, die ihre Männer anfeuern oder sogar, wenn sie fliehen, töten, die nach verlorener Schlacht die Wagenburg verteidigen und sich dann selbst den

Wahrnehmung der Kimbern und Teutonen

Tod geben, bevor sie in Gefangenschaft geraten. Im einzelnen ist schon durch die späte Überlieferung solcher Details kaum nachzuprüfen, wo es sich um Klischees handelt und wo sie aus tatsächlichen Beobachtungen stammen.

Caesars Commentarii de bello Gallico

Zum Unterschied von den Kimbernzügen sind uns Caesars Kämpfe mit den Sueben des Ariovist und anderen Germanengruppen aus erster Hand überliefert, nämlich aus seinen eigenen *Commentarii de bello Gallico*. Die jüngere Forschung hat freilich herausgearbeitet, wie sehr Caesars Germanendarstellung zur Rechtfertigung der Eroberung ganz Galliens, aber auch des Verzichts auf eine Besetzung rechtsrheinischer Gebiete zugespitzt ist (siehe Kap. II.1.2). Der Angriff auf Ariovist war in Rom, aber auch in Caesars eigenem Heer (das in Vesontio vor dem Aufbruch meuterte) umstritten, die Rechtsgrundlage war prekär. Dementsprechend konzentriert sich die Darstellung Ariovists auf die Erörterung der völkerrechtlichen Grundlage des Eingreifens in Gallien durch beide Parteien. Dabei steht die differenzierte Argumentation Ariovists im Gegensatz zu seiner wiederholten Charakterisierung als barbarisch, grausam, arrogant, erregbar und verwegen, wie es dem Barbarentopos entspricht.

Caesar und Ariovist

Durchgehend stellt Caesar die Germanen als Bedrohung für Gallien dar, was auch den Anlaß zu seinem Eingreifen in Gallien bot. 58 v. Chr. zwang Caesar die nach Westen vorgedrungenen Helvetier, in ihre Siedlungsgebiete zwischen Alpen und Jura zurückzukehren, damit sich dort nicht Germanen niederließen (BG 1,28). Noch im selben Jahr wandte er sich, auf Ersuchen der Haeduer, gegen Ariovist. Dieser hatte ca. 70 v. Chr. den Rhein überschritten und war den Sequanern gegen die Haeduer zu Hilfe gekommen, die schließlich 61/60 entscheidend geschlagen wurden. Seither baute der *rex Germanorum* (BG 1,31,10) vom heutigen Elsaß aus seine Stellung aus; vom römischen Senat wurde er zunächst als *rex et amicus* bestätigt. Durch fortgesetzten Zuzug umfaßte sein Heer im Kampf mit Caesar Haruden, Markomannen, Triboker, Vangionen, Nemeter, Sedusier und Sueben (BG 1,51,2). Welcher dieser Gruppen Ariovist selbst angehörte, präzisiert Caesar nicht, außer daß seine erste Frau eine Suebin war, „die er aus der Heimat mitgebracht hatte" (BG 1,53,4). Mehrfach scheiterten Verhandlungen, in denen Caesar vor allem ein Ende des Zuzuges rechtsrheinischer Germanen forderte. Nahe am Rhein kam es zur Schlacht, in der das Heer Ariovists geschlagen wurde; der König selbst floh über den Fluß, wenige Jahre später war er tot (BG 5,29).

Auseinandersetzungen Caesars mit Germanen

Die nächsten Auseinandersetzungen Caesars mit Germanen fanden weiter nördlich statt. Mehrfach stieß Caesar zwischen 57 und 53 auf Condrusen, Eburonen und andere, die er zu den *Germani cisrhenani* zählte (siehe Kap. II.1.2). 55 schlug Caesar an der Maas Usipeter und Tenkterer, die den Rhein überschritten hatten. Als ein Teil von ihnen Zuflucht bei den Sugambrern fand, ließ Caesar eine Brücke über den Rhein schlagen und am anderen Ufer das Sugambrerland verwüsten. Im Jahr 53 überschritten nochmals römische Truppen den Rhein zu einer Machtdemonstration gegen die Sueben, die den aufständischen Galliern Hilfstruppen geschickt hatten (BG 6,9–10; 6,29). In den letzten Kriegsjahren, aber auch im Bürgerkrieg hatte Caesar dann selbst germanische Hilfstruppen in seinem Heer.

Mit der Absicherung der römischen Herrschaft über Gallien ging die erste Phase der Konfrontationen zwischen Germanen und der Mittelmeerwelt zu Ende. Im 1. und 2. Jahrhundert v. Chr. standen einander in den keltischen Kulturraum vordringende germanische Völker und das expandierende Imperium Romanum gegenüber. Doch zielten sie kaum je auf eine direkte Konfrontation mit den Römern. Ihr Ziel war das keltische Vorfeld der Mittelmeerkultur. Dort hofften sie, ihre militärische Überlegenheit in den Gewinn von Siedlungsland und Tributen umsetzen zu können und sich so in eine wirtschaftlich besser entwickelte Gesellschaft einzugliedern. Diese Integrationsbereitschaft zeigt sich deutlich an einem Mann wie Ariovist, der wohl einen keltischen Namen trug, sich gerne der gallischen Sprache bediente und eine Norikerin heiratete. Es war das römische Hegemoniestreben, das solche Strategien in den meisten Fällen vereitelte. Obwohl Caesar bei seinen Rheinübergängen eine breite feindliche Allianz befürchten mochte, standen den Römern niemals ‚die' Germanen oder auch ‚die' Sueben als Gegner gegenüber. Doch in der Konfrontation des Imperiums mit Barbarengruppen ebenso wie bei ihrer Integration erwies sich der Germanenbegriff Caesars bald als brauchbare Ordnungskategorie.

Römische und germanische Expansion

4. Römische Offensiven und germanische Widerstände

Das bereits unter Caesar sichtbare Konfliktmuster prägte auch die folgenden Jahrzehnte. Einerseits überschritten römische Heere in begrenzten Aktionen den Fluß, wie Agrippa (38 v. Chr.), der vermutlich die Ubier von der anderen Rheinseite in den Raum um Köln umsiedelte; andererseits fielen germanische Verbände in Gallien ein, wie die Sugambrer, die 16 v. Chr. die Armee des Lollius besiegten. Als sich der Prinzipat des Augustus konsolidiert hatte und die keltisch-illyrische

Römische Vorstöße in die Germania

Peripherie des römischen Machtgebietes in den Alpen und auf der Balkanhalbinsel direkter Kontrolle unterworfen wurde, wuchs die römische Bereitschaft, auch am Rhein stärkere Kräfte einzusetzen. Das entsprang wohl nicht einem vorgefaßten Plan, die rechtsrheinische Germania bis zur Elbe zur römischen Provinz zu machen, auch wenn dieses Ergebnis zeitweise in Reichweite schien. Es ergab sich eher aus der Logik des wachsenden Engagements, Erfolge zu sichern und auszunützen und Niederlagen zu rächen. Zunächst erschlossen die Züge des Drusus – 12 v. Chr. bis zur Nordseeküste, 11 an die Weser und 9 bis an die Elbe – den Raum und seine wichtigsten Verbindungsrouten, doch starb Drusus 9 v. Chr. auf dem Rückzug. Tiberius setzte die Offensiven fort. Die Kontrolle über die wesentlichen ethnischen Gruppen wurde ausgebaut: Bataver und Friesen an der Nordseeküste wurden zu relativ verläßlichen Verbündeten, die Usipeter und Brukterer am Niederrhein und die Chauken an der unteren Weser mehrfach unterworfen, die Sugambrer teils links des Rheins umgesiedelt, Tenkterer und Chatten zwischen Rhein und Fulda wiederholt besiegt. Das brachte auch die suebischen Gefolgschaften in Bewegung; unter ihrem König Marbod zogen sie aus dem Maingebiet nach Böhmen, verdrängten die Boier und errichteten ein Machtzentrum mit starker Ausstrahlung nach Norden. Am Obermain wiederum setzten sich, mit römischer Zustimmung, die Hermunduren fest.

Schlacht im Teutoburger Wald   In den Brennpunkt der römischen Interessen rückten nun zunehmend die Cherusker an der Weser, die zunächst zu Partnern der römischen Politik wurden. Der Fürstensohn Arminius wurde als römischer Bürger und Ritter zunächst zum Repräsentanten einer kooperierenden Elite und nahm bald nach der Zeitenwende im Umkreis des Oberkommandierenden der germanischen Armee, Quintilius Varus, eine Vertrauensstellung ein. Doch Varus verstand es nicht, das sorgsam aufgebaute Netzwerk barbarischer Loyalitäten zu bewahren. Arminius gelang es, insgeheim eine breite Koalition germanischer Gentes aufzubauen, die 9 v. Chr. nahe dem Oberlauf von Ems und Lippe, im sogenannten Teutoburger Wald, in schwierigem Gelände drei Legionen unter Führung des Varus überrumpelte. Befürchtungen in Rom, nun stünde ein neuer Kimbernzug bevor, erwiesen sich jedoch als übertrieben. In den folgenden Jahren behaupteten starke römische Armeen unter Tiberius und später Germanicus, teils mit aufwendigen Vorbereitungen über die See herangeführt, trotz einiger bedrohlicher Situationen ihre operative Überlegenheit zwischen Rhein und Elbe. Auch Arminius konnte mehrmals geschlagen werden, ohne daß es zu einer Entscheidung kam. Bald nachdem Tiberius die Nachfolge des Augu-

4. Römische Offensiven und germanische Widerstände

stus angetreten hatte, berief er im Jahr 16 n. Chr. seinen Neffen Germanicus ab und beendete damit das massive militärische Engagement im rechtsrheinischen Germanien. Tacitus machte dafür den Neid des Kaisers verantwortlich; doch hielt Tiberius wohl Kosten und Risiken einer direkten Kontrolle des Landes für unangemessen. Schon Tacitus (Ann. 1,3,6) wußte, daß der Krieg nach 9 n. Chr. „mehr zur Tilgung der Schmach über den Verlust des Heeres unter Quintilius Varus als aus dem Verlangen heraus, das Reich zu erweitern, oder im Hinblick auf einen angemessenen Gewinn" geführt wurde.

Das römische Eingreifen brachte also die labilen Machtverhältnisse in Germanien selbst in Bewegung. Auf der einen Seite polarisierten sich die wohl immer schon bestehenden Fraktionen innerhalb der Führungsgruppen der Gentes in, wenn auch stark fluktuierende, pro- und antirömische Parteien. Die Cherusker sind dafür ein gutes Beispiel, wo selbst nach dem erfolgreichen Aufstand 9 n. Chr. der Konfrontationskurs des Arminius auf Widerstand bei seinem Schwiegervater Segestes stieß, während sein Bruder Flavus überhaupt in der römischen Armee kämpfte. Auf der anderen Seite schienen nun auch bei den Germanen überregionale Herrschaftsbildungen möglich. Im Kampf gegen die Römer führte Arminius große Armeen ins Feld. Freilich waren das labile Koalitionen, die auf Prestige und Überzeugungskraft des Anführers, teils wohl auch auf dem Versprechen von Frauen, Land und Sold (Tacitus, Ann. 2,13) für die Mitkämpfer beruhten. Die Widerstände gegen königliche Führung waren bei den westlichen Germanen groß, sodaß Arminius nach wiederholten inneren Auseinandersetzungen 21 n. Chr. von Verwandten ermordet wurde.

Etwas stabiler war die Stellung Marbods; im suebischen Bereich, wie überhaupt im Osten der Germania, war eine „sichere Herrschaft und Königsgewalt" (Velleius Paterculus 2,108) offenbar leichter durchsetzbar. Er weitete schnell seine Macht aus und kopierte dabei römische Vorbilder. Obwohl er sich um römische Unterstützung bemühte, schätzte man ihn in Rom als gefährlich genug ein, um 6 n. Chr. einen Großangriff von zwei Seiten zu planen; der Aufmarsch wurde aber durch den pannonischen Aufstand vereitelt. Im Jahr 17 n. Chr. führte die Rivalität zwischen Arminius und Marbod zum Krieg. Dabei standen suebische Semnonen und Langobarden auf der Seite des siegreichen Arminius, während dessen Onkel Inguomer mit seinen Leuten für Marbod kämpfte. Bald darauf wurde Marbods Königssitz von Gutonen unter dem einst vertriebenen Catualda besetzt, und der Markomannenkönig floh zu den Römern ins Exil. Catualda wiederum mußte vor den Hermunduren ins Imperium ausweichen.

Bedeutung des Arminius

Marbod

16 I. Enzyklopädischer Überblick

Germanische Herrschaftsbildungen

Von der cheruskischen Führungsgruppe um Arminius kennt man, gerade wegen ihrer Zerwürfnisse, zahlreiche Mitglieder und hört einiges über ihre widersprüchlichen Interessen zwischen der einträglichen Kooperation mit Rom und der Verlockung eigener Machtbildung, der aber wiederum nur die Ressourcen des Imperiums Stabilität verleihen konnten. Daran scheiterten letztlich sowohl Arminius als auch Marbod. Sonst erfährt man aus den ausführlichen Schilderungen der Germanenkriege relativ wenig über die ethnische und politische Struktur Germaniens. Mit den verschiedenen Volksnamen benannten die Römer Gegner in bestimmten Gegenden, die auch als geschlossene Gruppen auf dem Schlachtfeld, etwa im Heer des Arminius, identifizierbar blieben. Brennpunkt solcher meist recht kleinräumiger ethnischer Gruppen konnte ein Heiligtum, wie das der Tamfana bei den Marsern, oder ein Hauptort (*caput*) wie bei den Chatten sein; bei Marbod wird ein Königssitz (*regia*) mit Befestigung (*castellum*) erwähnt (Tacitus, Ann. 1,51; 1,56; 2,62). Von Belang waren in den Auseinandersetzungen allerdings recht kleine Führungsgruppen und ihre Gefolgschaften, deren politischer Horizont sich keineswegs ausschließlich auf den Stamm beschränkte.

Römische Diplomatie in der Germania

Mit dem Sturz von Marbod und Arminius wurden die Grenzen germanischer Großmachtbildung deutlich; die römische Diplomatie trug dazu bei, indem sie gezielt die inneren Spannungen verstärkte. Bewaffnete Konflikte innerhalb und zwischen den Stämmen waren ohnehin an der Tagesordnung, und obwohl davon sicherlich nur ausnahmsweise Nachrichten in unsere Quellen gelangten, enthalten ab 16 n. Chr. die – leider lückenhaft überlieferten – Annalen des Tacitus mehr Berichte über Auseinandersetzungen zwischen Germanen als über Kämpfe gegen das Imperium. Auf der anderen Seite versuchte Rom, verläßliche Partner aufzubauen; die Gefolgschaften Marbods etwa wurden unter dem Quaden Vannius an der March angesiedelt. Ungefähr dreißig Jahre lang erfreute sich Vannius einer starken Stellung, nicht zuletzt gestützt auf eine Gefolgschaft von sarmatischen Jazygen, bis ihn eine Koalition seiner beiden Neffen mit Hermunduren und Lugiern vertrieb (Tacitus, Ann. 12,29). Bei den Cheruskern regierte längere Zeit Italicus, der Sohn des romtreuen Arminius-Bruders Flavus.

Bündnis und Konflikt

Für Generationen ehrgeiziger Barbaren wurden die Geschenke und Ehren der Römer, militärische Karrieren im Imperium oder Absicherung von Herrschaft bzw. Status in der Germania zum Horizont ihrer Lebensplanung. Die staatsrechtlichen Beziehungen Roms zu den rheinischen Gentes sind, oft unter dem Etikett „Klientel-Randstaaten", viel diskutiert worden. Ausschlaggebend war aber nicht der rechtliche

4. Römische Offensiven und germanische Widerstände

Status, sondern die pragmatische Handhabung dieser Beziehungen. Denn die Loyalität zu Rom war bei den auf Reichsboden siedelnden Barbaren, den germanischen Auxilar-Einheiten der römischen Armee und den Gentes jenseits des Rheins immer wieder gefährdet. Das zeigte sich während des ersten nachchristlichen Jahrhunderts an wiederholten Erhebungen gegen die römische Ordnung am Rhein. So rebellierten 28 n. Chr. die tributpflichtigen Friesen nördlich der Rheinmündung gegen überzogene Forderungen (Tacitus, Ann. 4,72). Etwa 20 Jahre später fielen die Chauken, mehrfach auch die Chatten in römische Gebiete ein. Überhaupt scheint sich das politische Schwergewicht in dieser Zeit von den Cheruskern auf die Chatten verlagert zu haben.

Die erste tiefgehende Krise der römischen Herrschaft am Rhein löste der sogenannte Bataver-Aufstand im Jahr 69 aus, von dem ein ausführlicher, aber nicht unkritisch zu lesender Bericht in den Historien des Tacitus existiert. Bataver galten seit langem als zuverlässige Hilfstruppen und dienten zeitweise auch als kaiserliche Leibgarde. Ihre Erhebung war auf nicht leicht durchschaubare Weise mit den Bürgerkriegen des Vierkaiserjahres verknüpft, deren Parteiungen selbst die Kommandanten der batavischen Einheiten entzweiten. Ausgelöst wurde sie von einem vornehmen Mitglied der batavischen Königsfamilie, Iulius Civilis, der eine Bataverkohorte kommandierte, aber von den römischen Autoritäten mehrfache Zurücksetzungen erdulden mußte. Zunächst heimlich und dann offen, gelang es ihm, batavische und andere Hilfstruppen, ‚äußere' Germanen (darunter die benachbarten Canninefaten, Cugerner, Friesen, sowie Chauken, zeitweise Brukterer und Tenkterer) und germanische und gallische *civitates* auf Reichsboden zu einer wenn auch labilen Koalition zu vereinigen. Andere Gruppen, anfangs vor allem die Ubier um Köln, die sich nun Agrippinenser nannten, aber auch Fraktionen vieler anderer Gentes und *civitates* blieben romtreu, darunter Civilis' eigener Neffe Briganticus.

Glaubt man der rhetorisch zugespitzten Darstellung des Tacitus, berief sich Civilis den Vornehmen (*primores*) der Bataver gegenüber auf „Lob und Ruhm des Stammes" (4,14), den Galliern gegenüber auf druidische Prophezeiungen, die alte Freiheit und die drückenden Steuern, den „blutsverwandten" rechtsrheinischen Germanen gegenüber auf „Verband und Namen Germaniens" (*corpus nomenque Germaniae*) und die gemeinsamen Götter. Doch stellte sich bald heraus, wie unterschiedlich die Interessen der verschiedenen Teilnehmer waren, und daß es den rechtsrheinischen Germanen vor allem um Beute ging. Nach einigen Rückschlägen begann die Koalition der Aufständischen zu zerfallen, und bevor er noch entscheidend besiegt war, gab Civilis mit der

Der Bataver-Aufstand

Civilis

Rechtfertigung, er habe nur der Sache des Vespasian gedient, den Kampf auf. Manches an den so bündig scheinenden Aussagen in der *Germania* des Tacitus mag seinen Ursprung in der Propaganda der Civilis-Zeit haben. Andererseits hat Tacitus sicherlich die politischen Ziele des Civilis-Aufstandes weit über den Horizont der Beteiligten hinaus zugespitzt, und bei näherem Hinsehen löst sich die rhetorisch beschworene Konfrontation zwischen Römern und Germanen in eine unübersehbare Vielfalt von Parteiungen und Konfliktlinien auf, die Civilis weder bündeln konnte noch wollte.

Das folgende Jahrhundert war an Rhein und Donau im wesentlichen eine friedliche Zeit. Schon vor dem Civilis-Aufstand hatte mit einem Vorstoß ins Neckargebiet die bleibende römische Besetzung des Gebietes östlich des Rheins und nördlich der Donau begonnen. In diesem ursprünglich keltisch besiedelten Raum siedelten inzwischen auch einzelne germanische Gruppen, darunter Sueben am Neckar. Domitian ließ eine neue Straßenverbindung von Argentoratum/Straßburg an die obere Donau errichten; 83 n. Chr. stieß er von Mogontiacum/Mainz gegen die Chatten nördlich des Main vor. Sonst verlief die Ausdehnung und Absicherung der römischen Herrschaft in diesem Bereich recht undramatisch. Eine einheitliche Bezeichnung für das besetzte rechtsrheinische Gebiet gab es offensichtlich nicht, abgesehen von dem umstrittenen Begriff *agri decumates*, Zehentland, bei Tacitus (Germania c. 29), den die moderne Forschung übernommen hat („Dekumatenland"). Administrativ gehörte das Gebiet teils zu der von Domitian eingerichteten Provinz Obergermanien, teils zu Rätien. Archäologisch gut erschlossen ist der zunächst als Schneise und Grenzweg angelegte und im Lauf der Zeit durch zahlreiche Kastelle immer besser abgesicherte obergermanisch-rätische Limes, der nach vollem Ausbau unterhalb der Moselmündung begann und oberhalb von Regensburg die Donau erreichte.

Einrichtung des obergermanisch-rätischen Limes

5. Die Germania in der frühen Kaiserzeit

Nachrichten über die Germania

Die Ereignisse seit der Augustus-Zeit brachten den Römern bis zum Ende des 1. Jahrhunderts einen beträchtlichen Zuwachs an Kenntnissen über die Verhältnisse jenseits von Rhein und Donau. Freilich wurde das Germanenbild nicht konsequent weiterentwickelt, das Wissen erfahrener Pragmatiker wurde nicht unbedingt von Geographen und Geschichtsschreibern rezipiert, sodaß alte Auffassungen und neue Informationen in unseren Quellen verwoben sind. Das gilt auch für die beiden ausführlichsten Beschreibungen der geographischen und ethnischen Verhältnisse Germaniens, die 98 n. Chr. verfaßte *Germania* des Tacitus sowie die in der 2. Hälfte des 2. Jahrhunderts entstandene Geographie des Alexandriners Ptolemaios. Viele der Nachrichten sind daher in Tendenz und Details umstritten. In manchen Punkten passen die ethnographischen Berichte des Tacitus und die topographischen Auflistungen des Ptolemaios aber recht gut zusammen. In jedem Fall können sie als Beleg dafür dienen, daß die frühe Kaiserzeit ziemlich konkrete Informationen über das Gebiet bis hin zur Nord- und Ostsee besaß und die römische Öffentlichkeit daran interessiert war.

Zur Zeit des Tacitus gab es weiterhin Völker links des Rheins, die sich germanischer Abkunft rühmten; er erwähnt die Treverer um Trier und die Nervier (im heutigen Belgien), dann die Vangionen, Triboker und Nemeter, die südlich von Mainz siedelten, und schließlich die Ubier, die nun den Namen Agrippinenser wie die nach Agrippina benannte Kolonie (Köln) trugen. Dazu kamen die Bataver, die auf der sogenannten Bataver-Insel im Rheindelta und südlich davon wohnten und als Soldaten in römischen Heeren besonders begehrt waren. Alle diese Völker waren, wie die Tungrer westlich der Maas und weitere linksrheinische Gruppen, von den Unruhen des Civilis-Aufstandes erfaßt worden, wodurch möglicherweise auch ihre Zuordnung zu den Germanen ein kontroversielles Thema wurde. Doch blieben sie nach dem Aufstand in den römischen Provinzen integriert, und ihre Romanisierung machte Fortschritte. *[Linksrheinische Germanen]*

Am Rheinabschnitt jenseits der Legionslager Vetera/Xanten und Colonia Agrippinensis/Köln waren die ethnischen Verhältnisse im Lauf des 1. Jhs. n. Chr. besonders bewegt. Zur Zeit Caesars waren hier die Sugambrer die Hauptgegner Roms gewesen, deren Verband aber nach den Kämpfen gegen Drusus zerfiel. Ein Teil von ihnen wurde links des Rheins zwischen Batavern und Ubiern angesiedelt, wo man sie Cugerner nannte. Dagegen behaupteten sich die schon von Caesar genannten Usipier (oder Usipeter) und Tenkterer sowie die mit ihnen eng verbundenen Tubanten bis in die Tacitus-Zeit am östlichen Rheinufer, wo sie nach Süden vorrückten. Nur kurz spielten nach dem Zerfall der Sugambrer die an der Ruhr wohnenden Marser eine Rolle, obwohl Tacitus sie zu den Völkern mit „echten und alten Namen" zählt. Doch Tiberius zerstörte 14 n. Chr. das marsische Tamfana-Heiligtum, das über den engeren Bereich der Marser hinaus verehrt wurde, und danach hört man nicht mehr viel von ihnen. Kurz bevor Tacitus schrieb, waren auch die Brukterer an der oberen Lippe und der Ems von einer Koalition der

*[Germanen rechts des Rheins:
– Sugambrer
– Marser
– Brukterer]*

Nachbarvölker, vor allem Chamaven und Angrivarier, entscheidend geschlagen worden. Sie hatten schon in den Kriegen des Arminius eine wichtige Rolle gespielt, und Civilis wurde von brukterischen Kontingenten ebenso unterstützt wie von der berühmten Seherin Veleda, für die man das erbeutete Schiff des römischen Kommandanten Cerialis

– Chamaven die Lippe hinaufzog. Westlich der Brukterer siedelten die Chamaven und breiteten sich, als jene besiegt waren, in deren Gebiet aus. Ihr Name hielt sich östlich des Niederrheins bis in fränkische Zeit. Alle diese Völker hat die ältere Forschung zu den Istväonen gezählt. An Stelle dieser aus dem Mannus-Stammbaum abgeleiteten, aber nicht näher belegbaren Zuordnung (vgl. Kap. II.1.2) spricht man heute im allgemeinen von den Rhein-Weser-Germanen.

Weiter vom Rhein entfernt wohnten beiderseits der Weser die

– Cherusker Cherusker, die in der Arminius-Zeit und noch eine Weile danach über eine bedeutende Machtkonzentration verfügten. Doch innere Auseinandersetzungen ebenso wie Kämpfe mit den Chatten führten in der Mitte des 1. nachchristlichen Jahrhunderts rasch zum Niedergang, den auch der von Rom als König entsandte Arminius-Neffe Italicus nicht aufhalten konnte. Zur Zeit des Tacitus war das alte Prestige längst verloren, und danach verschwinden die Cherusker aus den Quellen. Ihre nördlichen Nachbarn waren die Angrivarier, die wie die Chamaven nach dem Sieg über die Brukterer nach Süden ausgriffen. Eine wesent-

– Chatten lich bedeutendere Rolle spielten die Chatten im heutigen Hessen, dessen Name sich von ihnen ableitet. Unklar ist ihre Beziehung zu der eher unbedeutenden Gruppe der weiter nördlich am Rhein wohnenden Chattuarier. Tacitus behauptet, daß die Bataver und Canninefaten von den Chatten abstammten. Den Batavern wiederum glichen, so sagt er, die Mattiaker, die im Vorfeld der Chatten direkt am rechten Rheinufer wohnten und römische Bündnispartner waren. Ihr Name leitet sich offensichtlich vom (nicht sicher lokalisierbaren) chattischen Hauptort Mattium ab. Welche ethnischen Prozesse aus diesen undeutlichen Gemeinsamkeiten abzuleiten sind, ist umstritten; gegen eine Einwanderung der Chatten aus Norden, wie sie oft angenommen wird, spricht die archäologische Kontinuität in Hessen. Bis ins 3. Jahrhundert waren die Chatten, die schon in den augusteischen Kriegen eine Rolle gespielt hatten, das mächtigste der jenseits des Rheins wohnenden Völker.

Die ältere Forschung hat, mit Plinius, Cherusker wie Chatten, aber auch Hermunduren und Sueben zu den Herminonen gerechnet.

– Rhein-Weser- Heute zählt man die ersten beiden Völker meist aus topographischen
Germanen und archäologischen Erwägungen zu den Rhein-Weser-Germanen. Allerdings zeichnet sich diese Gruppe im Fundmaterial nicht sehr deut-

5. Die Germania in der frühen Kaiserzeit

lich ab; auffällig ist das weitgehende Fehlen von reichen ‚Fürsten'-Gräbern und von Waffenbeigaben, wie sie bei den Elbgermanen vorkommen. Ob daraus Schlüsse auf Gesellschaft und Lebensweise oder nur auf den Grabbrauch gezogen werden können, ist allerdings fraglich.

Die Völker entlang der Nordseeküste werden meist als eigene Gruppe betrachtet. Früher wurden sie mit Plinius den Ingväonen zugeordnet. Jenseits der Rheinmündung wohnten die Friesen, die in der Augustus-Zeit zu den verläßlichsten Partnern der römischen Politik gehörten. Später entfachten sie mehrfach Aufstände, die im tückischen Wattgebiet schwer zu bekämpfen waren, was während des 1. Jahrhunderts n. Chr. zu wechselvollen Auseinandersetzungen führte. Östlich von ihnen siedelten an der Ems die Amsivarier, deren Namen sich von dem des Flusses ableitet. Auch sie wurden nach zunächst guten Beziehungen mit dem Imperium Mitte des 1. Jhs. n. Chr., unter chaukischem Druck, in Kämpfe mit den Römern verstrickt und suchten neue Siedlungsgebiete. Die Chauken wohnten beiderseits der unteren Weser, bis an oder über die Mündungen von Elbe und Ems, und waren eine der bedeutenderen Gruppen der frühen Kaiserzeit. Während der augusteischen Germanenkriege waren sie als Bündnispartner auch strategisch wichtig, als römische Flotten mehrfach von der Nordsee flußaufwärts vorstießen. Später werden bis ins 2. Jahrhundert chaukische Raubzüge zur See bis an die gallische Küste erwähnt. Zugleich expandierten die Chauken im Binnenland. Dennoch betont Tacitus neben ihrer großen Ausbreitung ihren friedlichen Charakter, was auf stabile Vertragsverhältnisse mit Rom deutet. Nach Tacitus werden die Nachrichten auch hier fragmentarischer. Archäologisch ist der dem vermutlichen chaukischen Siedlungsgebiet ungefähr entsprechende Bereich der ‚nordseeküstennahen Fundgruppe' gut erschlossen. Nördlich der unteren Elbe erwähnt Tacitus Reste der Kimbern, die ihn allerdings vor allem wegen ihrer großen Vergangenheit interessieren, sowie eine Anzahl von Völkern, die die Erdgöttin Nerthus verehrten, darunter Angeln und Wariner/Warnen.

Den gesamten Rest der Germania, vom Elbgebiet nach Osten, rechnet Tacitus den Sueben zu. Ihre Gemeinsamkeit ist in der Forschung lange überschätzt worden. Zwar nennt Tacitus den Suebenknoten als gemeinsames Merkmal, doch relativiert er ihn zugleich als Kennzeichen, indem er zwei verschiedene Arten beschreibt (an der Seite oder auf dem Scheitel), Nachahmung durch andere Völker voraussetzt und ihn zugleich als soziales Distinktionszeichen erklärt. Immerhin ist in bildlichen Darstellungen und an Moorleichen der seitlich sitzende Haarknoten häufig nachzuweisen. Am gemeinsamen Kult im

– Völker entlang der Nordseeküste

– Chauken

– Sueben

I. Enzyklopädischer Überblick

– Semnonen

– Langobarden

– Hermunduren

– Elbgermanen

– Markomannen und Quaden

Semnonenhain hatten wohl nicht alle Sueben Anteil, wie lange vermutet, sondern nur die Semnonen, die sich als die „ältesten und vornehmsten" Sueben betrachteten. In augusteischer Zeit wohnten sie an der Elbe und standen vorübergehend unter der Oberherrschaft des Marbod, dann des Arminius. Für die Zeit Domitians werden der semnonische König Masyos und die Seherin Ganna genannt. Zum letzten Mal ist von den Semnonen auf dem jüngst entdeckten Augsburger Siegesdenkmal von 260 im Zusammenhang mit den Juthungen die Rede.

Die Langobarden, die in der frühen Kaiserzeit zwischen Chauken, Cheruskern und Semnonen an der unteren Elbe wohnten, waren eine kleine, aber ebenfalls angesehene Gruppe. Daß sie aus Skandinavien kamen, wie die im 7. Jahrhundert niedergeschriebene *Origo gentis Langobardorum* berichtet, ist wohl eine nachträgliche Deutung. Elbaufwärts von den Semnonen nennt Tacitus die Hermunduren; ein Teil von ihnen war in der Augustus-Zeit mit römischer Unterstützung ins von den Markomannen verlassene Obermaingebiet übersiedelt. Im 1. Jahrhundert werden sie relativ häufig anläßlich kriegerischer Auseinandersetzungen genannt, wobei sie mit Markomannen, Quaden und Chatten aneinandergerieten. Bezeugt ist ihre Teilnahme an den Markomannenkriegen, ebenso wie die der südlich benachbarten Naristen. Dann verlor sich der Hermundurenname, und in ihrem Siedlungsgebiet entstanden die Thüringer.

Semnonen, Langobarden und Hermunduren werden neben kleineren Gruppen heute unter dem Sammelnamen Elbgermanen zusammengefaßt; früher ordnete man wie Plinius die Sueben insgesamt den Herminonen zu. Aus der Kartierung der zahlreichen archäologischen Fundstellen im Elbgebiet ergeben sich Siedlungsräume mit verdichteter Besiedlung, die man häufig als Stammesgebiete interpretiert hat. Demnach hätten die Langobarden in der Altmark, die Semnonen zwischen Elbe und Havel, und die Hermunduren an der Mittelelbe von der Saale bis zum Thüringer Wald gesiedelt. Die Zuordnungen sind allerdings hypothetisch, besonders die Abgrenzung ist teils umstritten. Waffenbestattungen und reiche Gräber mit römischem Importgut sind in der frühen Kaiserzeit im Elbgebiet häufiger festzustellen als weiter westlich.

In Böhmen und Mähren bis hin an die norische und pannonische Donau lebten seit der augusteischen Zeit Markomannen und Quaden, die ebenfalls zu den Sueben, häufig auch zu den Elbgermanen gezählt werden. Als Nachbarn der Römer werden sie öfter erwähnt als die weiter nördlich wohnenden Völker. Nachdem Marbods Versuch einer Großreichsbildung gescheitert war, entstanden hier bedeutende regio-

5. Die Germania in der frühen Kaiserzeit

nale Machtzentren unter Königen wie Vannius, Wangio und Sido. Oft verdankten sie ihre Stellung römischen Interventionen oder Geldmitteln, was auch Tacitus betont. Gelegentlich gab es militärische Auseinandersetzungen mit den Römern, meistens war aber das Verhältnis gut, bis es durch die Markomannenkriege in eine schwere Krise geriet.

Nördlich der Karpaten, an Oder und Weichsel, erwähnt Tacitus zahlreiche weitere Stämme. Manche ihrer Namen tauchten, teils in etwas veränderter Form, in der Völkerwanderungszeit wieder auf: Vandilier-Vandalen, Gutonen-Goten, Burgundionen-Burgunder und Rugier. Welche ethnischen Prozesse hinter dieser Namenskontinuität standen, läßt sich nicht genau rekonstruieren; die einfachen Identifizierungen in der älteren Forschung werden heute vielfach mit Skepsis betrachtet. Kompliziert werden die ethnischen Verhältnisse aus unserer Sicht dadurch, daß öfters mehrere Einzelvölker unter dem Namen eines größeren Verbandes zusammengefaßt werden, wobei sich die Nachrichten widersprechen. Plinius etwa zählt zu den *Vandili* die wichtigsten Völker der östlichen Germania, die Burgundionen, Varinner, Chariner und Gutonen. Bei Tacitus dagegen wird der in c. 2 erwähnte „echte und alte" Name der Vandilier in der Völkerliste gar nicht verwendet. Stattdessen nennt er die Lugier als Völkergemeinschaft, unter ihnen Harier und Naharnavalen; die Gutonen sieht er als eigene Gruppe an, dazu Rugier und Lemovier, die Burgundionen fehlen. Bei Ptolemaios, teilweise vielleicht durch Überlieferungsfehler, finden sich ganz andere Namen der lugischen Völker (darunter die Burer), die Vandalen nennt er gar nicht, dafür die Burgunder. Auch kennt er die Silingen, die noch in der Völkerwanderungszeit als vandalische Teilgruppe erwähnt werden. Da die meisten dieser Völker im heutigen Südpolen zu suchen sind, wurde oft angenommen, der Lugiername wäre eine (vorgermanische) Fremdbezeichnung jener Völker, die sich selbst Vandalen nannten; auch Silingen und Naharnavalen werden oft miteinander identifiziert. Doch rechnet Ptolemaios die Silingen gar nicht zu den Lugiern. Wir müssen also zumindest mit einer ähnlichen Elastizität der Großgruppenbezeichnungen rechnen wie bei den Sueben. Unsere Informationen, abgesehen von den Nachrichten des Tacitus über die auffälligen Kultpraktiken der Harier und Naharnavalen, gehen im übrigen über verschiedene Völkerlisten kaum hinaus, daher läßt sich Gewißheit nicht gewinnen. Wir wissen nur, daß der Lugiername im 3. Jahrhundert verschwand, während vandalische Kriegergruppen, darunter Asdingen und Lakringen, Vorstöße auf Reichsgebiet zu unternehmen begannen.

Archäologisch lassen sich vor allem zwei gut unterscheidbare frühkaiserzeitliche Kulturen im heutigen Polen definieren, nämlich die

– Völker an Oder und Weichsel

im 2. vorchristlichen Jahrhundert herausgebildete Przeworsk-Kultur im Süden, in Schlesien und beiderseits der mittleren und oberen Weichsel, und die Wielbark-Kultur an der unteren Weichsel. Letztere wird heute übereinstimmend mit den Gutonen, aber auch den Rugiern und Lemoviern in Verbindung gebracht, während erstere etwa den lugisch-vandalischen Bereich umschreibt. Die Wielbark-Kultur entstand etwa am Anfang unserer Zeitrechnung in einem kontinuierlich besiedelten Raum, ohne daß dabei eine mehr als punktuelle Zuwanderung aus Skandinavien nachweisbar wäre. Das ist deshalb wichtig, weil Jordanes, der Historiker der Goten, im 6. Jahrhundert die Goten aus *Scandza* kommen läßt. Lange ist die skandinavische Herkunft der Goten mit großem Nachdruck verfochten worden; in Schweden berief man sich gerne auf gotische Identität („Gotizismus"). Tatsächlich lassen sich in Skandinavien schon früh Goten- und ähnliche Namen nachweisen (Guten, Gauten). Doch die Namensgleichheit muß nicht durch wandernde Völker erklärt werden, sondern kann auch auf die Verbreitung von Traditionen oder Traditionskernen zurückgehen.

In der Forschung des 19. Jahrhunderts hat sich für Goten, Vandalen, Rugier und andere Völker, die in der frühen Kaiserzeit an Oder und Weichsel lebten, der vor allem philologisch definierte Begriff ‚Ostgermanen' gebildet, dem aber kein historisch faßbarer Verband von Völkern entspricht. Prokop und andere Autoren sprechen im 6. Jahrhundert von ‚gotischen Völkern', doch schwankt die Zuordnung. Aus römischer Sicht handelte es sich um Völker, die von nördlich der Karpaten kamen und seit dem 3. Jahrhundert das Imperium an der Donau bedrängten. Die Vandalen, Gepiden, Ost- und Westgoten gehörten seit dem 4. Jahrhundert zu den wichtigsten Protagonisten der ‚Völkerwanderungszeit'. Ihre Geschichte vollendete sich weit von der Germania entfernt und ist daher in diesem Buch nicht näher zu behandeln.

Über den Rahmen dieses Bandes hinaus gehen auch die früher ‚Nordgermanen' genannten Völker Skandinaviens. Reiche archäologische Funde aus der Kaiserzeit belegen direkte Kontakte mit der römischen Welt, aus der Gold, Waffen und andere Güter nach Skandinavien kamen. Schriftliche Quellen setzen erst mit der Christianisierung ein, und die besten Informationen über die vorchristliche Religion und Kultur Skandinaviens wurden von Snorri Sturlusson und anderen im 13. Jahrhundert niedergeschrieben („Edda"); dazu kommen die etwa in derselben Epoche aufgezeichneten isländischen Sagas.

Lange wurden die altnordischen Texte ohne methodische Bedenken als Quellen für eine ursprüngliche, im Norden eben noch erhaltene gemeingermanische Kultur verwendet. Aus ihnen, und aus der *Germa-*

nia des Tacitus, stammt jenes farbige Bild germanischen Lebens, das Generationen von Forschern und Laien faszinierte. Heute kann nichts davon mehr ohne Verweis auf lange und kontroverse Debatten in der Forschung als gesichertes Wissen dargestellt werden. Fast jede Einzelinformation des Tacitus über germanische Lebensordnungen ist in ihrer Interpretation umstritten. Dafür ist umfangreiches archäologisches Material dazugekommen, dessen historische Deutung ebenfalls noch vielfach in Diskussion ist. Kapitel über germanische Gesellschaft, Kultur und Religion fehlen deshalb im ersten Teil dieses Buches; diese Themen werden im Rahmen des Forschungsüberblicks skizziert.

Germanische Lebensordnungen als Forschungsproblem

6. Aufbruch der Peripherie: Die Markomannenkriege und das 3. Jahrhundert

Im 2. Jahrhundert herrschte lange Zeit relative Ruhe an der Germanengrenze, sodaß unter Trajan die Truppenstärke am Rhein reduziert wurde. Die relativ friedliche Koexistenz zwischen dem Imperium Romanum und seiner barbarischen Peripherie kam unter Marc Aurel (161–80) in eine schwere Krise, als in weitem Bogen von den Parthern bis nach Britannien die römischen Grenzen unter Druck gerieten. Offenbar ging diese Bewegung nicht von den Nachbarn jenseits des Limes aus, sondern von weiter entfernt wohnenden Völkern. An der Donau waren es Langobarden von der Elbe, die gemeinsam mit Obiern 166/67 zuerst auf Reichsgebiet vordrangen. Das war wohl nur die erste Auswirkung einer Bewegung, die gutonische Verbände von der Weichsel in die Schwarzmeersteppen und vandalische und andere Plünderer aus dem Gebiet nördlich der Karpaten in die Donauprovinzen führte. Jordanes erzählt aus der gotischen Frühzeit von einer Wanderung von der Weichsel ans Schwarze Meer. Das paßt zum archäologischen Befund. Die Wielbark-Kultur breitet sich zunächst in den Raum östlich der mittleren Weichsel bis an den Bug aus; ab 220/30 verschwindet sie, und in Wolhynien, Moldavien und der Ukraine finden sich manche ihrer Charakteristika in der entstehenden Černjachov-Kultur wieder. Unpassend ist freilich das romantische Bild von Aufbruch und Landnahme eines ganzen Volkes; es waren verschiedene, kleinere und größere gotische Gruppen, die sich in einem bestimmten Milieu immer neu bildeten und dabei sehr mobil blieben.

Wandlungen nördlich der Karpaten

Zu den Gegnern Roms gehörten die Gutonen-Goten unter Marc Aurel noch nicht. Doch Sarmaten fielen in Pannonien ein, Bastarnen in

Markomannenkriege

Dakien, Chatten im römischen Germanien, Hermunduren und Naristen gingen über die obere Donau. Die Markomannen und Quaden, die immer noch nördlich des norischen und pannonischen Donauabschnittes siedelten, kamen so unter Druck, daß sie selbst die Reichsgrenzen überschritten, zuerst mit der Bitte um Land, und als sie abgewiesen wurden, als Angreifer. Die Chronologie der Markomannenkriege ist schwierig zu rekonstruieren, auch wenn man Münzlegenden, Inschriften, die Reliefs der Marcus-Säule und Schatzfunde zu Hilfe nimmt. Nach einer römischen Niederlage stießen barbarische Scharen, am ehesten im Jahr 170, bis nach Oberitalien vor, zerstörten Opitergium/Oderzo und belagerten Aquileia. Bald konnten römische Armeen die Barbaren abdrängen und besiegen. Doch erst 178/79 gelang es dem Kaiser, mit siegreichen Zügen ins Markomannen- und Quadenland nördlich der Donau die Situation unter Kontrolle zu bringen.

Folgen der Markomannenkriege

Nach dem Tod Marc Aurels (im März 180) verzichtete sein Sohn Commodus darauf, die nördlich der Donau errichteten Stützpunkte für eine dauernde Besatzung zu nützen, und schloß mit Markomannen und Quaden Frieden. Beide Völker blieben trotz gelegentlicher Kriege und Einfälle im wesentlichen berechenbare Partner des Imperiums. In ihren Gebieten verstärkte sich (zum Unterschied vom Großteil der Germania) nach den Kriegen der Zufluß römischer Importware, etwa von Terra sigillata-Keramik; Grabfunde wie das ‚Fürstengrab' von Mušov in Mähren lassen auf eine relativ stark romanisierte Führungsschicht schließen. Südlich der Donau waren die Folgen der Markomannenkriege eine Truppenverdichtung und der verstärkte Ausbau der Kastelle am Donaulimes. Zugleich wuchs die Zahl der Germanen, die in kleineren oder größeren Gruppen auf Reichsboden angesiedelt und/oder für die römische Armee rekrutiert wurden.

Obwohl hier die Umschichtungen in der Germania zuerst dramatisch spürbar geworden waren, hielten sich an der mittleren Donau die ethnischen Verhältnisse der frühen Kaiserzeit am längsten. Die für die ersten beiden Jahrhunderte relativ großen Verbände der Markomannen und Quaden konnten sich ebenso behaupten wie die Sarmaten-Jazygen, auch wenn es längst kein machtvolles Königtum mehr gab; miteinander standen sie in enger Verbindung.

Germanen am Rhein um 200

Weiter westlich wurde um 200 der obergermanisch-rätische Limes mit einer Steinmauer verstärkt. Caracalla (211–17) führte um 213 in der Maingegend ein Heer über die Grenze und feierte einen Sieg über die dortigen Germanen, die erst aus späterer Sicht als Alemannen galten. Caracalla erweiterte auch das römische Bündnissystem bis über die Elbe hinaus und soll viele Völker mit römischem Geld unterstützt

6. Die Markomannenkriege und das 3. Jahrhundert

haben. Doch gerieten in der Germania die Verhältnisse zunehmend in Bewegung. 233 erschien die Germanengefahr groß genug, daß Kaiser Severus Alexander einen Perserfeldzug abbrach. Nach dessen Ermordung konnte Maximinus Thrax die Lage stabilisieren. Die raschen Wechsel der folgenden Kaiser und die Kämpfe zwischen ihnen, für die öfters Truppen von Rhein und Donau abgezogen wurden, schwächten jedoch die römische Position.

Die schwierigsten Jahre im Westen waren die von 259 bis 274, als nach der Usurpation des Postumus ein gallisches Sonderreich entstand und sich die Armee immer mehr in rivalisierende Machtgruppen auflöste. Unsere Nachrichten über Germaneneinfälle jener Zeit sind bruchstückhaft. Mehrfach zogen germanische Gruppen bis nach Oberitalien, und grenznahe Gebiete waren Ziel wiederholter Plünderungen, wie Zerstörungsschichten und zahlreiche Münzhorte zeigen. Der bereits geschwächte obergermanisch-rätische Limes mußte um 260 aufgegeben werden. Im Lauf der siebziger Jahre gelang es den Römern unter Aurelian und Probus, die Verhältnisse am Oberrhein und der oberen Donau wieder unter Kontrolle zu bekommen, und die zurückgenommene Grenze wurde gegen 300 zu einem neuen Limes ausgebaut. Unübersichtlich waren in jenen Jahrzehnten die Verhältnisse auch bei den Germanen. Offenbar geriet im 3. Jahrhundert nicht nur die politische Kontrolle der Römer über die Germania, sondern auch ihr ethnisches Orientierungsvermögen ins Schwanken. Die meisten der aus dem 1. Jahrhundert bekannten Namen verschwinden. In der Regel ist nur pauschal von Germanen die Rede. Erst die Konsolidierung der Verhältnisse im Römerreich machte eine neue Ordnung der rechtsrheinischen Germania sichtbar.

Zwischen Cassius Dio (ca. 230) und Ammianus Marcellinus (ca. 380) sind keine ausführlichen Geschichtswerke erhalten; das Werk des Dexippos (um 270) ist bis auf Fragmente verloren. Die Hauptquelle für die Ereignisse des 3. Jahrhunderts ist die um 400 verfaßte *Historia Augusta*, deren Zuverlässigkeit umstritten ist. Meist nur aus späteren Quellen zu erschließen sind daher die ethnischen Prozesse im Raum jenseits von Franken und Alemannen. An der unteren Elbe und Weser setzten sich allmählich die Sachsen durch, die schon Ptolemaios genannt hatte. Von sächsischen Seezügen an die gallischen und britannischen Küsten (teils gemeinsam mit Franken) ab dem späten 3. Jahrhundert berichten Ammianus Marcellinus und andere. Die Langobarden dürften ihren Schwerpunkt an die Mittelelbe verlagert haben. Der Mangel an Nachrichten bedeutet keineswegs, daß sich im Inneren der Germania ein Siedlungs- oder Machtvakuum befunden hätte, wie sich

Auseinandersetzungen des 3. Jahrhunderts

Veränderungen in der Germania

aus archäologischen Befunden leicht ablesen läßt. Die reichen Gräber der sogenannten Haßleben-Leuna-Gruppe mit ihren zahlreichen römischen Importstücken, darunter Militärgürtel, zeigen direkte Kontakte auf hoher Ebene zu den Römern und wohl auch Militärdienst an. Die politische Bindekraft dieser Führungsgruppen war offenbar gering. Wo römische Autoren Volksnamen nennen, bezeichnen diese meist keine stabilen und handlungsfähigen Verbände, sondern dienen als ungefähre Herkunftsbezeichnung.

Aufbruch ‚gotischer' Völker

Etwas häufiger werden im 3. Jahrhundert jene Völker genannt, die jenseits der unteren Donau oder nördlich der Karpaten lebten, darunter Vandalen, Eruler und Gepiden. Dominierend wurden nördlich des Schwarzen Meeres und der unteren Donau die Goten, oder besser: die gotischen Völker. Im engeren Sinn umfaßten die Goten eine östliche Gruppe, die Greutungen-Ostrogothen, und eine westliche, die Terwingen-Vesier (retrospektiv und daher unpräzise in der Literatur meist Westgoten genannt). Im weiteren Sinn gehörten Gepiden, Eruler, Rugier, Skiren, im Sinn der antiken Autoren aber auch Alanen aus dem Kaukasus-Gebiet zu den ‚gotischen' Völkern, die meist den Skythen zugeordnet und/oder mit den alten Geten identifiziert wurden. In den Unruhejahren des 3. Jahrhunderts breiteten sich vandalische Gruppen in den nördlichsten Teil des Karpatenbeckens aus, Gepiden und – mit mehr Erfolg – gotische Terwingen stritten um das geräumte Dakien, Ostrogothen/Greutungen durchzogen die Balkanprovinzen, gotische und erulische Gruppen unternahmen Seezüge gegen Kleinasien und Griechenland. Auch hier stellten die Römer ab 270 ruhigere Verhältnisse her. An der unteren Donau waren die folgenden hundert Jahre im wesentlichen von friedlicher Nachbarschaft geprägt, bis gotische Gruppen unter hunnischem Druck seit 375 in die Balkanprovinzen eindrangen.

Krise und Neubeginn im 3. Jahrhundert

Aus späterer Sicht ist das 3. Jahrhundert die Zeit, in der sich die Völker abzeichneten, die Spätantike und Frühmittelalter prägen sollten, und sich die Integration von Germanen in die Römische Welt unter Druck von außen beschleunigte. Diesen tiefgreifenden Umwälzungen scheint die Dramatik der militärischen Ereignisse und Wanderungen zu entsprechen. Lange sah man in der ‚Reichskrise des 3. Jahrhunderts' den Anstoß zu einem zwar langwierigen, aber unaufhaltsamen Niedergang des Imperiums. Dadurch neigte die ältere Forschung vielfach dazu, den germanischen Druck zu überschätzen. Heute, nicht zuletzt durch das Werk von P. BROWN, hat sich eine wesentlich positivere Sicht der Spätantike als einer eigenständigen, schöpferischen und dynamischen Periode durchgesetzt. Zudem ergibt der Blick auf die Quellen, daß die Germanen in unseren Nachrichten gerade im 3. Jahrhundert eine relativ periphere Rolle einnehmen. Im Zentrum standen die Thronkämpfe im Imperium. Germanen kamen selbst in der sehr ausführlichen *Historia Augusta* meist nur am Rande vor, viel seltener als etwa Parther und Perser. In den meisten Texten dienten sie nur als Staffage für triumphalistische Rhetorik; kaiserliche Siegesnamen wie Germanicus, Gothicus, Alamannicus wurden vom 3. Jahrhundert an immer häufiger verwendet. Einzelheiten über die germanischen Gegner und Partner Roms erfahren wir in dieser Zeit kaum.

7. Die Alemannen

Die Ereignisse des 3. Jahrhunderts hatten die Verhältnisse in Germanien verändert. Gegen Ende des Jahrhunderts tauchen in den römischen Berichten neue Namen auf, um die Feinde am Rhein zu bezeichnen. Allmählich setzen sich bei römischen Autoren die Namen Alemannen und Franken durch, um die den Provinzen Ober- bzw. Niedergermanien benachbarten Germanen zu bezeichnen. Die erste genau datierbare zeitgenössische Erwähnung der Alemannen geht auf einen Panegyricus zurück, der 289 in Trier auf Kaiser Maximian gehalten wurde. Er habe klug zugewartet, so wird ihm geschmeichelt, bis alemannische und burgundische Plünderer in Gallien durch Hungersnot und Seuchen bezwungen waren. 297 wird Constantius gerühmt, die *Alamannia* „von der Rheinbrücke bis zum Donauübergang bei Guntia" (also wohl von Mainz bis Günzburg) verwüstet zu haben. Ammianus Marcellinus ist gegen Ende des 4. Jahrhundert der erste, der in seinem Bericht über die Kriege Julians näheres von den *Alamanni* berichtet. Früher nahm man an, entweder ein bestehendes Suebenvolk (etwa die Semnonen), oder ein in der Zeit der Markomannenkriege neugebildeter, mehr oder weniger geschlossener suebischer Stammesverband sei bald nach 200 aus Nordosten ins Gebiet zwischen Rhein, Main und oberer Donau eingewandert. Von dort aus habe er um 260 den obergermanisch-rätischen Limes überrannt und das Gebiet bis zum Rhein besiedelt. Diese Vorstellung einer geschlossenen Landnahme der Alemannen ist heute aufgegeben, und der römische Rückzug wurde wohl nicht von einer großen Invasion erzwungen, sondern ergab sich aus größeren strategischen Zusammenhängen, vor allem den Kämpfen zwischen Gallienus und dem gallischen Usurpator Postumus seit 259. Anfangs drangen wohl recht kleine, mobile Scharen ins aufgegebene Gebiet vor.

Anfänge der Alemannen

Zusammensetzung

Die Alemannen des 4. Jahrhunderts wurden von einer größeren Zahl von lokalen *reges* oder *reguli* beherrscht. Nach ihren Namen bezeichnet Ammianus auch ihren Herrschaftsbereich (*pagus Vadomarii, regio Suomarii* etc.), es handelte sich also um neue Herrschaftsverbände, nicht um alte Stammesgruppen (sieht man vom Sonderfall der Juthungen ab). Das gilt auch für die regionalen Bezeichnungen, die sich vor allem in den Namen alemannischer Truppenteile der römischen Armee erhalten haben: die *Brisigavi* aus dem Breisgau, die *Bucinobantes* aus dem ‚Buchengau' an der Mainmündung, die *Lentienses* aus dem Linzgau nördlich des Bodensees und die *Raetovarii*, Männer aus Rätien, aus dem nördlich der Donau gelegenen Teil Rätiens. Ebenso wie die Alemannen insgesamt, scheinen sich auch die regionalen Gruppen und ihre *pagi* (,Gaue') erst im Lauf der Zeit herausgebildet zu haben. Relativ bald wurden Alemannen in die römische Armee aufgenommen und machten hier Karriere. Mitte des 4. Jahrhunderts gab es bereits eine Reihe höherer Offiziere alemannischer Herkunft.

Rom und die Alemannen im 4. Jahrhundert

Das nach 380 abgefaßte Geschichtswerk des Ammianus Marcellinus, das teilweise auf eigenen Erfahrungen beruht, bietet eine ausführliche Beschreibung der (in ihrer Bedeutung wohl übertriebenen) Feldzüge Kaiser Julians und einzigartige Nachrichten über dessen alemannische Gegner. Diese Kämpfe gipfelten in der Schlacht bei Argentoratum-Straßburg, in der Julian 357 einen Bund alemannischer Könige unter Chnodomar und dem weitgehend romanisierten Serapio besiegte. Die Beobachtung des Ammianus (16,12), das Alemannenheer sei „aus verschiedenen Völkern (*ex variis nationibus*) teils durch Sold, teils durch einen Vertrag gegenseitiger Hilfe" angeworben worden, spricht für die politische und ethnische Vielfalt innerhalb derjenigen, die der Autor Alemannen nannte. Ein institutionalisierter Stammesbund wird nicht sichtbar. Außer kurzfristig nach Erfolgen Julians sahen die Bündnisse der Römer mit alemannischen Kleinkönigen vor, daß die Alemannen von Rom jährlich feststehende Mittel, *munera*, bekamen. Als Valentinian I. (364–75) alemannischen Gesandten einmal weniger gab, verweigerten diese die Annahme, und neue Einfälle waren die Folge. Überhaupt scheinen nach dem Ende der constantinischen Dynastie auch die Karrierechancen der Alemannen in der römischen Armee nachgelassen zu haben; wir hören von da an viel mehr von Franken in hohen Ämtern. Die Konkurrenz unter den Barbaren entlang der Rheingrenze verschärfte sich. Schon gegen Ende des 4. Jahrhunderts hört man von Konflikten der Alemannen mit Burgundern, die an den unteren Main vorgedrungen waren, und Franken.

7. Die Alemannen

In der ersten Hälfte des 5. Jahrhunderts ergriffen andere Gruppen die Initiative zu großen militärischen Unternehmungen. Sowohl die Rheinüberquerung der Vandalen, Alanen und Sueben 406/07 als auch der Zug des Attila-Heeres 451 müssen alemannisches Gebiet betroffen haben, von einer alemannischen Teilnahme ist aber nichts zu vernehmen. Ein starkes Heerkönigtum, das eine ähnliche Konzentration der Kräfte bewirken konnte, gab es bei den rechtsrheinischen Völkern damals nicht. Dementsprechend selten und knapp sind auch die Berichte über die Alemannen in den Quellen. Um die Mitte des 5. Jahrhunderts kam es jedoch zu deutlichen Veränderungen in Besiedlung und Sozialstruktur. Größere, feste Siedlungen wurden angelegt, deren Bewohner in Reihengräberfeldern bestattet wurden. In den reichen Gräbern nahmen die Waffenbeigaben zu, wobei vor allem prunkvolle Schwerter als Statussymbole einer selbstbewußten Kriegerschicht dienten, die den Niedergang der römischen Macht zu nutzen wußte.

Veränderungen nach 400

Ausmaß und Verlauf der alemannischen Expansion, die vor allem seit der Mitte des 5. Jahrhunderts einsetzte, sind schwer zu rekonstruieren. Die günstige strategische Position erlaubte eine Ausbreitung auf römisches Gebiet in fast alle Richtungen, was aber wiederum eine Konzentration der Kräfte erschwerte. Allerdings drehte es sich, etwa in Gallien, um Raubzüge und nicht um die Erschließung neuen Siedlungsgebietes. Gegen Osten reichte alemannisches Einflußgebiet zeitweise bis zum Inn. Ein Streiflicht ist der Bericht der *Vita Severini* über den Alemannenkönig Gibuld, der um 470 Passau bedrohte, norische Provinzialen verschleppte und offensichtlich bedeutende Teile Rätiens kontrollierte. Obwohl Gibuld durchaus verhandlungsbereit war, zog es Severin doch vor, die Bewohner Ufernoricums rugischem Schutz zu unterstellen. Das war offenbar keine Ausnahme; anders als Franken oder Burgundern gelang den Alemannen kein systematischer Ausgleich mit der Bevölkerung römischer Städte, der eine weiträumige Nutzung der römischen Infrastruktur erlaubt hätte. Dazu fehlte in der Regel auch die Legitimation der Kaiser, für die Alemannen selten als Partner und viel öfter als Gegner eine Rolle spielten.

Alemannische Expansion

Über die Gründe für die relativ geringe Integrationsbereitschaft der Alemannen läßt sich nur spekulieren; Stereotypen von der ‚ursprünglichen Wildheit', die noch die ältere Forschung von römischen Autoren übernahm, tragen zur Erklärung wenig bei. Der Vergleich mit den Franken, deren Ausgangsposition ähnlich gewesen war, legt nahe, daß sowohl die Erfahrungen in der römischen Armee als auch die besseren Verbindungen nach Gallien den Franken einen Vorsprung gaben. Die Unterschiede waren freilich nur graduell. Die politische Struktur

Alemannen und Franken

dürfte ähnlich gewesen sein. Auch bei den Alemannen ist im 5. Jahrhundert mit einer Mehrzahl regionaler Könige zu rechnen, die mehr oder weniger trachteten, ihre Macht auszuweiten. Doch auch Gibuld/ Gebavult, dessen militärische Unternehmungen um 470 von Noricum bis Gallien spürbar wurden, konnte bei den Alemannen kein stabiles einheitliches Königtum durchsetzen, das in der Politik der Zeit nachhaltig wirksam geworden wäre.

<small>Chlodwigs Alemannensieg</small>

Eine weiträumige Herrschaft über die Kriegergruppen links wie rechts des Rheins errichtete erst der Frankenkönig Chlodwig um 500. Als Schlüssel zu Chlodwigs neuem, christlichem Königtum der Franken stellte Gregor von Tours, aus der Distanz von einem Jahrhundert, einen Sieg über (die) Alemannen dar. Gegen diesen gefährlichen Gegner vertraute der König erstmals auf Christus, und mit dessen Hilfe überwand er die Alemannen, deren eigener König fiel, worauf sich Chlodwig taufen ließ. Der stilisierte Bericht bietet kaum Anhaltspunkte zur genaueren zeitlichen oder räumlichen Einordnung. Mit der Schlacht von Zülpich, in der wohl der in Köln residierende Merowinger Sigibert der Lahme Alemannen schlug (Gregor v. Tours 2, 37), ist Chlodwigs Sieg kaum zu identifizieren. Von einem großen Alemannensieg Chlodwigs und dem Tod eines Alemannenkönigs, wahrscheinlich im Jahr 506, wußte man am Hof Theoderichs in Ravenna, von wo der Frankenkönig 507 eine deutliche Warnung erhielt, seine Kontrolle über die „Völker der Alemannen" nicht weiter nach Süden vorzuschieben.

<small>Folgen der Unterwerfung durch die Franken</small>

Im alemannischen Kernbereich wurde die fränkische Herrschaft durchaus gewaltsam durchgesetzt, wie archäologische Spuren zeigen; die Höhensiedlung am Runden Berg bei Urach wurde zerstört und geplündert. Die Zukunft der Alemannen lag im Merowingerreich. Wie die Integration ins Frankenreich im einzelnen verlief, wissen wir nicht. Auf der einen Seite verstärkte sich der fränkische Einfluß auf Politik und Institutionen, und er wird auch in den archäologischen Befunden spürbar. Auf der anderen Seite akzeptierten die Frankenkönige die Existenz von Gentes unter ihrer Herrschaft, die nach ihrem eigenen Recht lebten – die Handschriften des Alemannenrechtes berufen sich zum Teil auf Chlothar II. († 629) als Gesetzgeber, zum Teil auf Dux Lantfrid am Beginn des 8. Jahrhunderts. Es entsprach auch der Politik der Merowinger, für die Völker ihres Machtbereiches eigene Duces einzusetzen und ihnen einigen politischen Spielraum zu lassen, sofern sie nicht gegen merowingische Interessen handelten. Marius von Avenches überliefert *dux Francorum* als Titel der alemannischen Duces des 6. Jahrhunderts, deren Amtsbereich über das alemannische Siedlungsgebiet hinausreichte. Besonders in der Italienpolitik der Merowinger spielten alemannische Duces eine große Rolle. 553/54 führten die Brüder Butilin und Leuthari ein großes alemannisch-fränkisches Heer nach Italien; erst nach langen Kämpfen und Plünderungen wurde es von Narses vernichtet, Butilin und Leuthari fielen. Die ausführliche Schilderung des frankenfreundlichen Agathias unterscheidet die Alemannen als Heiden deutlich von den christlichen und zivilisierteren Franken.

Mit Leudefred, der um 588/89 abgesetzt wurde, beginnt eine Reihe von alemannischen Duces, deren Namen hauptsächlich wegen ihrer Konflikte mit den Merowingerkönigen und karolingischen Hausmeiern überliefert sind, bis hin zum Aufstand von 742–45 und dem Gerichtstag von Cannstadt, nach dem die aufstrebenden Karolinger das Gebiet unter direkte Kontrolle nahmen. Erst im 8. Jahrhundert zeichnet sich die territoriale Gestalt des alemannischen Gebietes deutlicher ab. Karolingischen Gelehrten wurde die alemannische Identität zum Problem, dessen Lösungsversuche allerlei historische Konstruktionen hervorriefen. Das ‚erfolgreiche Scheitern' der Alemannen ist ein gutes Beispiel dafür, daß nachhaltige ethnische Prozesse nicht immer politischen Erfolg erfordern. Nachweisbare gemeinsame Institutionen erreichten die Alemannen nur unter fränkischer Herrschaft, und der Versuch, deren Autonomie zu sichern, führte wiederum zur Zerstörung des gemeinsamen Dukates. Dennoch entwickelte sich ein alemannisch-schwäbisches Volk, das später sogar für die französische Fremdbezeichnung der Deutschen ausschlaggebend wurde.

Politische Mißerfolge und ethnische Behauptung

8. Die frühen Franken

Wie die Alemannen, sind die Franken erstmals in den Panegyrici am Ende des 3. Jahrhunderts bezeugt, in denen Constantius und später Constantin gerühmt werden, sie aus dem linksrheinischen Bataverland vertrieben und nach einem Brückenschlag bei Köln mehrfach in ihrem eigenen Land angegriffen zu haben. Sie galten damals auch als tollkühne Piraten und machten nicht nur die Küsten Britanniens und Spaniens unsicher; eine Gruppe fränkischer Gefangener entkam sogar zu Schiff aus Kleinasien und erreichte nach Plünderung von Syrakus über den Atlantik die Heimat. Auch wenn die zeitgenössische Terminologie zunächst schwankte, hatte der Frankenname einen außerordentlichen Erfolg und ersetzte am Niederrhein weitgehend die älteren Namen, die bis dahin bei den Römern gebräuchlich gewesen waren, mit Ausnahme der Friesen.

Fränkische Anfänge

Wie immer sind ethnische Prozesse für uns zunächst als veränderte Wahrnehmungen faßbar, und es kann diskutiert werden, ob die neue Benennung schon länger oder kürzer bestehende ethnische Verhältnisse abbildet oder ob sie wiederum zu deren Entwicklung beitrug.

Der Frankenname Bei den Franken, ebenso wie bei den Alemannen, ist davon auszugehen, daß der Name germanisch und neu ist, also weder aus dem Fundus klassischer Ethnographie stammt noch an irgendwelche feststellbaren germanischen Traditionen anknüpft. Dem entspricht, daß weder von Franken noch von Alemannen Herkunftssagen, *origines gentium*, überliefert sind, die über außerrömischen Ursprung berichten. Stimmen die gängigen und naheliegenden Namensdeutungen, so war der Frankenname – ‚die Mutigen' – ebenso wie derjenige der Alemannen eine offene Selbstbezeichnung. Der Anspruch auf Prestige stützte sich dabei nicht auf angesehene, aber zugleich einschränkende ältere Namen und Traditionen, sondern auf einen allgemeinen Wertbegriff (Mut) oder, bei den Alemannen, auf die ethnozentrische Betonung des Wir-Bewußtseins (‚alle Menschen'). Das muß die weite Verbreitung begünstigt haben. Wie der Frankenname, aber auch seine zeitgenössische griechische Deutung (‚die Gepanzerten', Libanios, or. 59, 127) anzeigen, wurden die Träger der fränkischen Identität als Kriegergruppen wahrgenommen. Zum Scherz meinte man in Rom auch, sie hießen Franken, weil sie „lachend die Treue brechen *(frangere)*" (SHA, Fir. 13). Nichts deutet darauf hin, daß es sich um einen geschlossenen, zu gemeinsamem Auftreten fähigen Stammesverband handelte, wie man früher annahm.

Kulturelles Umfeld Diese Kriegergruppen verdankten ihre gesellschaftliche Stellung der Nachbarschaft Roms, das durch Geschenke, Heeresdienst, Raubzüge oder größere Kriege die Mittel bot, ihr Prestige zu steigern. Die Zentren der neuen Völker lagen nicht zufällig nahe einer Zone intensiver Romanität – das linke Rheinufer war ja keineswegs entlegenes Grenzgebiet, sondern Machtzentrum, in dem mehrfach Kaiser erhoben wurden, und Schwerpunkt einer zwar nicht unbedingt ‚klassischen', aber aufwendigen und den Repräsentationsbedürfnissen des Militärs angepaßten Kultur. Die ehrgeizigen Kriegergruppen, die man Franken nannte, standen wohl in ständiger Kommunikation mit diesem Macht- und Kulturraum, der von Anfang an Grundlage ihres Aufstiegs war. Ihr kultureller Horizont umfaßte vom 3. bis 5. Jahrhundert, wie die Verbreitung vieler Fundtypen zeigt, einen Raum von Nordostgallien bis an die Unterelbe. Daneben herrschte rechts des Rheins bäuerliche Lebensweise vor, bestattet wurde meist in schlichten Brandgrubengräbern.

8. Die frühen Franken

Rasch wurde der Frankenname zur gängigen Fremdbezeichnung für die Partner/Gegner Roms jenseits des Niederrheins. Dabei konnte der Begriffsumfang bis zur Pauschalbezeichnung gedehnt werden, was an der bald vorkommenden Gleichsetzung *Franci = Germani* abzulesen ist. Als römische Fremdbezeichnung meinte der Frankenname die barbarische Bevölkerung am Niederrhein insgesamt; nicht nachweisbar ist, ob das dem Selbstverständnis der betreffenden bäuerlichen Bevölkerung entsprach.

‚Franken' als Fremdbezeichnung

Für die am Rhein konzentrierten römischen Truppen waren die Barbarenkrieger jenseits des Rheins nicht nur Rekrutierungsreserve, sondern rechtfertigten auch die eigene Bedeutung und Existenz. Von Anfang an waren die Franken Feinde und Partner. Auch in Untergermanien müssen Germaneneinfälle und Bürgerkriege zur Zeit der Usurpation des Postumus (259/60) wichtige Veränderungen ausgelöst haben. Nachweisbar ist die Zerstörung des Kastells von Krefeld-Gellep. Franken kämpften auch im Heer des Postumus. Seit Ende des 3. Jahrhunderts waren Offensivschläge oder zumindest Abwehrerfolge gegen Franken, in zweiter Linie auch Alemannen geradezu Mindesterfordernis triumphalistischer Rhetorik am Kaiserhof.

Franken an der Rheingrenze

Wo man detailliertere Berichte liest, etwa bei Ammianus Marcellinus, zeigen sie einen ständigen, oft plötzlichen Wechsel von Bündnissen und Kriegen. Dabei verhielten sich kaiserliche wie barbarische Heere ähnlich: Stießen sie vor, verwüsteten und plünderten sie alles Erreichbare. Wurden sie angegriffen, zogen sie sich in der Regel zurück, römische Armeen hinter Stadtmauern und barbarische in unwegsames Gelände, und versuchten durch Hinterhalte zum Erfolg zu kommen. Längerfristig bedeutsamer war, daß bei Sieg oder Niederlage die Folgen ähnlich waren: Geschlagene wie erfolgreiche Franken wurden immer wieder in kleineren oder größeren Gruppen und unter verschiedenen Rechtstiteln (*laeti, dediticii,* später *foederati*) auf Reichsgebiet angesiedelt und/oder als Soldaten in die römische Armee übernommen. Das lag am Bedarf des Imperiums an Bauern und Soldaten ebenso wie an der wachsenden sozialen Mobilität der barbarischen Gemeinschaften. Dieses Muster der Auseinandersetzung blieb im wesentlichen vom 3. bis ins 5. Jahrhundert, bis zum Tod des Aetius (454), unverändert. Man sollte dieses System nicht einfach als Ausdruck einer Verfallszeit interpretieren, denn an vielen Orten, gerade entlang des Rheins, war das 4. Jahrhundert eine Zeit außergewöhnlicher Prosperität, von der die Kriegsberichte des Ammianus einen recht einseitigen Eindruck vermitteln.

Franken und Römer

Entstehung und Aufstieg der Franken wurde in den römischen Quellen zwar der ideologischen Dichotomie Römer-Barbaren unter-

Franken in der römischen Arme

worfen, dieser Gegensatz ist aber für das Verständnis des Prozesses eher hinderlich. Seit dem 4. Jahrhundert zählten Franken zu den erfolgreichsten römischen Offizieren barbarischer Herkunft. Der Grabstein mit der Inschrift (CIL III 3567): *Francus ego cives, Romanus miles in armis*, wirft auf ihre fränkisch-römische Identität ein deutliches Schlaglicht. Römische Offiziere fränkischer Herkunft waren zugleich Frankenkönige wie Mallobaudes oder strebten nach dem Kaisertum wie Magnentius oder Silvanus. In den Jahren 388–94 erreichte Arbogast, Sohn des fränkischen Heermeisters Bauto, eine Schlüsselstellung am Kaiserhof. Doch erlaubten auch spektakuläre Karrieren in der imperialen Militäraristokratie nicht den Aufbau längerfristiger Machtpositionen. Nicht auf dieser Ebene entschied sich der Erfolg der Franken, sondern durch den Aufbau von regionalen Netzwerken, die bald weit nach Gallien hineinreichten. Das ‚fränkische Kulturmodell', in Gräbern faßbar durch Waffenbeigaben bei Männern und paarweise getragene Fibeln bei Frauen, breitete sich aus. Das waren noch nicht ‚die' Franken, sondern wohl Kriegergruppen unterschiedlicher Herkunft, die offenbar weitgehend auf ethnische Selbstdarstellung verzichteten und ihren Status vor allem mit römischen Prestigeobjekten, zum Beispiel Goldgriffspathen, demonstrierten. Um ihre Loyalität konkurrierten Machthaber ganz unterschiedlicher Herkunft, die in unseren Quellen oft als Könige charakterisiert sind: Franken, Alemannen, Burgunder, Goten und Römer. Basis dieser regionalen Herrschaften, die sich in der zweiten Hälfte des 5. Jahrhunderts über ganz Nordgallien ausbreiteten, waren römische Civitates mit mehr oder weniger erhaltener Infrastruktur. Römische Kommandanten hielten sich, teils mit fränkischer Unterstützung, zunächst in Soissons (Aegidius, Paulus und Syagrius, später *rex Romanorum* genannt) und Trier (Arbogast, der hochgebildete *comes civitatis* fränkischer Herkunft). Die wichtigsten fränkischen Zentren waren Cambrai, Köln und vor allem Tournai; dort herrschte bis 482 der Merowingerkönig Childerich.

Franken in Gallien

Auch wenn die Kaiser spätestens Ende der 450er Jahre die Kontrolle über Gallien verloren, waren römische Ämter oder zumindest die Anerkennung durch Repräsentanten der romanischen Bevölkerungsmehrheit – das waren zunehmend die Bischöfe – weiterhin begehrt. Childerichs Sohn und Nachfolger Chlodwig wurde als Administrator der Provinz Belgica II anerkannt, wie ein Brief des Bischofs Remigius von Reims zeigt. Seine militärischen Erfolge gegen Syagrius, die Alemannen, die anderen fränkischen Könige und schließlich die Westgoten, ebenso wie die Taufe und der Ausgleich mit den Romanen und dem Kaiser in Konstantinopel, schufen um 500

8. Die frühen Franken

die Grundlage eines Frankenreiches, das bald fast ganz Gallien kontrollierte.

Die Reichsbildung Chlodwigs gab der fränkischen Identität einen neuen Bezugspunkt und eröffnete eine neue Phase der fränkischen Ethnogenese, geprägt von der am ‚großen Raum' orientierten fränkischen Reichsaristokratie unter Führung der Merowinger. Weiterhin trug allerdings die ethnische Offenheit zum Erfolg des fränkischen Modells bei; sowohl Romanen als auch Angehörige anderer Gentes errangen Führungspositionen. Dabei konnten sie sowohl ihre alte – z. B. romanische – Identität bewahren als auch frankisiert werden. Noch viele Jahrhunderte lang benannte der Frankenname zugleich Identität wie ethnische Pluralität. Dem entsprach eine vielschichtige Herkunftssage, nach der die Franken – wie es auch die romanisierten Gallier von sich glaubten – aus Troja kamen, außerdem Verwandte der (zentralasiatischen) *Turci* waren und erst nach Aufenthalten in Mazedonien und Pannonien an den Rhein wanderten (Fredegar 2, 4–6; 3, 2). Gerade der Mangel an Kohärenz in dem verzwickten Herkunftsbericht spricht dagegen, daß es sich bloß um gelehrte Konstruktionen eines oder weniger Autoren handelte. Innerhalb des Frankenreiches konnten regionale Einheiten mehr oder weniger ethnisiert (wie die Aquitanier, die Elsässer, die Ribuarier oder später die Lothringer) oder ethnische Bezeichnungen regionalisiert werden (Burgund, Schwaben). Letzteres geschah auch mit dem Frankennamen, der schließlich an den beiden königsnahen Kernlandschaften im Osten und im Westen haften blieb (Franken bzw. Francia-Île de France). Daneben hielt er sich im Westen auch als Name des Gesamtreiches (Frankreich) und wurde seit dem Hochmittelalter im Orient als Fremdbezeichnung für die Abendländer insgesamt gebraucht. Als Völkername ging er auf die Franzosen über und bezeichnet damit das Ergebnis einer Entwicklung, die aus der spätantiken Gleichsetzung von Franken und Germanen wieder einen Gegensatz machte. Im Fall der Franken war es gerade der außergewöhnliche Erfolg derjenigen, die unter diesem Namen operierten, der eine Entwicklung zu stärkerer fränkischer Identität und größerer ethnischer Geschlossenheit verhinderte. Innerhalb des fränkischen Machtbereiches entstand daher Raum für eine Reihe komplementärer ethnischer Prozesse, die trotz dieser schwierigen Ausgangssituation bei allen Brüchen und Widersprüchen oft identitätswirksamer, vor allem aber dauerhafter waren als die Zugehörigkeit zu den Franken. So entwickelten sich nicht nur Bayern, Schwaben, oder Elsässer, sondern schließlich auch die Deutschen.

_{Ethnische Identitäten im Frankenreich}

9. Von der spätantiken zur merowingischen Germania

Die Franken und die Germania

Seit der 2. Hälfte des 5. Jahrhunderts lag der Schwerpunkt der fränkischen Ethnogenese in Gallien, während die rechtsrheinischen Gebiete rasch an die Peripherie rückten. Das drückt sich nicht zuletzt im Mangel an Nachrichten über die Verhältnisse am Niederrhein aus. Nach Chlodwig versuchten die Merowingerkönige ebenso gezielt wie erfolgreich, den Aufstieg konkurrierender Mächte in Germanien zu verhindern. Die politische Entfaltung der Alemannen, Thüringer, Bayern und Sachsen blieb eingeschränkt. Im alten Frankenland östlich des Rheins orientierte man sich teils wieder nach den kleinräumigeren ethnischen Bezeichnungen der frühen Kaiserzeit; im 8. Jahrhundert werden Brukterer (Beda V,11), Chamaven, Angrivarier/Engern (als Teil der Sachsen) und Chatten/Hessen genannt. Den Franken gelang, woran die Römer gescheitert waren, nämlich ihre Herrschaft von Gallien aus auf große Teile der Germania auszudehnen.

Veränderungen an der spätrömischen Peripherie

Freilich hatte sich diese Germania seit der römischen Kaiserzeit grundlegend verändert. Das lag vor allem daran, daß generationenlang die aktivsten Teile der Bevölkerung abgewandert waren. Die Anziehungskraft des Imperiums hatte die Peripherie der römischen Welt verändert. Nun konnten die erfolgreichsten der Zuwanderer aus der Peripherie darangehen, die Zentralräume des Römerreiches umzugestalten. Die Folgen dieser ‚Umwandlung der römischen Welt' für die Gebiete jenseits von Rhein und Donau waren widersprüchlich. Einerseits wurde das Gefälle zwischen den Provinzen und dem Barbaricum vielerorts eingeebnet, andererseits führte der Rückzug des Imperiums auch zum Niedergang jener Netzwerke und Austauschbeziehungen, die jahrhundertelang die Germania mit dem römischen System verknüpft hatten. Im 3./4. Jahrhundert waren viele nach dem Dienst in der römischen Armee noch heimgekehrt, wie die Gräber der Haßleben-Leuna-Gruppe nahelegen. Im 5./6. Jahrhundert wurde es immer schwieriger, in der Germania zu bleiben und zugleich den gewohnten Status zu bewahren.

Burgunder

Auch die Völker, die jenseits von Franken und Alemannen lebten, wurden von dieser Dynamik erfaßt. Zu den ersten, die westlich des Rheins einen Machtbereich aufbauten, zählten die Burgunder. Sie hatten sich im 4. Jahrhundert, aktiv gefördert von der römischen Gleichgewichtspolitik, am Main im Rücken der Alemannen ausgebreitet. Im Sog des Vandalenzuges überquerten auch sie den Rhein und erhielten 413 vom Gegenkaiser Jovinus, dessen Erhebung der Burgunderkönig Gundahar unterstützt hatte, Land (wahrscheinlich mit dem Zentrum in

Worms) zugewiesen. Als römische Föderaten auf Reichsboden hatten sie, wie es seit dem *foedus* (Vertrag) mit den Goten von 382 üblich war, unter eigenen Anführern Kriegsdienst zu leisten, was sich hier vor allem gegen die Alemannen richtete, und bekamen regelmäßig Leistungen in Geld oder Naturalien (*annona*) und ein bestimmtes Gebiet zur Stationierung zugewiesen. Einen burgundischen Vorstoß beantwortete der römische Feldherr Aetius 435/36 mit Angriffen auf die Burgunder, denen hunnische Einheiten schwere Verluste zufügten. Die Tragödie der Burgunder gab den Anstoß zum Nibelungenlied, wo der gefallene Gundahar als Gunther besungen wurde und Aetius mit dem Hunnenkönig Attila zu Etzel verschmolz. Die historischen Burgunder haben die Katastrophe überwunden; 443 wurden sie südwestlich des Genfer Sees angesiedelt, wo sich fast ein Jahrhundert lang ihr Reich erstreckte, bevor es 534 von den Franken erobert wurde. Der Name Burgund, voll von legendären Anklängen, hatte noch eine große Zukunft als fränkisches Königreich und später als französisches Herzogtum.

Der Weg über den Rhein war nicht die einzige Route, die zur Integration in römischen Provinzen führte. Während seit dem 4. Jahrhundert die Franken nur mehr mit binnenländischen Angriffen in Verbindung gebracht wurden, unternahmen die Sachsen weiterhin Raubzüge zur See. Zur Kontrolle der gallischen und britischen Küsten legten die Römer die Verteidigungsanlagen des *litus Saxonicum* an. Bald nach 400 wurden aber die letzten römischen Truppen aus Britannien abgezogen. Die von Pikten und Iren bedrängten Briten riefen Sachsen als Föderaten ins Land, die im Lauf der Zeit die Herrschaft über einen Großteil der Insel übernahmen. Der Zuzug vom Kontinent erfaßte auch Angeln, Jüten, Friesen und andere, wobei jeweils nur Teile von Völkern abwanderten. In England bildeten sich neue regionale Königtümer, die zum Teil ethnische Bezeichnungen (Wessex, East Anglia etc.), zum Teil territoriale Namen (Kent, Northumbria) trugen. Der Name der germanischen Bevölkerung Britanniens insgesamt schwankte lange; Beda berichtet, daß die Briten sie *Garmani* nannten. Die Bezeichnung ‚Angelsachsen' entstand erst in der Karolingerzeit auf dem Kontinent.

Sachsen in Britannien

Die Sachsen, die auf dem Kontinent zurückblieben, lebten in einem Randbereich der merowingischen Expansion; während des 6. Jahrhunderts waren sie den Franken zu Tribut (angeblich 500 Kühe) verpflichtet, wogegen sie sich 555/56 vergeblich erhoben. 568 zog ein bedeutendes sächsisches Kontingent mit dem Langobardenkönig Alboin nach Italien, kehrte aber wenige Jahre später heim. Nach der Niederlage gegen den Slawenkönig Samo 631/32 erließen die Franken den Sachsen ihren Tribut. Seit Beda (um 730) bildete sich unter alt-

Sachsen auf dem Kontinent

testamentarischem Einfluß eine literarische Tradition über die Verfassung der Sachsen: Danach hatten sie keinen König, sondern nur ‚Satrapen', die im Kriegsfall einen gemeinsamen *dux* auslosten (Beda), und hielten eine jährliche Versammlung bei Marklo ab (Vita Lebuini antiqua, um 850); ihr Heeresaufgebot setzte sich aus Engern sowie West- und Ostfalen zusammen (fränkische Annalen zu 770/75; Widukind v. Corvey, ca. 960). Sicher gab es bei den Sachsen keinen gemeinsamen König, sondern wie bei den Alemannen und Franken des 4./5. Jhs. lokale Könige oder Fürsten. Der Grad der ethnischen Geschlossenheit und die gemeinsame Verfassung sind jedoch fraglich; im Kampf gegen die Heere Karls des Großen zeigen sich eher ethnische Vielfalt (auch *Nordliudi, Bardongavenses, Transalbiani, Wigmodi, Nordsuavi, Harudi* und andere werden genannt) und dynamische Machtverhältnisse. Manches spricht dafür, daß sich erst in der Konfrontation mit dem karolingischen Frankenreich um 800 eine starke sächsische Identität bildete.

<small>Friesen und andere Völker an der Nordsee</small>
Über die Verhältnisse bei den anderen Völkern an der Nordsee ist im 5. und 6. Jahrhundert wenig bekannt. Die Friesen standen im 6. Jahrhundert unter fränkischer Herrschaft (Venantius Fortunatus, carm. 9, 1, 75). Dann werden sie erst wieder um 700 als Gegner der aufstrebenden Karolinger und als Ziel vor allem angelsächsischer Mission erwähnt, wobei die fränkischen Quellen sicherlich ihre heidnische Barbarei überzeichnen. Ein vereinzelter dänischer Seezug unter König Chlochilaich ereignete sich unter Theuderich I. († 533), wobei der Dänenkönig fiel (Gregor von Tours 3,3). Im Beowulf-Epos wird er als König Hygelac erwähnt. In Küstennähe lebten, den Angeln benachbart, im 5. und 6. Jahrhundert die Warnen, vielleicht im heutigen Mecklenburg. Von ihnen erhielt der Ostgotenkönig Theoderich 522/23 Pelze und hervorragend gearbeitete Schwerter als Geschenk (Cassiodor, Variae 5,1). Ihr König Hermegisl war um 540 mit einer Schwester des Merowingers Theudebert I. verheiratet, die er aber zugunsten eines Ehebündnisses mit den Angeln heimschickte (Prokop, Bella VIII, 20).

<small>Thüringer</small>
Das wichtigste Machtzentrum in der Germania war um 500 das thüringische Königreich. Die Thüringer siedelten an Unstrut und Saale, mit dem Zentrum um Weimar und Erfurt. Sie werden erstmals um 400 erwähnt, ohne daß archäologisch wesentliche Bevölkerungsverschiebungen zu erschließen sind. Um 500 erreichte das Thüringerreich unter König Bisin und seinem Nachfolger Herminafrid überregionale Bedeutung, was zahlreiche Heiratsbündnisse bezeugen. Der Frankenkönig Childerich I. († 482) war mit der Thüringerin Basina verheiratet, der Langobardenkönig Wacho († 540) mit Radegunde, und Herminafrid

erhielt Amalaberga, eine Nichte Theoderichs des Großen († 526), zur Frau. Doch die weitgespannten Bündnisse nützten im Kampf gegen die expandierenden Franken wenig; 531/34 wurde das Thüringerreich nach einer Schlacht an der Unstrut unterworfen. König Chlothar I. (511–61) machte Radegunde, die Tochter Herminafrids, zu seiner Frau, doch sie zog sich bald in ihr Kloster bei Poitiers zurück. Thüringen bildete unter fränkischer Herrschaft einen ethnisch-politischen Verband und konnte nach dem Samo-Krieg 631/32 unter Radulf für längere Zeit eine unabhängige Stellung wiedererringen.

Die Völker der östlichen Germania – Vandalen, Goten, Gepiden, Rugier und andere – zogen bis zum 5. Jahrhundert zum Großteil nach Süden ab. Nördlich der Karpaten und an der unteren Donau werden seit dem 6. Jahrhundert Slawen genannt, die um 600 auch in Böhmen und Mähren ebenso wie in Teilen der Ostalpen siedelten und im 7. Jahrhundert an der Elbe Nachbarn der Sachsen und Thüringer waren. Das muß nicht heißen, daß ein völliger Bevölkerungsaustausch stattfand; wer von der Vorbevölkerung blieb, wurde aber slawisiert. Im Gegensatz zu den von einer kriegerischen Führungsgruppe beherrschten, kulturell und politisch auf die spätrömische Welt hin orientierten germanischen Gesellschaften waren die sozialen Unterschiede bei den Slawen offenbar geringer. Während die germanischen Krieger seit dem 4. Jahrhundert in Körpergräbern mit Waffen und oft reichen Beigaben bestattet wurden, gibt es bei den frühen Slawen einfache, fast beigabenlose Brandgräber, die oft schwer nachweisbar sind. Das vorwiegend bäuerliche slawische Lebensmodell setzte sich in weiten Teilen Ost- und Mitteleuropas erstaunlich rasch durch. Damit hörten jene Länder auf, Teil der spätrömischen Welt zu sein, der die germanischen Führungsgruppen seit langem angehörten.

Slawisierung der östlichen Germania

An der Donau war die ethnische und politische Situation vom 4. bis zum 6. Jahrhundert außerordentlich instabil. Um 400 werden zum letzten Mal Markomannen genannt, die sich unter ihrer Fürstin Fritigil den Römern unterwarfen und Christen wurden. Während Markomannen und Quaden aus den Quellen verschwanden, verbreitete sich im 5./6. Jahrhundert in verschiedenen Gegenden der alte Suebenname: Sueben zogen mit den Vandalen nach Spanien, wo sie ihr Reich gründeten; ein Suebenreich bestand nach 454 nördlich der mittleren Donau; Sueben siedelten ebenso südlich des Stroms in Pannonien; und schließlich wurde der Suebenname auch auf die Alemannen angewendet, auf denen er dann haften blieb (Kap. II.3.3). Die Sueben waren nur eines der Völker, das nach dem Tod Attilas (453) und dem Fall des Hunnenreiches für kurze Zeit eine eigenständige Herrschaft errang. Das gelang

Ethnische Verhältnisse an der Donau

– Sueben

– Rugier auch den Rugiern nördlich der niederösterreichischen Donau, wo sie in der Vita des heiligen Severin eine große Rolle spielen; 487/88 wurde ihr Reich von den Heeren Odoakers zerstört, und ein Großteil der Rugier zog mit den Ostgoten nach Italien. Die Reiche der Sueben und Skiren jenseits des pannonischen Donauabschnitts wurden bereits 469 von den Ostgoten vernichtet, die wenige Jahre später aus Pannonien ab-

– Eruler zogen. Für einige Jahrzehnte war nun das Reich der Eruler an der March die bestimmende Macht in der Region, und ihr König Rodulf wurde nach 500 Bündnispartner und Waffensohn des Ostgotenkönigs Theoderich. Unter der Herrschaft der Eruler standen zunächst auch die

– Langobarden Langobarden, die nach 488 von Böhmen aus ins verlassene ‚Rugiland' eingezogen waren. Um 510 schlugen und vertrieben sie die Eruler, und unter König Wacho (ca. 510–540) breiteten sie sich nach Pannonien aus. Unter Audoin (ca. 546–560) gerieten sie in Konflikt mit den Gepiden, dem letzten noch bestehenden der 454 gegründeten Reiche an der Donau, das die Osthälfte des Karpatenbeckens und Siebenbürgen beherrschte und dessen Könige in Sirmium residierten. Nach dem endgültigen Sieg über den Gepidenkönig Kunimund zogen die Langobarden 568 nach Italien ab. Das Karpatenbecken fiel an die Awaren, deren Herrschaftsgebiet bald große Teile Ostmitteleuropas umfaßte und unter deren Kontrolle sich Slawen nach Westen ausbreiten konnten, bis sie auf die Bayern stießen.

– Bayern Die Bayern waren im 6. Jahrhundert Erben des ethnischen Puzzles zwischen Lech und Enns geworden, wo sie um 550 mehrfach bezeugt sind. Die Elemente, die ab 500 zur bayerischen Ethnogenese beitrugen, wurden lange als Alternativen diskutiert. Wahrscheinlicher ist, daß sie alle eine Rolle spielten, wobei man allenfalls ihre relative Bedeutung diskutieren kann: Siedlungskontinuität romanisch-barbarischer Provinzialen; Zuwanderung von suebisch-markomannischen Gruppen, von Alemannen und von Kriegergruppen aus dem thüringisch-langobardischen Milieu in Böhmen und an der Elbe. Den politischen Rahmen bildete bis 526 die aktive gentile Politik Theoderichs des Großen, und danach als langfristig prägendes Element die fränkische Oberhoheit. Goten wie Franken mußten ein Interesse daran haben, die Verhältnisse in Rätien zu stabilisieren und dort berechenbare Partner aufzubauen. Die Franken waren es, die Dux Garibald einsetzten und ihm mit der langobardischen Prinzessin Walderada eine königliche Eheverbindung ermöglichten. Damit begann die spannungsreiche Geschichte des Verhältnisses zwischen den Bayernherzögen, die mehr oder weniger königlichen Status beanspruchten, und dem Frankenreich.

9. Von der spätantiken zur merowingischen Germania

Die zeitgenössischen Autoren beschreiben alle diese Ereignisse als Auseinandersetzungen zwischen Völkern, von denen die meisten im Lauf dieser Kämpfe verschwanden. In der verschärften Konkurrenz untereinander gingen die kleineren Königreiche der Zeit nach Attila unter; ihre Führungsgruppen schlossen sich entweder der römischen Armee oder erfolgreicheren Konkurrenten an. Auf diese Weise umfaßten die Heere Theoderichs des Großen oder Alboins zahlreiche ethnische Gruppen, die innerhalb des größeren gotischen oder langobardischen Verbandes noch lange ihre rugische, suebische oder gepidische Identität behielten. Das Ziel aller dieser Gruppen war die Integration in die spätrömische Welt und damit ein Anteil an Prestige und Reichtümern, die nur so zu erringen waren. Je mehr die Infrastruktur römischer Grenzprovinzen verfiel (etwa durch den Abzug der Provinzialen aus Noricum ripense, den Odoaker 488 anordnete), desto mehr verstärkte sich der Drang in die Zentralräume des Imperiums. Der Versuch, eigenständige Herrschaften außerhalb der alten Reichsgrenzen zu behaupten, scheiterte im 6. Jahrhundert fast überall (etwa bei Thüringern, Alemannen und Gepiden). Dadurch zerfiel die alte Germania in einen fränkischen und einen slawischen Teil. Trotz der merowingischen Verluste im 7. Jahrhundert geriet der Westteil der Germania in der Karolingerzeit endgültig unter fränkische Herrschaft. Doch das Frankenreich löste keine Frankisierung des Landes aus; im Gegenteil, die ethnischen Verhältnisse des 6. Jahrhunderts wurden östlich des Rheins fast überall konserviert. Alemannen/Schwaben, Bayern, Sachsen und auch Thüringer blieben bis ins Hochmittelalter Träger (ost)fränkischer Herrschaft. Daß sie alle, im antiken Sinn, Germanen waren, war den mittelalterlichen Gelehrten bekannt. Für ihr politisches Zusammenwirken im erneuerten Römischen Reich ebenso wie für den langwierigen Prozeß der deutschen Nationsbildung war das aber unerheblich.

Migrationsbewegungen aus der Germania

II. Grundprobleme und Tendenzen der Forschung

1. Was ist germanisch?

1.1 Suche nach Ursprüngen: Sprachentwicklung, archäologische Kultur, Ethnogenese

In den zeitgenössischen Quellen werden Germanen nicht vor der Mitte des 1. Jahrhunderts deutlich faßbar, wobei Caesars Bericht von seinem gallischen Krieg eine entscheidende Rolle spielt [siehe II.1.2; zusammenfassend: 51: TIMPE, Germanen]. Daß die damals einsetzenden Nachrichten nicht eine plötzliche grundlegende Änderung der Siedlungsverhältnisse, sondern die rasche Ausweitung des römischen Horizontes nördlich der Alpen widerspiegeln, ist unbestritten [vgl. 172: TIMPE, Entdeckungsgeschichte]. Viele der Bevölkerungsgruppen, die nun unter dem neuen Oberbegriff Germanen zusammengefaßt wurden, lebten zweifellos schon länger in diesem Raum. Die Frage, wer von wem seit wann als Germanen bezeichnet wurde, ist schwierig zu klären; sie wird später noch zu behandeln sein. Davon zu unterscheiden ist die Frage nach Herkunft und Schicksal jener Bevölkerung, die von der modernen Forschung als Germanen bezeichnet wurde und wird. Sowohl chronologisch als auch räumlich ist diese Gruppe im Lauf der Zeit sehr verschieden gefaßt worden; ihre Entstehung verlegte man zurück ins Neolithikum oder erst in die jüngere Eisenzeit, ihr Herkunftsraum wurde, kleiner oder größer, im Raum zwischen deutschen Mittelgebirgen, Rhein, Oder oder Weichsel oder bis tief nach Skandinavien gesucht. Dabei bediente man sich eines breiten interdisziplinären Methodenspektrums, dessen kritischer Gebrauch erst allmählich selbst zum Thema wurde [50: Germanenprobleme].

Ein Ansatz, mit dem nach germanischen Ursprüngen gesucht wurde, war sprachwissenschaftlich. Im Verständnis des 19. Jahrhunderts war ja die germanische, ‚deutsche', Sprache entscheidendes Kriterium für die Volkszugehörigkeit: „die sprache macht die nation", wie K. MÜLLENHOFF prägnant formulierte [83: Altertumskunde Bd. 3, 194;

Antiker und moderner Germanenbegriff

Herausbildung der germanischen Sprache

vgl. 70: GUTENBRUNNER, Germanische Frühzeit, 183; dazu 99: WENSKUS, Stammesbildung, 152; 139: LUND, Germanen, 27; 68: GREEN, Language, 2]. Ebenso wie sich das (Ur-)Germanische im Verständnis der älteren Philologie organisch aus dem Indogermanischen entwikkelte, stellte man sich die Herauslösung der Germanen aus der größeren Gemeinschaft der Indogermanen vor [Überblick in 51: SEEBOLD, Germanen]. Wichtiger Schritt und entscheidendes Kriterium war die sogenannte ‚erste Lautverschiebung'. Dabei wurden unter anderem stufenweise aus stimmhaften aspirierten Verschlußlauten (bh, dh, gh) stimmhafte Reibelaute (ƀ, đ, g̱); aus stimmhaften (b, d, g) stimmlose Verschlußlaute (p, t, k) [99: WENSKUS, Stammesbildung, 153; 20: EGGERS, Sprachgeschichte, 20 ff.; 16: Sprachgeschichte; 40: SCARDIGLI, Weg, 82 ff.; 28: Die Germanen 1, 105–20]. Die vollzogene Lautverschiebung gilt nach wie vor als Kriterium des Germanischen, obwohl diese Definition bis zu einem gewissen Grad „willkürlich und rein pragmatisch" ist [108: BIRKHAN, Germanen, 62]; dazu kommen die Festlegung des Wortakzents auf die Wurzelsilbe und manche grammatikalische Eigenheiten [40: SCARDIGLI, Weg, 82].

Da vor der gotischen Bibelübersetzung aus dem 4. nachchristlichen Jahrhundert kein längerer zusammenhängender Text aus einer germanischen Sprache überliefert war, mußte man sich vor allem an die Wortentwicklung und das Namenmaterial halten. Dabei kamen drei Methoden besonders in Frage: die Rekonstruktion von Sprachkontakten, vor allem durch Lehnwortforschung; die kulturhistorische Methode, aus dem Wortschatz Rückschlüsse auf einstige Sachkultur und Umweltbedingungen zu ziehen (etwa aus vorhandenen und fehlenden Baumnamen); sowie die Untersuchung von Orts-, Personen- und Völkernamen [allg. 165: SEEBOLD, Konstituierung; 22: FÖRSTEMANN, Ortsnamen; 179: UDOLPH, Studien, 1–10 (Forschungsüberblick)].

Philologische Methodik

Die Ausbildung des Germanischen wird meist etwa um die Mitte des 1. Jahrtausends v. Chr. datiert [51: SEEBOLD, Germanen; vgl. 99: WENSKUS, Stammesbildung, 156–59; 77: KROGMANN, Kultur, 14–21]. Eine Möglichkeit zu relativer Datierung gibt der Sprachkontakt mit anderen europäischen Sprachen, der vorzeitliche Siedlungs- oder Kommunikationsverhältnisse wahrscheinlich machen kann. Vor allem grammatikalische Beziehungen gibt es zum Italischen, was auf alte, aber dann abgebrochene Kontakte deutet. Mit dem Keltischen gibt es vor allem lexikalische Gemeinsamkeiten, die wohl jünger sind [165: SEEBOLD, Konstituierung, 175–77]. Schwerer zeitlich abgrenzbar sind die Kontakte zum Baltischen; ihr Ausmaß ist bis in jüngste Zeit umstritten. Viele Forscher gehen wie H. BIRKHAN [108: Germanen, 37 ff.;

Das Germanische und die Nachbarsprachen

68: GREEN, Language, 145–63; vgl. 162: SCHMIDT, Celts] von näheren Beziehungen zum Keltischen aus, während J. UDOLPH [179: Studien, bes. 941] ähnlich wie W. P. SCHMID den Schluß zog, „daß der engste Verwandte des Germanischen das Baltische gewesen sein muß" [161: SCHMID, Alteuropa, 167].

Als ältester Sprachraum kommen das Gebiet zwischen Weser, Oder und deutschem Mittelgebirge und/oder Südskandinavien in Frage. In Südskandinavien fehlen weitgehend nichtgermanische Ortsnamen, was für eine kontinuierliche Sprachentwicklung spricht. Diese Beobachtung wurde zur Grundlage einer ideologisch gefärbten Lehre von der nordischen Herkunft der Germanen [vgl. 139: LUND, Germanen, 14 ff.]. Die meisten Philologen verlegen die Entstehung der germanischen Sprache heute aber auf den Kontinent. J. UDOLPH nimmt in einer umfangreichen Studie 1994 die ältesten germanischen Ortsnamen in einem relativ beschränkten Raum „zwischen Erzgebirge, Thüringer Wald, Elbe, Aller und einer offenen Grenze in Westfalen" an [179: Studien, bes. 925–27; siehe dazu aber die Rezensionen von E. SEEBOLD in: Götting. Gelehrte Anzeigen 248 (1996) 205–24; N. WAGNER in: Beiträge z. Namenforschung 29/30 (1994/95) 184–93].

Entstehungsraum

Die Sprachwissenschaft bezeichnet die Sprecher germanischer Sprachen als Germanen, was eine durchaus sinnvolle, aber nicht unbedingt allgemeingültige Definition ist. Für die Zusammenarbeit der Disziplinen ist festzuhalten, daß die von der Philologie rekonstruierten Sprachen, wie eben das Germanische, Abstraktionen sind, die von den Zeitgenossen kaum als Einheit wahrgenommen wurden [139: LUND, Germanen, 27]. Es ist unwahrscheinlich, daß in der Vor- und Frühgeschichte eine sprachliche Einheitlichkeit bestanden hat, die nicht einmal moderne Nationalstaaten durchsetzen konnten. Der Germanenbegriff der Sprachwissenschaft kann jedenfalls nicht mit einem historischen Volk in eins gesetzt werden, worauf schon R. WENSKUS [z. B. 184: Möglichkeit] immer wieder aufmerksam gemacht hat. Der Germanenbegriff der Antike war nicht sprachlich bestimmt [vgl. 166: SPRINGER, Grundlagen]. Manches deutet darauf hin, daß Caesars *Germani cisrhenani* keine germanische Sprache sprachen (siehe Kap. II.1.2), und in der Spätantike wurden die Goten nicht zu den Germanen, sondern zu den Skythen gerechnet.

Philologischer Gemanenbegriff

Ein ähnliches Problem ergibt sich, wo archäologisch festgestellte Kulturgruppen mit ethnischen Einheiten, und natürlich mit Sprachgruppen, in Übereinstimmung gebracht werden sollen. Dieses Vorgehen wurde unter dem irreführenden Etikett „Siedlungsarchäologie" um die Jahrhundertwende von dem gelernten Germanisten G. KOSSINNA

II. Grundprobleme und Tendenzen der Forschung

Kossinna und die 'Siedlungsarchäologie'

nachhaltig propagiert [u. a. 126: Ursprung; dazu 104: ADLER, Kossinna; 71: HACHMANN, Goten, 145 ff.; 139: LUND, Germanen, 16–18]. Deutlich umrissene archäologisch festgestellte Kulturgruppen fielen seiner Meinung nach unbedingt mit Völker- oder Stammesgebieten zusammen; Paradebeispiel für diesen methodischen Grundsatz waren gerade die Germanen. Kossinna spitzte damit Positionen zu, die in der archäologischen Germanenforschung seiner Zeit verbreitet waren. Schon O. MONTELIUS [142: Einwanderung] und andere hatten aus der Kontinuität der archäologischen Kultur in Skandinavien und Norddeutschland seit dem Neolithikum auf kontinuierliche Existenz und nordische Herkunft der Germanen geschlossen. G. KOSSINNA meinte, Germanen habe es schon seit Anfang des 3. Jahrtausends v. Chr., also lange vor der 1. Lautverschiebung gegeben. Dahinter stand auch die Vorstellung von rassischer Kontinuität [ein „hochgewachsenes Volk mit langen Schädeln": 82: MUCH, Stammeskunde, 21; zur Forschungsgeschichte 139: LUND, Germanen, 25 ff.]. Diese Auffassung wurde in H. REINERTHS dreibändiger, ganz der nationalsozialistischen Ideologie unterworfener „Vorgeschichte der deutschen Stämme" von 1940 popularisiert. Neue Grabungsergebnisse führten in den zwanziger Jahren dazu, daß man sich die Entstehung der Germanen meist als Verschmelzung der neolithischen Megalithkultur mit der Einzelgrabkultur bzw. der Schnurkeramik- oder Streitaxtkultur erklärte, aus der eine einheitliche nordische Bronzezeitkultur entstand. Diese Vorstellung hielt sich nach 1945 noch lange in Handbüchern [92: SCHWARZ, Stammeskunde, 19–24; dtv-Atlas zur Weltgeschichte, 19 u. 109; dtv-Atlas zur deutschen Sprache].

Kritik an ethnischer Deutung archäologischer Kulturen

Die Kritik an KOSSINNAS Ansatz und an der archäologischen Frühdatierung der Entstehung der (Ur-)Germanen setzte recht bald ein. Beispiele, daß Stammesgebiet und Kulturprovinz sich nicht deckten oder daß ethnische Verschiebungen sich nicht im Fundgut spiegelten, waren nicht schwer zu finden [181: WAHLE, Deutung, 2; zur Forschungsgeschichte: 141: MILDENBERGER, Germanen]. R. WENSKUS [99: Stammesbildung, 113–42] zeigte, daß sich selbst aus einer einheitlichen Fundgruppe nicht unbedingt ein Zusammengehörigkeitsbewußtsein ableiten läßt, das erst ausschlaggebend für ethnische Identität ist. In der Praxis der Frühgeschichtsforschung hat sich vielfach bis heute das Bestreben erhalten, bestimmte Fundtypen oder Bestattungssitten ethnisch zu deuten, oft ohne dieses Vorgehen explizit zu reflektieren [vgl. 141: MILDENBERGER, Germanen, 312; 21: EGGERS, Einführung]. Freilich ist das methodologische Bewußtsein gewachsen. Skeptisch gegenüber ethnischen Deutungen sind viele britische Archäologen [Überblick: 379: HALSALL, Cemeteries], in Deutschland sind die Positionen unterschiedlich [z. B. 191: BIERBRAUER, Goten; 294: MARTIN, Tradition; kritischer 428: STEUER, Sozialgeschichte].

Das methodische Problem verschärft sich, wenn nicht nur zeitgenössisch überlieferte Namen einer Fundgruppe zugeordnet werden, sondern ein erst viele Jahrhunderte später verwendeter Völkername auf eine vorgeschichtliche Kulturgruppe angewendet wird. Anders als neutrale Begriffe wie „La Tène-Zeit" oder „Hallstattkultur" suggeriert der Germanenbegriff eine feste Identität, auf die es aber vor Caesar keinen direkten Hinweis gibt. Das gilt nicht nur für bronzezeitliche Kulturen, sondern auch für jene eisenzeitlichen Fundgruppen, an welche die historischen Germanen direkt anschließen. Die Diskussion dreht sich besonders um die sogenannte Jastorf-Kultur, die zunächst von G. SCHWANTES [164: Jastorf-Zivilisation] erforscht wurde und etwa ins 6.–1. Jahrhundert vor Chr. zu datieren ist [28: Die Germanen 1, 86–203]. Ihr engerer Bereich umfaßt Holstein, Nordostniedersachsen, die Altmark und Westmecklenburg, mit einem Ausstrahlungsgebiet bis nach Jütland, ins Weser-Aller-Gebiet und an die Saale, wobei kaum klare Abgrenzungen möglich sind. Sie ist „durch Urnenflachgräber mit Deckschale in Steinpackung charakterisiert", mit handgefertigter unverzierter Keramik und einfachen Schmuckstücken (Paukenfibeln, Segelohrringe etc.) als spärliche Beigaben [130: KÜNNEMANN, Jastorf, 103]. Die Herausbildung der Jastorf-Kultur hängt nicht zuletzt mit Einflüssen aus dem Hallstatt-, später La Tène-zeitlichen Donau- und Alpenraum zusammen [28: Die Germanen 1, 86–105]. Daneben finden sich zahlreiche Elemente der Kontinuität, die an die bronzezeitliche Kultur anschließen. Anzunehmen ist, daß der gesellschaftliche Wandel durch Übernahme des Eisens auch hier den Kulturwandel förderte, ohne daß sich große Bevölkerungsverschiebungen ergaben. Die Jastorf-Kultur ging relativ bruchlos in die ältere römische Kaiserzeit über, teils wurden auch Friedhöfe weiter belegt. W. KÜNNEMANN hat 1995 [130: Jastorf] gezeigt, wie die Identifikation der Jastorf-Kultur mit den Germanen unter dem Einfluß der KOSSINNA-Schule in methodische Zirkelschlüsse führte. Der Begriff der Jastorf-Kultur wurde über das von den Befunden gestützte Maß hinaus erweitert und verfestigt [164: SCHWANTES, Jastorf-Zivilisation; kritisch dazu schon 108: BIRKHAN, Germanen; zur Eigenständigkeit der südskandinavischen Eisenzeit 384: HEDEAGER, Iron Age Societies; 130: KÜNNEMANN, Jastorf, 95–100].

Die Jastorf-Kultur

Die Großgruppe, die von den Römern seit Caesar als *Germani* bezeichnet wurde, schloß nicht nur an die Jastorf-Gruppe im engeren Sinn an, sondern umfaßte außerdem zumindest zwei weitere archäologisch

Die polyzentrische Herkunft der Germanen

definierbare Kulturbereiche: Einerseits ist das die Zone beiderseits des Niederrheins bis hin zur Weser, und andererseits Jütland, die dänischen Inseln und Südskandinavien. Diese ‚polyzentrische Herkunft' der Germanen betont zu haben, ist das Verdienst von H. AMENT [105: Rhein].

Grundlage jeder Diskussion über diese und ähnliche Fragen ist aber zunächst eine methodisch saubere Unterscheidung zwischen einer Reihe von Phänomenen, die im herkömmlichen Volksbegriff meist mehr oder weniger bewußt mitgedacht wurden, wie in Kap. I.2. ausgeführt [vgl. 85: POHL, Difference]. Für die Germanenforschung ist diese Differenzierung besonders dem Werk von R. WENSKUS zu verdanken [99: WENSKUS, Stammesbildung; 184: DERS., Möglichkeit; siehe auch 72: HACHMANN, Germanen]. Seither hat sich in der Germanenforschung ein vor allem am Beispiel der Völkerwanderungszeit entwickeltes neues Verständnis ethnischer Prozesse durchgesetzt [z.B. 101: WOLFRAM, Goten; 65: GEARY, Identity; 84: POHL, Tradition; 85: POHL, Difference; 139: LUND, Germanen].

Neues Verständnis ethnischer Prozesse

Das für Wenskus ausschlaggebende Zugehörigkeitsgefühl ist allerdings noch schwieriger festzustellen als objektive Kriterien wie Sprache, Tracht oder politischer Verband. Einen sprachlichen Hinweis auf ein gewisses Distanzbewußtsein von Germanen gegenüber ihren Nachbarn geben die beiden teilweise bis heute verwendete Namen ‚Wenden' und ‚Welsche' [99: WENSKUS, Stammesbildung, 210–234]. Seit dem Frühmittelalter war der erste Begriff die Fremdbezeichnung für Slawen, der zweite für Romanen. Doch die Völker, auf die die beiden Namen zurückgehen, lebten lange vorher in germanischer Nachbarschaft. Die Veneter, die Tacitus (Germ. 46) als *Venethi* kennt, waren ein Volk unbekannter Herkunft an der Ostseeküste. Oft wurden sie als Vorfahren der Slawen verstanden, doch ist aus der Namenskontinuität nicht zwingend ethnische Kontinuität zu erschließen. Das zeigt der Name der Welschen, *Walhoz, der auf die *Volcae* zurückgeht. Wahrscheinlich wohnten sie einige Jahrhunderte v. Chr. südlich oder südwestlich der Germanen – vielleicht in der Mittelgebirgszone [97: TODD, Germans, 22] –, sodaß ihr Name auf Kelten und dann Romanen im allgemeinen übertragen werden konnte [vgl. 108: BIRKHAN, Germanen, 98]. Im Gotischen fehlt freilich der Welschenname [68: GREEN, Language, 163]; er wurde wohl nur in Grenzzonen gebraucht.

‚Wenden' und ‚Welsche'

Auf germanisches Gemeinschaftsbewußtsein ist selbst in den kaiserzeitlichen Quellen, die den Germanennamen regelmäßig als Fremdbezeichnung verwenden, kaum ein Hinweis zu finden; wo ethnische Identität eine Rolle spielt, ist sie meist in kleineren Verbänden angesiedelt. A. LUND [135: Gesamtinterpretation; bes. 1986] schloß daraus,

Germanisches Gemeinschaftsbewußtsein?

daß die Germanen der Tacituszeit sich kaum untereinander, sondern „nur den Römern gegenüber, die *Germani* als objektive Benennung benutzten, als *Germani* identifiziert haben". Die Germanen der Spätantike haben den Germanennamen offenbar weder für die Sprache noch für eine übergeordnete ethnische Einheit benutzt [322: WAGNER, Germanenbegriff]. Als deutscher Name der Sprache, und später des Volkes, bürgerte sich in einem komplizierten Prozeß der Begriff **thiudisk – theotiscus* - Deutsch ein, der zunächst die Volkssprache im Gegensatz zum Latein benannte [59: DANNENBAUER, Werden; 95: TELLENBACH, Geschichte; 23: FRIED, Weg, 66]. Als Fremdbezeichnung setzte sich ‚germanisch' nur im modernen Englisch durch, also gerade in einer ebenfalls germanischen Sprache. Daß es in der Frühzeit je eine umfassende germanische Selbstbezeichnung als ‚Germanen' gab, ist unwahrscheinlich.

1.2 Römische Wahrnehmungen von der Entstehung der Germanen

Woher kam der Germanenname, und wie bekam er seine kaiserzeitliche Bedeutung? Zwar verwendeten sowohl Barbarenvölker als auch klassische Ethnographen das Deutungsmuster der *origo gentis* zur Beschreibung ethnischer Gemeinschaften [441: WOLFRAM, Origo; 170: TIMPE, Begriffsbildung]. Doch im Fall der Germanen sind die Informationen, die Caesar, Tacitus und andere Autoren hinterlassen haben, sehr widersprüchlich. Griechische Autoren rechneten bis weit in die Kaiserzeit die Germanen zu den Kelten [150: NORDEN, Urgeschichte, 102; 121: HACHMANN, Begriff, 120]. Strabo (7,1,2), vermutlich auf Poseidonios fußend, erklärte den Germanennamen aus dem lateinischen *germanus* (griechisch γνήσιος), das die Rechtmäßigkeit, Vollbürtigkeit sowie die Geschwister bezeichnet, und zwar deshalb, weil die Germanen sich nur wenig von den Kelten unterschieden und deshalb „echte Galater" seien. Noch bis in die Spätantike sah die griechische Ethnographie und Historiographie die Germanen als Kelten an. Vor Caesar hatten auch die Römer keinen umfassenden Germanenbegriff. In den älteren Quellen werden den Kimbern und Teutonen nicht als Germanen bezeichnet, sondern als Kelten, Keltoskythen oder gar Kimmerier [41: SCHMIDT, Westgermanen, 4]. Vereinzelte frühe Nennungen von *Germani* außerhalb Germaniens, etwa in den Südalpen und in Spanien [42: SCHMIDT, Ostgermanen, 40–45; 28: Die Germanen 1, 55–57; 114: DOBESCH, Ausbreitung, 77; 156: POLVERINI, Germani], sind im einzelnen umstritten, jedenfalls nicht als Hinweise auf Angehörige einer umfassenden Germanengruppe im späteren Sinn zu deuten [139: LUND, Germanen, 41].

Woher kam der Germanenname?

Caesars Germanen-darstellung

Es war Caesar (BG 6, 21–28), der als erster den Unterschied zwischen Kelten und Germanen betonte: Letztere hätten keine Druiden, kümmerten sich nicht um die Landwirtschaft und lebten nur für den Krieg. Für die Durchsetzung des Germanennamens als ethnographischer Ordnungsbegriff war das entscheidend. Der historiographische Glücksfall, daß der Politiker, der erstmals in Konflikt mit – so benannten – Germanen geriet, zugleich als Schriftsteller in *De bello Gallico* darüber berichtete, ist jedoch nicht unproblematisch. Viel debattiert wurden Zuverlässigkeit und Intention von Caesars Germanendarstellung. Die ältere Forschung ging davon aus, daß Caesar nicht nur ein Zivilisationsgefälle beschrieb [116: FEIST, Germanen], sondern auch eine reale ethnische und sprachliche Scheidung entdeckte [42: SCHMIDT, Ostgermanen, 42]. In den letzten Jahrzehnten hat sich die Auffassung durchgesetzt, Caesar habe die Wildheit und Andersartigkeit der Germanen hervorgehoben, um zu rechtfertigen, daß er Gallien erobert, auf die Eroberung Germaniens aber verzichtet habe [182: WALSER, Caesar; vgl. 187: ZEITLER, Germanenbegriff; ähnlich schon 150: NORDEN, Urgeschichte, 94 f.; vgl. 151: DERS., Germanenexkurs, 126 f.; zu Caesars Barbarenbild 177: TRZASKA-RICHTER, Furor Teutonicus, 90–128]. R. WENSKUS [184: Möglichkeit, 10–15] und G. DOBESCH [114: Ausbreitung; dagegen 51: TIMPE, Germanen, 187] argumentierten, daß die Unterscheidung zwischen Kelten und Germanen von Caesars gallischen Informanten, besonders Diviciacus, stammte. Widersprüche in Caesars Germanenbegriff erlauben, eine allmähliche Entwicklung seines zunächst bescheidenen Kenntnisstandes und seiner Konzeption zu rekonstruieren [121: HACHMANN, Begriff, 122–28; 139: LUND, Germanen, 36–57].

Ein neuer Germanenbegriff

Was auch immer im einzelnen Caesars Gründe waren, gegen die bisherige ethnographische Lehre von der Ähnlichkeit der Nordvölker eine scharfe Unterscheidung zwischen Kelten und Germanen einzuführen, seither waren die Germanen eine selbstverständliche Kategorie der lateinischen Ethnographie: „Caesar (...) prägte und schuf auf diese Weise nicht nur mit dem Schwert, sondern auch mit dem Wort Wirklichkeit" [187: ZEITLER, Germanenbegriff, 52]. Der Germanenbegriff, der solcherart zur Grundlage der römischen Politik an Rhein und Donau wurde, war „gewiß keine Realität, sondern eine gelehrte Konstruktion" [R. HACHMANN, in 122: HACHMANN/KOSSACK/KUHN, Völker, 16]. Unsicher ist etwa, ob die Sueben zuvor als Germanen galten [239: WELLS, German Policy, 29].

Caesars Definition war freilich unscharf. Er ging zwar davon aus, daß der Rhein Gallien von Germanien trennte (BG 1,1,3), doch mußte

1. Was ist germanisch? 53

er andererseits zur Kenntnis nehmen, daß auch in Nordostgallien, in der Nachbarschaft der Belger, Germanen wohnten. Diese bezeichnete er als *Germani cisrhenani* [BG 5,2,4; vgl. 121: HACHMANN, Begriff, 126; 108: BIRKHAN, Germanen, 181–250; 114: DOBESCH, Ausbreitung; 154: PETRIKOVITS, Germani Cisrhenani; 139: LUND, Germanen, 42–47]. Keiner der antiken Autoren differenziert freilich zwischen der territorialen und der ethnischen Auslegung des Germanennamens. Caesar nennt in mehreren Zusammenhängen (BG 2,4,10; 6,32,1) germanische Stämme, die in der Nachbarschaft der *Belgae* im Nordosten Galliens wohnten, darunter die *Segni, Condrusi, Eburones* und andere [154: PETRIKOVITS, Germani Cisrhenani]. Unter ihnen bestand offensichtlich ein gewisses Gemeinschaftsbewußtsein, auch wenn sie nicht immer gemeinsame Sache machten (BG 6,32). Dazu kam eine diffusere Gruppe, für die aus verschiedenen Gründen germanische Zuordnung in Frage kommt. Um die Zeitenwende überschritten weitere germanische Gruppen, meist mit Billigung oder auf Initiative der Römer, den Rhein, darunter Cugerner, Bataver, Caninefaten, Ubier, Sugambrer, Triboker und Vangionen.

Germani cisrhenani

Belegt ist für die *Germani cisrhenani* also der Germanenname als Fremdbezeichnung, was schon die Römer sich mit der Herkunft dieser Völker aus der rechtsrheinischen Germania erklärten. Germanisches Selbstbewußtsein einiger dieser Völker legt Caesar nahe [139: LUND, Germanen, 48f.; 51: TIMPE, Germanen, 185]. Eine ganz andere Frage ist es, ob sie nach modernen Definitionen als Germanen gelten können. S. FEIST [116: Germanen] hat die nur scheinbar paradoxe These aufgestellt, daß diese *Germani* eigentlich Kelten waren. Die sprachlichen Verhältnisse im Nordosten Galliens im ersten vorchristlichen und den ersten nachchristlichen Jahrhunderten sind wenig klar [108: BIRKHAN, Germanen, 181–251; 154: PETRIKOVITS, Germani Cisrhenani; 148: NEUMANN, Germani Cisrhenani; 183: WEISGERBER, Namen]. Nur wenige Personennamen sind einigermaßen sicher germanisch [G. NEUMANN, in 15: ANRW II 29.2 (1983) 1061–88]. Zudem konnten Kelten germanische, Germanen keltische Namen tragen; das markanteste Beispiel ist der offenbar keltische Name Ariovists [82: MUCH, Stammeskunde, 48]. Dazu kommt das Problem, daß für eine Anzahl von Namen in keiner der bekannten Sprachen gute Etymologien zu finden sind, weshalb mehrfach mit der Existenz später ausgestorbener ‚Substratsprachen' gerechnet wurde [z. B. 116: FEIST, Germanen]. Eine vieldiskutierte Theorie, die sogenannte ‚Nordwestblock-Hypothese', hat H. KUHN in einer Reihe von Werken vertreten. Er nimmt an Maas und Niederrhein und von dort bis über die Weser eine Bevölkerungsgruppe an, die weder germanischer noch keltischer Herkunft war und erst spät

Nordwestblock-Hypothese

germanisiert wurde [132: KUHN, Schriften, bes. Bd. 3, 115–73; Bd. 4, 448–522]. KUHNS Theorien wurden vielerorts mit Skepsis aufgenommen [G. NEUMANN, in: 15: ANRW II 29.2 (1983) 1061–88]. Ein guter Überblick über die philologische Diskussion ist W. MEID zu verdanken [140: Nordwestblock-Hypothese].

Für die Existenz von „Völkern zwischen Germanen und Kelten" wurden auch archäologische Argumente angeführt [122: HACHMANN/ KOSSACK/KUHN, Völker]. Die archäologische Abgrenzung zwischen Kelten und Germanen ist schwierig [99: WENSKUS, Stammesbildung, 220; 28: Die Germanen 1, 208; 157: RIECKHOFF, Süddeutschland]. Wo die Kulturscheide an der Eifel als Grenze zwischen Germanen und Kelten interpretiert wird [z. B. 168: STÖCKLI, Römer], beruht das wiederum auf philologischen Argumenten. Überhaupt ist der Sammelname der Kelten mindestens ebenso schwierig zu konkretisieren wie der Germanenbegriff [55: CHAPMAN, Celts]. Viele Deutungsprobleme, die zur Entstehung der Nordwestblock-Hypothese führten, stammen aus einem überholten Volksbegriff, mit dem die Verhältnisse in einer Übergangszone nicht zureichend erklärbar sind. Geht man von der Annahme ab, daß Germanen und Kelten zur Zeit Caesars feste ‚Blöcke' bildeten, braucht auch der ethnisch ambivalente und dynamische Raum Nordostgalliens nicht als dritter (Nordwest-)Block definiert zu werden.

Abgrenzung zwischen Kelten und Germanen

In jedem Fall ist es nicht unwahrscheinlich, daß der Germanenname ursprünglich nordostgallische [121: HACHMANN, Begriff, 128] und/oder rechtsrheinische [140: MEID, Nordwestblock-Hypothese, 211] Stämme bezeichnete, die zu Caesars Zeit gar nicht germanisch sprachen [ähnlich 114: DOBESCH, Germanenname; 166: SPRINGER, Grundlagen]. Das Prestige des Namens trug dazu bei, daß Teile der *Belgae* germanische Abstammung beanspruchten; dazu trat oft die Vorstellung von einer Herkunft jenseits des Rheins. Einen solchen Vorgang, die Übernahme eines affektgeladenen Namens, beschreibt offenbar der ‚Namenssatz' des Tacitus. Dieser hob ebenfalls den Rhein als Grenze Germaniens hervor (Germ. 1). Zur Herkunft des Germanennamens zitiert er in seinem berühmten und vielumstrittenen ‚Namen(s)satz' (Germ. 2) die Auffassung, die „Bezeichnung Germaniens sei jung und erst seit kurzem (dem Land) beigelegt, weil diejenigen, die als erste den Rhein überschritten und jetzt Tungrer heißen, damals Germanen geheißen hätten". Dann erst wurden alle anderen *a victore*, vom Sieger, *ob metu*, aus Furcht, so benannt, schließlich auch von sich selbst, *a se ipsis*. Die Stelle ist nicht leicht zu deuten und hat zahlreiche Kontroversen hervorgerufen [zusammenfassend 138: LUND, Forschungsbericht, 1995–2027; die ältere Lit. bei 143: MUCH, Kommentar, 60–70].

Der Namensatz des Tacitus

1. Was ist germanisch? 55

Wer mit den Siegern gemeint ist, die den Namen gaben, und warum sie das aus Furcht getan haben sollen, ist nicht leicht schlüssig zu interpretieren. E. NORDEN [150: Urgeschichte, 312 ff.] nahm an, die Germanen seien *a victore* im Sinn von „nach" (und nicht „von") dem Sieger bezeichnet worden. Das ist inhaltlich plausibel, aber grammatikalisch schwierig [dagegen 143: MUCH, Kommentar, 66; 138: LUND, Forschungsbericht, 2026 f.; 175: TIMPE, Namensatz, 84]. Oder es läßt sich *ob metu* final verstehen: um (bei den Galliern) Furcht zu erregen, hätten die Sieger (die Tungrer) auch anderen ihren Namen gegeben [143: MUCH, Kommentar, 66; D. FLACH, in 124: Beiträge, 42]. *Wer gab den Germanen den Namen?*

Öfters wurde an eine Verschreibung im Text gedacht, was bei der verzwickten Überlieferung der *Germania* kein Wunder wäre. Wenn es etwa nicht *a victore*, sondern *a victo* (also von den besiegten Galliern) hieße, wäre dieser Widerspruch beseitigt [z. B. 114: DOBESCH, Ausbreitung, 82 f.; dagegen schon 143: MUCH, Kommentar, 68]. Abwegiger ist die Idee von K. KRAFT [127: Enstehung, 116 f.], es solle *a pictore*, d. h. „vom Kartographen" heißen. Eine neue Emendation schlug jüngst A. LUND [139: Germanen, 80 f.; vgl. 167: STÄDELE, Namenssätze] vor. Ersetzt man *a victore ob metu* durch *aucto cognomento*, ergibt sich, „daß alle zuerst *mit dem beigelegten Namen*, später dann auch von sich selber" Germanen genannt wurden. Damit wäre der Prozeß beschrieben, wie die Fremdbezeichnung *Germani* sich ausbreitete und schließlich auch als Selbstbezeichnung übernommen wurde. *Fremdbezeichnung und Selbstbezeichnung*

Daß der Germanenname gerade von den unbedeutenden Tungrern ausgegangen sein soll, die erst während des Bataveraufstandes genannt werden und offenbar völlig keltisiert waren, ist ebenfalls schwer zu deuten. LUND [139: Germanen, 58–82] hält ihre Nennung für verderbt und meint, es sei von der siegreichen Rheinüberquerung der Kimbern die Rede, die ja erst später als Germanen galten. D. TIMPE hält dagegen an den Tungrern fest, argumentiert aber [175: Namensatz; ähnliche, ältere Deutungen bei 138: LUND, Forschungsbericht, 2001 und 2003], daß Tacitus als Sieger die Römer meinte, die ja Gallien mitsamt allen linksrheinischen Germanen unterworfen hatten und dennoch weitere Invasionen befürchten mußten. Die Nachricht könnte aus einer Polemik wahrend des Civilis-Aufstandes stammen, der ja versucht hatte, ein germanisches Zusammengehörigkeitsgefühl mit anti-römischer Spitze hervorzurufen. Seine Gegner könnten argumentiert haben, daß der Germanenname gar keine alte Einheit bezeichnete. Für diese These spricht nicht zuletzt, daß eine historische Rolle der Tungrer ausschließlich während des Civilis-Aufstandes bezeugt ist, und zwar als (recht unzuverlässige) römische Auxiliarverbände. *Tungrer und Germanen*

So groß auch der philologische Aufwand einer korrekten Deutung des Namensatzes ist, die Interpretation beruht jeweils auf einem vorgefaßten Verständnis seiner Bedeutung. Sein heuristischer Wert ist daher deutlich geringer als der auf ihn verwendete Scharfsinn vermuten läßt. Immerhin belegt er, daß Tacitus die Ausbreitung des Namens nicht einfach auf die Expansion eines so benannten Volkes zurückführt, sondern ihn als relativ rezent durchgesetzte Fremdbezeichnung betrachtet [139: LUND, Germanen], wobei der Name einer kleineren Gruppe auf eine größere übertragen wurde [vgl. 143: MUCH, Kommentar; 114: DOBESCH, Ausbreitung]. Den Wahrnehmungen in der gallischen Kontaktzone scheint Tacitus dabei eine entscheidende Rolle einzuräumen [102: WOLFRAM, Reich, 20].

Die Nachricht über die rezente Entstehung des Germanennamens aus einer Fremdbezeichnung steht bei Tacitus (Germ. 2) direkt einer Stelle gegenüber, die eine ganz andere Deutung von der *origo*, der Herkunft, der Germanen gibt: „In alten Liedern (*carminibus antiquis*), der einzigen Art ihrer geschichtlichen Überlieferung, feiern die Germanen Tuisto, einen erdentsprungenen Gott. Ihm schreiben sie einen Sohn Mannus als Urvater und Gründer des Volkes (*originem gentis conditoremque*) zu, dem Mannus wieder drei Söhne; nach deren Namen, heißt es, nennen sich die Stämme an der Meeresküste Ingävonen, die in der Mitte Herminonen und die übrigen Istävonen. Einige versichern – die Urzeit gibt ja für Vermutungen weiten Spielraum – jener Gott habe mehr Söhne gehabt und es gebe demnach mehr Volksnamen: Marser, Gambriver, Sueben, Vandilier, und das seien die echten, alten Namen." Eine ähnliche Einteilung bringt Plinius (Hist. nat. 4, 99), der fünf *genera* der Germanen nennt – *Vandili, Ingvaeones, Istvaeones, Herminones* und *Peucini*, denen er jeweils einzelne Stämme zuordnet; freilich fehlt bei ihm der gemeinsame Stammvater [135: LUND, Gesamtinterpretation, 1982].

In der Mannus-Genealogie sah die ältere Forschung den zentralen Mythos über die Entstehung der Germanen, „die wichtigste Überlieferung für die Geschichte unseres Volkes" [83: MÜLLENHOFF, Altertumskunde Bd. 4, 108; vgl. 143: MUCH, Kommentar, 50–59]. Die grundlegende Authentizität schienen die germanischen Namen und die stabreimenden Anlaut-Vokale zu belegen [zusammenfassend 99: WENSKUS, Stammesbildung, 234–36]. Dazu kam die ethnographische Beobachtung, daß Mannus als Mensch schlechthin für den Namen eines Spitzenahnen nicht ungewöhnlich erscheint [Belege bei 143: MUCH, Kommentar, 52], ferner Parallelen wie der bei Snorri als Stammvater der Ynglingar-Dynastie genannte Yngvi [411: PICARD, Sakralkönigtum,

114 ff. und 201] oder die an den Herminonennamen erinnernde sächsische Irminsul [O. HÖFLER, Abstammungstraditionen, in 37: RGA Bd. 1 (1973) 18–29]. Wo das Mannus-Schema mit den historisch belegten ethnischen Gruppierungen nicht übereinstimmte, faßte man das einfach als Beleg für das hohe Alter des Mythos auf [383: HAUCK, Carmina]. Jeder konkrete Deutungsversuch mußte sich freilich an zahlreichen Widersprüchen abarbeiten: Gab es nun drei, fünf oder sieben Stammesgruppen? Führten sich die Träger der vier weiteren „echten, alten Namen" auf Mannus oder Tuisto zurück? Waren die Sueben eine eigene Gruppe, wie bei Tacitus, oder Teil der Herminonen, wie bei Plinius? „Die durch die Zahl der Mannus-Söhne festgelegten Abstammungsgemeinschaften reichten eben nicht aus, um alle ‚alten und echten Volksnamen' zu umfassen" [102: WOLFRAM, Reich, 22].

In der Forschungspraxis hatte man das Ordnungsschema der Genealogie lange Zeit einfach übernommen und mit ethnographischen und philologischen Forschungsergebnissen angefüllt; auch L. SCHMIDTS Handbuch über „Die Westgermanen" [41] ist so aufgebaut. Das lag nicht zuletzt daran, daß viele archäologische und sprachliche Befunde sich weder mit den aus den Quellen bekannten spezifischen Volksnamen noch mit dem Germanenbegriff insgesamt deckten und eine Großgliederung nötig schien. Es gelang jedoch nicht, das von Tacitus und Plinius vorausgesetzte geographische Raster zu konkretisieren [99: WENSKUS, Stammesbildung, 238]. Nach Plinius waren die *Istvaeones* die *proximi Rheno*, doch von den, im übrigen eher unbedeutenden, Marsern und Gambrivern wußte man, daß sie direkt am Rhein wohnten. Nirgends ließen sich die auf die drei Mannus-Söhne zurückgeführten Gruppen tatsächlich als wirkungsmächtige Verbände ausmachen, ja Tacitus selbst erwähnt sie in seiner Beschreibung der Völker nicht mehr und verwendet sie schon gar nicht zur Gliederung seiner Darstellung. Als Kompromißlösung war nach 1945 längere Zeit die Annahme verbreitet, es habe sich „nicht in erster Linie um ethnische Einheiten", sondern um Kultverbände gehandelt [z. B. 99: WENSKUS, Stammesbildung, 246–55; 121: HACHMANN, Begriff, 129].

<small>Ingväonen, Istväonen, Herminonen</small>

Die moderne Forschung hatte für die von ihr nach synthetischen Kriterien gebildeten ethnischen und philologischen Untergruppen „echte und alte" Namen übernommen, die historische Authentizität verbürgen sollten, deren Angemessenheit aber nicht nachweisbar war. Der germanische Kern der Mannus-Überlieferung bezieht sich überhaupt nicht notwendigerweise auf die Germanen im Sinn Caesars, sondern möglicherweise auf eine regional recht beschränkte Gruppe im vorcaesarischen Sinn [171: TIMPE, Mannus]. Trotz verschiedener Ver-

<small>Woher kam die Mannus-Sage?</small>

suche der Ergänzung und Aktualisierung war das (vielleicht von Poseidonios) daraus abgeleitete genealogisch-geographische Ordnungsschema zur Zeit des Tacitus jedenfalls schon veraltet.

In letzter Zeit weniger diskutiert wird eine dritte Nachricht des Tacitus (c. 4) über die Herkunft der Germanen, wonach sich „die Bevölkerung Germaniens niemals durch Heiraten mit anderen Völkern vermischt hat und so ein reiner, nur sich selbst gleicher Menschenschlag (*tantum sui similem gentem*) von eigener Art geblieben ist". Daraus leitet Tacitus den germanischen *habitus* ab: riesige Körper, blaue Augen, rötliche Haare. In den rassistischen Ausprägungen der Germanenideologie hat dieses Zitat eine verhängnisvolle Rolle gespielt [vgl. 93: v. SEE, Germanenideologie, 53 ff.]. Heute ist unbestritten, daß es sich bei dieser Bemerkung um einen ethnographischen Topos handelt. Selbst die allgemeinen Angaben über das Aussehen der Germanen, die in der Germanenideologie solchen Stellenwert hatten (‚blond und blauäugig'), sind aus der ethnographischen Polemik klassischer Autoren zu verstehen, die sich die ganze Antike hindurch nicht darauf einigen konnten, ob die Germanen blond (*flavus*) oder rothaarig (*rutilus*, wie bei Tacitus) waren und ob, im letzteren Fall, die rote Farbe durch Färbung erreicht wurde [155: POHL, Barbarenbilder].

Eine allgemein akzeptierte Etymologie des Germanennamens ist noch nicht gefunden worden. Die ältere deutsche Forschung bevorzugte germanische Deutungen [82: MUCH, Stammeskunde, 60 f.; 120: GUTENBRUNNER, Namen]. Naheliegend wäre es, eine im Ursprung keltische Fremdbezeichnung zu vermuten [163: SCHNETZ, Name; 108: BIRKHAN, Germanen]. Zumindest kam der Name über die Kelten zu den Römern [114: DOBESCH, Ausbreitung, 81]. Öfters wurde eine illyrische Etymologie angenommen [H. KUHN, in 122: HACHMANN/KOSSACK/KUHN, Völker, 105–28; 99: WENSKUS, Stammesbildung, 218 f.] Manchmal wird auch Strabos meist als Volksetymologie abgelehnte Deutung (Kap. I.1) ernstgenommen [28: Die Germanen 1, 56]. RÜBEKEIL [159: Suebica] hält *Germani* für die lateinische Übersetzung des Suebennamens.

Die Doppeldeutigkeit des Germanenbegriffs setzte sich in der römischen Provinzeinteilung fort, mit einer linksrheinischen Germania als Teil Galliens. Wie auch immer sich ältere Identitäten, Zuwanderung rechtsrheinischer Gruppen und deren Keltisierung, oder die Übernahme des Germanennamens durch nordostgallische Stämme auf die linksrheinische Bevölkerung ausgewirkt hatten, entscheidend wurde nach Caesar in diesem Raum die Konsolidierung der römischen Herrschaft [217: PETRIKOVITS, Rheinlande; 158: ROYMANS, Romanization].

1. Was ist germanisch?

Dadurch, und durch das Scheitern der augusteischen Offensiven, verfestigte sich die von Caesar entworfene ethnisch-geographische Scheidung. Die Ereignisse zur Zeit des Augustus führten nach archäologischen Befunden auch zum Niedergang der bis dahin auf beiden Rheinufern vorherrschenden Kultur [121: HACHMANN, Begriff; 168: STÖCKLI, Römer; 28: Die Germanen 1, 205–22]. Freilich blieb die linksrheinische römische Provinz Germania nicht nur wegen des Namens für die Entwicklung germanischer Identität bedeutsam. Germanen taten hier Dienst in römischen Armeen oder machten von hier aus Karriere in anderen Teilen des Reiches [188: BANG, Germanen].

Zur Unterscheidung von der Provinz Germania, die seit ca. 90 n. Chr. in eine *Germania superior* und, unterhalb der Moselmündung, *Germania inferior* [49: BECHERT, Germanien] geteilt war, nannten die Römer das unbesetzte rechtsrheinische Germanengebiet meist *Germania magna*. Der in der heutigen Forschung gebräuchliche Begriff Germania libera wurde in der Antike niemals gebraucht und stammt aus der Germanenideologie der Romantik [SCHNURBEIN, in: BerRGK 73 (1993) 8–11; M.-R. ALFÖLDI und H. NEUMAIER, in: Germania 45 (1997) 45–67]. Er sollte deshalb ebenso vermieden werden wie der in Österreich gebrauchte, offen anachronistische Begriff Austria Romana.

Germania magna, nicht libera

1.3 Tacitus und die Folgen

„Durch eines römers unsterbliche schrift war ein morgenroth in die geschichte deutschlands gestellt worden, um das uns andere völker zu beneiden haben". Mit diesem berühmten Satz hob J. GRIMM die Bedeutung der *Germania* des Tacitus hervor [376: Deutsche Mythologie Bd. 1, IX]. „Die germania gibt den kern und mittelpunkt für unsere ganze alterthumskunde ab", schrieb K. MÜLLENHOFF [83: Altertumskunde, Bd. 4, 2], und E. NORDEN meinte, das Werk habe „eine gütige Fee unserm Volke als Patengeschenk in die Wiege seiner vaterländischen Geschichte gelegt" [150: Urgeschichte, 5]. Solcher Überschwang hat inzwischen nüchternerer Analyse Platz gemacht, und ein kritischer Rückblick auf die Wirkungsgeschichte mag, wie D. TIMPE [in 124: Beiträge, 12; ähnlich M. FUHRMANN, in 124: Beiträge, 181] anmerkte, Zweifel daran aufkommen lassen, ob dieser Überlieferungszufall gar so glücklich war. Der in der *Germania* angelegte Vergleich zweier Völker auf verschiedener Entwicklungsstufe gab, wie K. VON SEE [93: Germanenideologie, 103] zeigte, jahrhundertelang die Rechtfertigung für eine „Ideologie der moralischen Überlegenheit", in der die ,urtümlicheren'

Wirkungsgeschichte der *Germania*

Tugenden und Sitten der Germanen zu festen völkischen Eigenschaften erklärt wurden.

In Antike und Mittelalter hatte die *Germania* bei weitem nicht solches Interesse gefunden. Der römische Historiker P. Cornelius Tacitus (ca. 55–120) schrieb im Jahr 98 n.Chr. „De origine et situ Germanorum", „die einzige ethnographische Monographie, die uns aus der Antike überliefert worden ist" [13: LUND (Hrsg.), 17; vgl. 169: SYME, Tacitus]. Die Benützung der *Germania* läßt sich in der Spätantike gelegentlich nachweisen, im Mittelalter nur bei Rudolf von Fulda im 9. Jahrhundert [51: BECK, Germania, 155 f.]. 1455 kam die (heute nur aus indirekten Abschriften rekonstruierbare) Hersfelder Handschrift des 9. Jahrhunderts nach Rom [H. HEUBNER, in 124: Beiträge], und die *Germania* fand nun in Humanistenkreisen rasch reges Interesse [125: JOACHIMSEN, Tacitus; 94: V. SEE, Barbar, 61–63]. Einer der ersten, der sich damit beschäftigte, war Papst Pius II., der Humanist Aeneas Silvius Piccolomini, der das barbarische und armselige Germanien des Tacitus als Gegenbild zum reichen und kultivierten Deutschland seiner Zeit darstellte, um der verbreiteten Kritik am Einfluß der Römischen Kirche zu begegnen – also eine durchaus negative Lektüre der *Germania* [U. MUHLACK, in 124: Beiträge, 140].

Um 1500 verbreiteten sich das Wissen um die *Germania* und eine positive Wertung der germanischen Vergangenheit in Deutschland, angeregt durch Konrad Celtis, seinen Schüler Aventin, sowie durch Konrad Wimpfeling. Im Werk des Tacitus meinte man belegt zu finden, daß Tugenden wie Tapferkeit, Treue und Tüchtigkeit immer schon dem ‚deutschen' Nationalcharakter eigentümlich gewesen seien und forderte sie deshalb auch von der Gegenwart ein [128: KRAPF, Germanenmythus; 23: FRIED, Weg, 12 f.]. Die deutliche Unterscheidung, die Beatus Rhenanus, Verfasser mehrerer Kommentare, zwischen den Germanen der Tacituszeit und den Deutschen traf, setzte sich nicht durch [M. FUHRMANN, in 124: Beiträge, 188 f.]. In den Konflikten der Reformationszeit beriefen sich deshalb politische Köpfe wie Sebastian Müntzer und Melanchthon auf die *Germania*.

Die Verschränkung von Verklärung der Vergangenheit, moralischer Zeitkritik, Reichspatriotismus und politischer Legitimation blieb für die deutsche Beschäftigung mit dem Werk typisch [94: v. SEE, Barbar, 63–65; U. MUHLACK, in 124: Beiträge]. Montesquieu stellte, aus Sicht der Aufklärung, die ‚natürliche' germanische Freiheit der römischen Tyrannei gegenüber. Für demokratische Bewegungen wurde damit das erstrebte Ziel als Wiederherstellung der ursprünglichen Freiheit legitimiert. In Deutschland wurden die Akzente häufig anders gesetzt.

1. Was ist germanisch? 61

So schwärmte HERDER 1774 in seiner „Philosophie der Geschichte" über die Germanen: „Ihre Gesetze, wie atmen sie männlichen Mut, Gefühl der Ehre, Zutrauen auf Verstand, Redlichkeit und Götterverehrung!" [vgl. U. MUHLACK, in 124: Beiträge, 145 f.]. Die romantische Germanenideologie unterstrich eher „das Lob der Bodenständigkeit als eines selbständigen Wertes, die Entgegensetzung von städtischer Zivilisation und traditionsgebundener ländlicher Kultur, von etatistischem Denken der Romanen und volkhaftem Denken der Germanen" [93: v. SEE, Germanenideologie, 23]. Die Mystifizierung eines ‚deutschen Nationalcharakters', dessen Urtümlichkeit Tacitus bezeugen sollte, ereichte einen Höhepunkt in FICHTES „Reden an die deutsche Nation" (1807/08) [M. FUHRMANN, in 124: Beiträge, 189 f.].

Auch die Verwissenschaftlichung der historischen und philologischen Disziplinen im 19. Jahrhundert erschütterte kaum die Grundannahme, daß man die von Tacitus beschriebenen Züge der Germanen auch für die späteren Deutschen in Anspruch nehmen könne [119: GALL, Germania; 67: GOLLWITZER, Germanismus]. JACOB GRIMM etwa postulierte in der Vorrede zu seinen „Deutschen Rechtsalterthümern" (1828) [Bd. 1, IX; vgl. 107: BECK, Germania, 166 f.], „das auf solche weise innerlich verwandte" könne „unschädlich an einander gereiht werden". Daran änderten auch gewisse methodische Vorbehalte wie bei G. WAITZ [46: Verfassungsgeschichte 1, 55; vgl. K. KROESCHELL, in 124: Beiträge, 204–07] wenig. Die Rechts- und Verfassungsgeschichte ging von einer organischen Entwicklung des germanischen Rechtes von einem, bei Tacitus noch mehr oder weniger greifbaren, urgermanischen Recht über die einzelnen ‚Stammesrechte' des Frühmittelalters bis zu den späteren mittelalterlichen Rechtsbüchern aus, wie sie in der „Deutschen Rechtsgeschichte" H. BRUNNERS ([17] 1887 ff.) ihre feste Form fand. Die germanische Philologie im Gefolge von J. GRIMM und K. MÜLLENHOFF [83: Altertumskunde Bd. 4; vgl. 107: BECK, Germania, 163 f.; 94: V. SEE, Barbar, 135–60] orientierte sich bei der Einteilung der germanischen Sprachen in West-, Ost- und Nordgermanisch nach dem Mannus-Schema des Tacitus, wobei die philologische Einteilung wiederum ethnisch verstanden wurde. Grundlage solcher Modelle war immer noch die „romantisch-organologische" Vorstellung von der Entfaltung eines von vornherein angelegten deutschen Volkscharakters, als dessen Ausdrucksformen Aussehen, Sprache, Sitten, Recht und anderes verstanden wurden [D. TIMPE, in 124: Beiträge, 8].

Jacob Grimm und der ‚deutsche Volkscharakter'

Die wissenschaftliche Auseinandersetzung mit dem Text des Tacitus stand seit dem 19. Jahrhundert im Kontext solcher Auffassungen, auch wenn sie davon natürlich nicht völlig verstellt war und vielfach

Glaubwürdigkeit der Germania

kontrovers und kritisch geführt wurde. Diskutiert wurden zum einen zahlreiche Detailfragen, wie die Namensätze, die Agrarverfassung, das Gefolgschaftswesen, die Existenz eines Adels und anderes [Übersicht in: 143: MUCH, Kommentar; 124: Beiträge; 138: LUND, Forschungsbericht]. Grundlegender waren die Fragen um den Charakter und die Glaubwürdigkeit der *Germania* insgesamt, die sich, entsprechend den Kriterien der modernen Quellenkritik, vor allem um den Wissensstand und die Tendenz des Tacitus drehten [vgl. 138: LUND, Forschungsbericht, 2189 ff.].

Quellen des Tacitus

Woher Tacitus sein Wissen über die Germanen nahm, ist kaum festzustellen. Er selbst zitiert seine Quellen (außer Caesar) nicht. Leider sind zwei wichtige Texte über die Germanen, die ihm sicher vorlagen, verloren gegangen, nämlich das 104. Buch der „Römischen Geschichte" des Livius mit dem Germanenexkurs und die „Germanenkriege" von Plinius dem Älteren [D. FLACH, in 124: Beiträge, 45; zu den ‚Bella Germaniae' K. SALLMANN, in 15: ANRW II, 32, 1, 578–601, der sie als Streitschrift für die Fortsetzung der Offensivpolitik gegen die Germanen deutet]. D. TIMPE [171: Mannus; vgl. auch 169: SYME, Tacitus 1, 59–129] und andere haben freilich gezeigt, daß die Auffassungen des Tacitus sich in vielem von denen des Plinius unterschieden. Umstritten war auch, welchen Wissensstand die *Germania* widerspiegelt; die Auffassung, daß sie über die bis zum Abbruch der römischen Offensivpolitik in den ersten Jahren des Tiberius gesammelten Informationen kaum hinausgeht [169: SYME, Tacitus 1, 127], hat sich nicht durchgesetzt [D. TIMPE, in 124: Beiträge, 117 f.; vgl. D. FLACH, in 124: Beiträge, 55–57].

Absicht und Tendenz

Absicht und Tendenz der *Germania* sind lange und kontrovers debattiert worden. Wie sehr diese Fragestellung auch den Quellenwert des Werkes berührt, wurde dabei erst langsam deutlich. Schon die Humanisten hatten aus den positiven Urteilen des Tacitus über Tapferkeit, Freiheitsliebe und hohe Ehemoral eine Kritik an der Dekadenz der römischen Gesellschaft der Kaiserzeit herausgelesen. Der wertende Vergleich der germanischen und der römischen Gesellschaft [D. FLACH, in 124: Beiträge, 36–39] entspricht der in der Kaiserzeit häufigen moralisierenden Beschwörung republikanischer Tugenden [186: WOLFF, Verstehen; M. FUHRMANN, in 124: Beiträge, 184]. Dahinter steht ein für das antike Denken charakteristisches Entwicklungsmodell, in dem die einfache Lebensweise, die Bedürfnislosigkeit und deshalb Tugendhaftigkeit als ursprünglich angesehen wurden; mit wachsender Entfernung von den Zentren der Mittelmeerkultur sei dieser Urzustand immer reiner erhalten geblieben [146: MÜLLER, Ethnologie, 412–42]. Die ältere

1. Was ist germanisch?

deutsche Forschung schloß daraus allzu leicht auf eine tatsächliche moralische Überlegenheit der Germanen. Freilich werden die Germanen bei Tacitus keineswegs durchgängig als ‚edle Barbaren' dargestellt. Differenziertere Deutungsmöglichkeiten boten sich, wenn man die *Germania* in die jahrhundertealte Tradition griechisch-römischer Ethnographie einordnete [178: TRÜDINGER, Studien]. E. NORDEN [150: Urgeschichte] untersuchte 1920 „völkerkundliche Wandermotive" einer ethnographischen Tradition von Herodot über Poseidonios bis zu Tacitus. Später wurden NORDENS „Wandermotive" als „Topoi" bezeichnet [so schon 186: WOLFF, Verstehen]. Ihr Nachweis gilt oft als Argument gegen den Tatsachengehalt einer Nachricht, und meist wird der Begriff heute in der Diskussion verkürzend im Sinn von ‚leeres Klischee' verwendet [zur Problematik des Begriffs K. BRINGMANN, in 124: Beiträge]. NORDEN selbst meinte, die Differenziertheit der antiken Ethnographie verleihe den Angaben des Tacitus, bei aller Traditionsgebundenheit, zusätzliches Gewicht. Diese Ansicht vertrat auch E. WOLFF [186: Verstehen]: Durch die meisterhaft knapp beschriebenen Sitten der Germanen werde „ein moralisches Gefüge sichtbar, das man als ‚Volksseele' bezeichnen möchte". Noch einmal zeigte sich, wie in der Diskussion der *Germania* das romantisch-völkische Germanenbild selbst verfeinerter Quellenkritik standhalten konnte. G. WISSOWA dagegen sah Ähnlichkeiten in der Beschreibung verschiedener Barbarenvölker weniger sachlich begründet, sondern in einer erstarrten völkerkundlichen Dogmatik [185: WISSOWA, Urgeschichte; zur Diskussion K. BRINGMANN, in 124: Beiträge].

Ethnographische Topoi

In den letzten Jahrzehnten ist das Interesse an den Barbarenbildern der klassischen Zivilisation gewachsen, wobei die antike Beschreibung des ‚Anderen' vor allem als Ausdruck ethnozentrischer Vorurteile verstanden wird [111: DAUGE, Barbare]. Ethnozentristisch ist nicht bloß die Abwertung der Barbaren, sondern schon die ‚kontrastive Beschreibung', die Betonung ihrer Andersartigkeit. Seit Herodot hatte man fremde Völker vor allem durch das typisiert, was für einen Griechen ungewöhnlich war, wodurch die Barbaren sozusagen als ‚verkehrte Welt' erschienen. Auch bei Tacitus haben die Germanen die typischen Grundeigenschaften nördlicher Barbaren, nämlich vor allem *simplicitas, iracundia, inertia, libertas*: Einfalt, Erregbarkeit, Trägheit und Freiheitsdrang [13: LUND (Hrsg.), 19 ff.]. Ob bei Tacitus überhaupt das ethnographische Interesse überwog [135: LUND, Gesamtinterpretation], ist aber umstritten. Zuweilen werden ihm vor allem ästhetisch-formale Ziele zugeschrieben [R. URBAN, Aufbau, 104]. Ähnlich urteilte schon A. BAUMSTARK [106: Erläuterung; dazu 13: LUND (Hrsg.), 11 f.],

Barbarenbilder

der in einer an den ‚linguistic turn' erinnernden Weise, freilich in polemischer Zeitgebundenheit, die *Germania* als „Roman", also als „fingierte Geschichte" bezeichnete.

Verbreiteter ist heute die Suche nach politischen Motiven. Doch wollte Tacitus die Römer vor der Unterwerfung der Germanen warnen, weil er sie wie einst Herodot die Skythen für unbesiegbar hielt [R. URBAN, in 124: Beiträge, 104 f.]? Oder ging es ihm darum, zu erklären, warum sie bisher nicht besiegt worden waren [13: LUND (Hrsg.), 55; vgl. 135: DERS., Gesamtinterpretation]? Kritisierte er die römische Politik, im besonderen aber Domitian, worauf die Bemerkung deutet, „in jüngster Zeit habe man Siege über die Germanen mehr gefeiert als errungen" [Germ. 37; 147: NESSELHAUF, Tacitus; D. FLACH, in 124: Beiträge, 34]? Freilich, wenn er die Absicht gehabt hätte, „außenpolitische Kritik, Aufklärung oder Mahnung vorzubringen", wäre die Fülle von Detailinformationen wohl eher hinderlich gewesen [D. TIMPE, in 124: Beiträge, 112].

Die von der Göttinger Akademie herausgegebenen beiden Bände der „Beiträge zum Verständnis der Germania des Tacitus" (1989, 1992 [124]) sowie die kommentierten Editionen von A. LUND (1988) und G. PERL (1990 [13]) haben für die künftige Diskussion wichtige Grundlagen geschaffen. Die Beurteilung bleibt dennoch zwiespältig; auf der einen Seite richtet Tacitus seine Darstellung immer wieder nach expliziten und impliziten moralischen und politischen Wertungen aus, auf der anderen Seite war es kaum seine Absicht, den Leser für eine klar benennbare Haltung oder politische Position zu gewinnen. Er warf grundlegende Zeitprobleme auf und bezog zu ihnen Stellung, teilweise indem er zwei gleichermaßen abzulehnende Positionen ansprach: etwa die ungebändigte germanische Freiheitsliebe und die kaiserliche Despotie [D. FLACH, in 124: Beiträge, 58]. Doch heißt das nicht, daß die angebotenen Deutungen einfach als nebensächliches Beiwerk vom Gehalt an ethnographischen Informationen abgelöst werden können. Das Problem des Textes liegt nicht darin, daß festverwurzelte Vorurteile durchgängig den Blick für spezifische Wahrnehmungen trüben [146: MÜLLER, Ethnologie], sondern daß das ethnographische Material in sehr unterschiedlicher Weise von der Intention überformt ist. Daß die *Germania* so unvermittelt zu uns von den Germanen zu sprechen scheint, zeigt gerade die Kunst des Tacitus. Unter der Oberfläche einfacher Tatsachenschilderung verbirgt sich eine komplexe Struktur von Anspielungen, impliziten Wertungen und rhetorischen Strategien [vgl. K. BRINGMANN, in 124: Beiträge; D. TIMPE, in 124: Beiträge], die sich einer naiven Lektüre nicht erschließt. Gerade die Rhetorik der Faktizität, die scheinbar einfache Sprache, die auf Veranschaulichung und Anekdoten weitgehend verzichtet [D. FLACH, in 124: Beiträge, 53 f.], erschwert die Deutung der *Germania*. Entscheidend ist daher, das Werk nicht naiv zu lesen, sondern seine Wirkungsgeschichte mit ihren Verzerrungen zu berücksichtigen, wie es M. FUHRMANN fordert [in 124: Beiträge, 183]. Denn die literarische Kunstfertigkeit des Historikers Tacitus hat ihre Wirkung weit über den Horizont seiner Absichten hinaus entfaltet.

2. Elemente der germanischen Gesellschaft

2.1 Königtum, Herrschaft, Gefolgschaft

‚Die' (alt)germanische Verfassung gab es nicht. Bei verschiedenen germanischen Völkern existierten sehr unterschiedliche Herrschaftsformen, vom überregionalen Königtum eines Marbod über die regionalen (Klein)königtümer bei den Alemannen bis zu offenbar königslosen Gentes. Auch ist keine lineare Entwicklung, etwa hin zur Stärkung königlicher Positionen, zu beobachten; noch im 8. Jahrhundert stand Methodenprobleme die entfaltete fränkische Königsgewalt neben den königslosen Sachsen. Das methodische Problem besteht darin, daß Wahrnehmungen und Terminologie der lateinischen Autoren sich an römischen Institutionen orientierten, was dem Schluß vom Wort auf die Sache im Weg steht [410: PERL, Terminologie; vgl. 135: LUND, Forschungsbericht, 2206–2209]. Zugleich waren die Römer bestrebt, durch Einsetzung, Anerkennung oder Unterstützung von Königen politische Partner im Barbarenland zu gewinnen. Die ältere Forschung bediente sich nur zu leicht der römischen Ordnungsvorstellungen, um ‚die' germanische Verfassung zu rekonstruieren. Darüber hinaus wurden die Nachrichten der *Germania* des Tacitus verallgemeinert und aus den sehr spezifischen Verhältnissen im hochmittelalterlichen Island Rückschlüsse auf die ersten Jahrhunderte unserer Zeitrechnung gezogen. Die daraus abgeleiteten Modelle sind heute weitgehend aufgegeben. Aussichtsreich ist es allenfalls, die tatsächliche Wirksamkeit von Herrschaft und ihr Konfliktverhalten im Vergleich zu erfassen [413: POHL, Herrschaft]. Dabei werden Merkmale archaischer Gesellschaften in der Konfrontation mit einer imperialen Hochkultur faßbar, nicht aber typisch Germanisches.

Die Forschung des vorigen Jahrhunderts betonte zunächst unter dem Einfluß demokratischer Bewegungen die ‚deutsche Freiheit'. Der Die ‚deutsche Adel und, mit Ausnahmen von beschränkter Bedeutung, das Königtum Freiheit' hätten sich erst in der Völkerwanderungszeit entwickelt, ob nun unter römisch/christlichem Einfluß oder in autogener Entwicklung [46: WAITZ, Verfassungsgeschichte 1, 298 ff.; 58: DAHN, Könige (mit Annahme römischen Einflusses); Übersicht bei 375: GRAUS, Verfassungsgeschichte]. Die in den frühen Quellen genannten *reges* wurden als einer Volksversammlung verantwortliche, ‚konstitutionelle‘ Fürsten gedeutet [so noch 41: SCHMIDT, Westgermanen, z. B. 20; 148]. Eine große Rolle in der Diskussion spielte die Genossenschaft, die O. GIERKE [371: Rechtsgeschichte] als der Herrschaft entgegengesetztes Prinzip herausarbeitete, das bis um 800 Frieden und Recht sicherte [zur Kritik: 399: KROESCHELL, Haus; 434: VOLLRATH, Herrschaft].

Die Lehre von der Adelsherrschaft

Um 1940 setzte sich eine neue Lehre durch. Die Konzepte von repräsentativem Staat, positivem Recht und germanischer Freiheit wurden verworfen, stattdessen fragte man nach der gelebten Verfassung als konkreter Ordnung des Volkes. Schlüsselbegriff war die Herrschaft, deren Wesen in Treue, Huld, Schutz und Schirm sowie Rat und Hilfe gesehen wurde [grundlegende Beiträge in: 394: H. KÄMPF (Hrsg.), Herrschaft; vgl. 413: POHL, Herrschaft]. Nach H. DANNENBAUER [354: Adel] geboten bei den Germanen schon zur Tacitus-Zeit alte Adelsfamilien in Krieg und Frieden über Land und Leute, über Burgen und Gefolgschaften. Aus dieser durch ‚Geblütsrecht‘ legitimierten Adelsherrschaft (die *principes* des Tacitus) ging auch das Königtum hervor, ohne sich wesensmäßig davon zu unterscheiden. Die germanischen Wurzeln der mittelalterlichen Staatlichkeit wurden gegenüber den römischen betont [z. B. 387: HÖFLER, Sakralcharakter, 100 ff.; dazu 374: GRAUS, Herrschaft; 411: PICARD, Sakralkönigtum, 18 f.]. Nach 1945 blieb diese Lehre, in modifizierter und vor allem durch W. SCHLESINGER [418: Herrschaft] differenzierter Form, trotz bald einsetzender Kritik (s. u.) im wesentlichen gültig.

Sakralkönigtum

Für das germanische Königtum ergänzte O. HÖFLER [387: Sakralcharakter] in zeitgebundener Form dieses Modell durch stark charismatische Züge. Sein Schlüsselbegriff des ‚Königsheils‘ (vgl. Kap. II.2.4) knüpfte an W. GRÖNBECH [377: Kultur, 135–82] an; trotz der Einwände von W. BAETKE [342: Das Heilige] gegen diesen sehr weitgefaßten Heilsbegriff baute darauf sein Modell des „wodanistischen" Sakralkönigtums. Kultische Männerbünde und Gefolgschaften weihten sich in geheimen Riten Wodan, dem Gott der Heerführer, dessen übernatürliche Kraft man im König und Gefolgschaftsführer wirksam sah [387: HÖFLER, Sakralcharakter]. Das frühmittelalterliche Königtum war daher ein Wodanskönigtum, dessen sakrale Züge erst allmählich verchristlicht wurden. Das Modell HÖFLERs setzte sich zunächst mehr oder

2. Elemente der germanischen Gesellschaft 67

weniger durch [420: SCHLESINGER, Heerkönigtum; 395: KIENAST, Treue; DE VRIES, in: Saeculum 7 (1956) 289–309, der entsprechend der Drei-Funktionen-Lehre von G. DUMÉZIL neben dem Wodans-Königtum zwei weitere Typen annahm], auch wenn der irrationalistische Überschwang von HÖFLERS Lehre sich langsam verlor; fundamentale Kritik daran übte erst E. PICARD [411: Sakralkönigtum, 18 ff.].

W. SCHLESINGER [420: Heerkönigtum] unterschied das Heerkönigtum grundsätzlich vom im wesentlichen unkriegerischen, sakral gebundenen Königtum und interpretierte so den berühmten Satz des Tacitus (Germ. 7): *reges ex nobilitate, duces ex virtute sumunt* (Könige wählen sie aufgrund des Adels, Heerführer nach der Tapferkeit); diese *duces* (*dux* sollte man in jener Zeit noch nicht mit ‚Herzog' übersetzen) wirkten mehr durch Beispiel (*exemplum*) als durch Befehlsgewalt (*imperium*) [kritisch 198: DEMANDT, Arminius, 190]. R. WENSKUS arbeitete heraus, daß zur Zeit Caesars viele Völker beiderseits des Rheins zwar noch eine Königsfamilie, aber keine Könige mehr besaßen [„gallisch-westgermanische Revolution": 99: WENSKUS, Stammesbildung, 413–27]. Dieses abgekommene Königtum deutete er als „altertümliches, sakrales Kleinkönigtum", das über ganz Europa verbreitet war. Die frühen Heerkönige wie Ariovist, Marbod oder Arminius scheiterten, trotz der Anlehnung an römische Vorbilder, an der Errichtung einer neuen Königsmacht [355: DEMANDT, Staatsformen, 491–96]. Erst die großen Könige der Völkerwanderungszeit wie Alarich und Theoderich, die als Heerführer aufgestiegen waren, verbanden ihre Herrschaft mit sakralen Elementen, denen schließlich das Christentum die tragfähige Grundlage bot [420: SCHLESINGER, Heerkönigtum]. H. WOLFRAM [102: Reich, 44] faßte dieses Modell so zusammen: „War der ‚König aufgrund seines Adels' der Nachkomme von göttlich-königlichen Vorfahren und damit Repräsentant einer ethnisch weitgehend einheitlichen und kleinräumigen, wenn nicht isolierten Gesellschaft, so mußte sich der ‚Heerführer aus Tüchtigkeit' seinen Aufstieg zum Königtum als Anführer eines siegreichen polyethnischen Heeres erkämpfen." So konnte ein neues Volk entstehen. Der Gründerkönig und seine Nachkommen legitimierten sich durch die Übernahme alter und angesehener Traditionen, Genealogien und Herkunftssagen, wie sich am Beispiel der amalischen Gotenkönige zeigen läßt.

Freilich hat dieses Modell Schwächen. WOLFRAM [102: Reich, 46–48] zeigte, daß der Aufstieg von Heerkönigen gut bezeugt (wenn auch nicht typisch germanisch) ist, während die Lehre vom Sakralkönigtum nur schwach in den Quellen fundiert ist [vgl. 355: DEMANDT, Staatsformen, 496]. Keines der germanischen Wörter für ‚König' trägt

Heerkönigtum

Kritik an der verfassungsgeschichtlichen Lehre

nachweisbar sakrale Konnotationen [68: GREEN, Language, 123]. Die meisten Beispiele dafür, daß das Wesen des Königs „durch und durch von höherer Kraft" war [377: GRÖNBECH, Kultur, 139], stammen aus altnordischen Quellen. Bei antiken und frühmittelalterlichen Königen ist ähnliches kaum nachweisbar [411: PICARD, Sakralkönigtum]. Ebenso wie die vielfältige lateinische Terminologie – *reges, reguli, duces, principes* – ist die Begriffsentwicklung der frühen germanischen Königstitel komplex: *thiudans* (Anführer einer *thiuda*, eines Volkes), *truhtin* (militärischer Anführer), *kindins, hendinos, reiks,* und schließlich *kuning*, das sich im Frühmittelalter als gemeingermanischer Begriff durchsetzte [68: GREEN, Language, 121–44, mit Differenzierungen gegenüber 99: WENSKUS, Stammesbildung, 307f.; 322f.]. Befehlsgewalt im Krieg, Entscheidungsbefugnisse in Gemeinschaftsdingen, Ehrenvorrang und Ansehen waren wohl nicht so sehr Sache des Amtes, sondern der jeweiligen persönlichen Stellung und des politischen Erfolges.

Fürstengräber

In der deutschsprachigen archäologischen Forschung werden ungewöhnlich reich ausgestattete Gräber, vielleicht etwas zu plakativ, meist als „Fürstengräber" bezeichnet. Eines der markantesten Beispiele sind die Gräber der Lübsow-Gruppe des 1.–2. Jahrhunderts n. Chr., die H. J. EGGERS [201: Lübsow] zusammengestellt hat. In den meist in gesonderter Lage gefundenen Bestattungen mit reichen Gefäßbeigaben (oft römische Importe), aber ohne Waffen, sah er die Spuren eines überregionalen Hochadels, der sich von der regionalen Bevölkerung abhob. R. HACHMANN [in: Archaeologica Geographica 5 (1956) 7–24] versuchte aus den Befunden ein Netz von festen Fürstensitzen abzuleiten. Heute rechnet man eher mit einem fließenden Übergang zwischen reichen und weniger reichen Gräbern [206: GEBÜHR, Definition; 426: STEUER, Sozialstruktur, 209–20; zur Diskussion FISCHER/HEILIGMANN, in 15: II 33, 3; H. STEUER, in 37: RGA 10 (1998) 168–75]. Der soziale Aufstieg einer Familie während der frühen Kaiserzeit läßt sich aus den drei Gräbern von Marwedel ablesen [213: LAUX, Marwedel].

Residenzen

Ein anderes markantes Beispiel ist das reiche südmährische „Fürstengrab" bei Mušov aus der Zeit der Markomannenkriege, das Silbergeschirr und andere römische Luxusgüter, medizinische Instrumente (wie es in römischen Provinzen vorkommt), aber auch Waffen enthält; J. TEJRAL [228: Probleme] schreibt es einem „romfreundlichen König" zu. Unklar ist die Beziehung zu der etwa gleichzeitigen römischen Befestigung auf dem nahen Burgstall und den germanischen Siedlungen der Gegend. Auch bei dieser recht günstigen Fundlage kann der archäologische Befund letztlich wenig über Funktion und Stellung des Bestatteten aussagen. Deutlich machen derartige reiche Gräber nur, daß es

2. Elemente der germanischen Gesellschaft 69

eine beträchtliche soziale Differenzierung gab, die auch für das Jenseits gleichsam fixiert wurde. Gefunden wurden sie nur in manchen Gegenden, anderswo aber kaum (etwa in der frühen Kaiserzeit am Rhein); darin können sich Verfassungsunterschiede ausdrücken, was aber nicht sein muß [vgl. 99: WENSKUS, Stammesbildung, 310f.]. Archäologisch erschlossen sind Höhenburgen (wie die alemannischen, siehe Kap. II.3.3) oder ‚Herrenhöfe' wie in Fochteloo (36 m lang), Feddersen Wierde [W. P. SCHMID, in 37: RGA 8 (1993) 249–66] oder Gudme auf Fünen (60 m [431: THRANE, Gudme]). Wie weit es sich um Herrschaftszentren handelte, bleibt oft unklar, doch können Münz- und Waffenfunde, der Nachweis intensiven Handwerks und römischer Importware als Indizien dienen [H. STEUER, in 249: Die Alemannen, 149–62; 428: DERS, Sozialgeschichte]. Die schriftlichen Quellen geben nur selten Hinweise auf Königssitze wie die Residenz des Markomannenkönigs Marbod am Beginn des 1. Jahrhunderts n. Chr. (*regiam castellumque iuxta situm* – Tacitus, Ann. 2,62 – also von der Burg unterschieden) oder die thüringische Königshalle des 6. Jahrhunderts, die nach Venantius Fortunatus von den Franken niedergebrannt wurde [412: POHL, Herrschaftssitze].

Als Organisationsprinzip spielt in der *Germania* des Tacitus die Gefolgschaft eine wichtige Rolle; die Kapitel 13–14 enthalten eine Art Theorie des Gefolgschaftswesens: Die Ehre der Gefolgsleute (*comites*) liegt, im Wettstreit untereinander, im Kampf für ihren Herrn (*princeps*), für den man zu sterben bereit ist; je vornehmer der Herr, desto angesehener sein Gefolge; je größer das Gefolge, desto angesehener wiederum der Herr, dem Krieg und Raub die Mittel geben, sein Gefolge zu bewaffnen und durch Geschenke zu verpflichten. Diese Darstellung klingt plausibel, auch wenn die sachliche und sprachliche Deutung in manchen Einzelheiten umstritten ist [vgl. 115: DOBESCH, Principis dignationem; 397: KRISTENSEN, Gefolgschaft]. Zudem fällt auf, daß die Terminologie sehr allgemein bleibt und keine Institution, sondern eher ein sozialpsychologischer Mechanismus beschrieben wird.

Die Gefolgschaft

Für die verfassungsgeschichtliche Lehre der Mitte des 20. Jahrhunderts wurde die Gefolgschaft zum Schlüssel der Entwicklung von Herrschaft über Freie: „Die Herrengewalt des germanischen Altertums ist, soweit sie über bloße Hausherrschaft hinausgeht, Gefolgschaftsherrschaft" [418: SCHLESINGER, Herrschaft, 239]. W. SCHLESINGER definierte Gefolgschaft als „ein Verhältnis zwischen Herrn und Mann (…), das freiwillig eingegangen wird, auf Treue gegründet ist und den Mann zu Rat und (kriegerischer) Hilfe, den Herrn zu Schutz und ‚Milde' verpflichtet" [418: Herrschaft, 235]. Diese Definition sollte von der alt-

Die ‚germanische Treue'

germanischen Zeit bis ins entwickelte Lehenswesen gelten. Sie war im wesentlichen (meta-)psychologisch und schöpfte ihre Evidenz nicht zuletzt aus dem anschaulichen Beispiel des Tacitus von der Selbstaufopferung der Gefolgsleute für den Herrn. Die ‚germanische Treue', im besonderen die des Gefolgsmannes, galt lange Zeit als Grundzug des germanisch-deutschen Volkscharakters.

Hier setzte bald Kritik ein. Der christliche, und nicht archaische, Charakter der mittelalterlichen Treuebindung wurde hervorgehoben [374: GRAUS, Herrschaft; 398: KROESCHELL, Treue; 395: KIENAST, Treue; dagegen 419: SCHLESINGER, Randbemerkungen; siehe aber 434: VOLLRATH, Herrschaft; vgl. 413: POHL, Herrschaft]. Die *Germania* betont die Schutzverpflichtung der Gefolgsleute für den Herrn und nicht umgekehrt, während im Mittelalter die gegenseitige Verpflichtung ethisch überhöht wird [439: WENSKUS, Diskussion]. Eine differenzierte Liste von Merkmalen der Gefolgschaft erarbeitete A. KRISTENSEN [397: Gefolgschaft], wodurch ihre Veränderbarkeit in den Blick geriet. H. KUHN [404: Grenzen] argumentierte, Gefolgschaft sei weder typisch germanisch noch ursprünglich, und trete vor allem im Grenzbereich des germanischen Gebietes auf, wo sie von den Römern wahrgenommen werden konnte. KUHN ging, wie D. TIMPE [Charakter, in: 176, 145–68; 433: Gefolgschaft, 544 f.], von einem engeren Gefolgschaftsbegriff aus, der nur freies Gefolge umfaßte, nicht aber Gesinde, Dienstmannschaft, Heerhaufen oder Reisläufer sowie Adel im Königsdienst.

Die germanisch-deutsche Terminologie zeigt, wie bruchhaft die Begriffsentwicklung verlief [C. LANDOLT, in 37: RGA 10 (1998) 533–37; 68: GREEN, Language, 106 ff.]. Der Begriff ‚Gefolgschaft' selbst ist ein Fachwort des 19. Jahrhunderts, ‚Gefolge' setzte sich im 17. Jahrhundert durch. Der Begrifflichkeit des Tacitus entspricht am ehesten die Dreiheit *truht (comitatus), truhting (comes), truhtin (princeps)* [68: GREEN, Language, 110], doch stehen daneben zahlreiche andere Begriffe, die aus den frühmittelalterlichen Königreichen überliefert und teils schon latinisiert sind: *gasindius, antrustio, saio, skalk, ambaht, man, thegan, rinc, leudes*, daneben die lateinischen Wörter *puer, satelles, cliens, fidelis* etc., die in jeweils unterschiedlicher Weise Vasallen, Soldaten, Knechte oder Gefolgsleute bezeichnen können. Im Frankenreich setzte sich aus dem Keltischen *vassus*/Vasall durch. Für den Herrn sind die Ausdrücke *frô, truhtin*, im Angelsächsischen *hlaford* („Brotwart", woraus *lord* entstand), bezeugt. Das Wort ‚Herr' setzte sich nur im Althochdeutschen durch, und zwar erst nach der sächsischen Wanderung nach England; es entstand wohl im 7. Jahrhundert im fränkischen Bereich als Lehnübersetzung des lateinischen *senior* [418:

2. Elemente der germanischen Gesellschaft 71

SCHLESINGER, Herrschaft, 226–30; 399: KROESCHELL, Haus, 19 ff.; 68: GREEN, Language, 102–20], worauf *truhtin* in die religiöse Sphäre überging. Hinter dieser semantischen Vielfalt stand sicherlich kein festumrissenes gemeingermanisches Rechtsgebilde.

Die archäologischen Möglichkeiten, Gefolgschaften zu erfassen, sind begrenzt [427: STEUER, Interpretationsmöglichkeiten; vgl. DERS., in 37: RGA 10 (1998) 546–54]. Gefolgschaftsunternehmen zur Plünderung oder Besetzung neuer Gebiete sind kaum nachweisbar, erst ständige Besiedlung hinterläßt deutliche Spuren. Auf Friedhöfen können sich Gefolgsherren mit ihrem unmittelbaren Gefolge abzeichnen, etwa an der Anzahl der Trinkgefäße in Fürstengräbern wie Mušov oder Sutton Hoo; Waffenbeigabe mag Gefolgsleute hervorheben. Außergewöhnliche Spuren größerer Kampfverbände wies C. v. CARNAP [in 389: Illerup Ådal Bd. 5, 483 ff.] anhand skandinavischer Moorfunde nach; in Illerup wurden gleichzeitig die Prachtausrüstungen mehrerer Männer mit den Waffen eines wohlorganisierten Heeres von einigen hundert Mann versenkt.

Archäologische Befunde

Prestigegüter als Grabbeigaben können als Spuren des Gabentausches zwischen Herrn und Gefolgsmann verstanden werden. Die gemeinschaftsstiftende Rolle der Gabe wurde von W. GRÖNBECH [377: Kultur Bd. 2, 55–77], vorwiegend aufgrund altnordischer Quellen, hervorgehoben und vom Ethnologen M. MAUSS [Essai sur le don. Paris 1924] als allgemeines Prinzip archaischer Gesellschaften entwickelt. Jüngst hat der Ethnologe J. BAZELMANS [344: Structure; 345: Beyond power] den Gedanken in einer Kritik vieler auf Tacitus aufbauenden Gefolgschaftsdiskussion aufgegriffen und am Beispiel des angelsächsischen Beowulf-Liedes konkretisiert. Solche allgemeinen kulturanthropologischen Beobachtungen zur Bedeutung des Austausches von Prestigegütern in archaischen Gesellschaften können sicherlich anregend sein. Freilich sollte ihre Anschaulichkeit nicht wieder dazu verleiten, die zu vermutende Bandbreite von Gemeinschaftsformen zugunsten einer aus viel späteren Schriftquellen abgeleiteten Leitvorstellung einzuschränken. Das tut etwa M. ENRIGHT [369: Lady], der die bei Beowulf geschilderte Dame, die an die Gefolgsleute Met ausschenkt, als Integrationsfigur germanischer Gefolgschaften überhaupt ansieht.

Prestigegüter und Gabentausch

Sicherlich trugen militärische Gefolgschaften gerade in der Spätantike zur Integration von Gruppen verschiedener ethnischer Herkunft und damit zur Ethnogenese neuer Völker bei [vgl. 404: KUHN, Grenzen, 9 f.; 99: WENSKUS, Stammesbildung, 368–71; 103: WOLFRAM, Germanen, 70 f.]; so konnte, auch etymologisch, der Fremde zum *gast* werden [68: GREEN, Language, 107 f.]. Für Gefolgschaftsunternehmen als dy-

Gefolgschaft und sozialer Wandel

namischen Faktor ethnischer Prozesse und sozialen Wandels fehlte aber, wie D. TIMPE [170: Begriffsbildung] gezeigt hat, antiken Autoren die Begrifflichkeit. Viele Fragen bleiben daher offen. Die Bandbreite der Erscheinungen, die der Gefolgschaftsbegriff abdecken kann, ist wohl weit größer, als die verfassungsgeschichtliche Forschung annahm: Gefolgschaft auf Lebenszeit oder für bestimmte Unternehmen, feierliche Initiation oder formloser Anschluß, freie oder abhängige Gefolgsleute, rein herrschaftlich strukturierte oder durch gegenseitige Verpflichtung der Gefolgsleute quasi genossenschaftlich begründete Gefolgschaften. Der Erklärungswert des Begriffes ist damit gering geworden.

Insgesamt wird die in den vierziger Jahren entwickelte verfassungsgeschichtliche Lehre immer noch vielfach, wenn auch mit Vorbehalten, akzeptiert. Das Modell einer auf Geblütsheiligkeit gegründeten, von Gefolgschaften gestützten, durch die Gewährung von Schutz und Huld gegen Treue charakterisierten Adelsherrschaft in der altgermanischen Zeit ist freilich nach Jahrzehnten fundierter Kritik [u. a. 399–402: KROESCHELL; 404: KUHN; 374–75: GRAUS; 434: VOLLRATH; 411: PICARD; 176, 433: TIMPE] kaum mehr aufrechtzuerhalten. Vielfach wird das Fehlen eines alternativen Lehrgebäudes bemängelt. Doch wäre gerade für eine Zeit dynamischer Gesellschaftsentwicklung jeder Ansatz, der sich am ‚Wesen' germanischer ‚Verfassung' orientiert und damit die großen Lücken der Quellen zu überbrücken sucht, von vornherein verfehlt [413: POHL, Herrschaft].

Abwendung vom Modell der Adelsherrschaft

2.2 Die Sippe und die Stellung der Frauen

Eine weitere Grundkategorie der traditionellen Germanenforschung ist die Sippe (die englischsprachige Forschung behandelt das Problem meist unter den Begriffen *kin* oder *kinship*). In diesem Begriff überschneiden sich drei miteinander verflochtene Probleme. Das erste sind die Familien- und Verwandtschaftsstrukturen, was eng mit dem Erbrecht verflochten ist. Das zweite ist die Frage des Hauses und der Hausherrschaft, die lange als Grundstruktur der germanischen Verfassung überhaupt galt. Dem (in den Quellen kaum nachweisbaren) Sippenoberhaupt bzw. Herrn des Hauses wurde die Munt-(Schutz-)gewalt über unmündige und schutzbedürftige (vor allem weibliche) Mitglieder zugeschrieben. Das dritte ist die Sippe als über die engere Verwandtschaft hinausgehender Schutz- und Friedensverband im Sinn der *familiae et propinquitates* des Tacitus (Germ. 8), aus denen ihm zufolge die Grundeinheiten eines Heeres gebildet waren. Mit dieser Sippe im wei-

Sippenbegriffe

2. Elemente der germanischen Gesellschaft 73

teren Sinn verknüpfte die Forschung die Solidaritätspflicht im Fall der Fehde, die Tacitus (Germ. 21) erwähnt und die frühmittelalterliche Leges voraussetzen: Verwandte erhalten nach Verbrechen oder Beleidigungen Wergeld als Ablöse einer Fehdeverpflichtung und werden als Eidhelfer im Fall einer Anklage herangezogen.

Nicht immer wurde in diesem Sinn zwischen den verschiedenen Sippenbegriffen unterschieden, manchmal auch ohne besondere Differenzierung der eine oder der andere zum Ausgangspunkt der Betrachtung gemacht. Die Vorstellung einer Abstammungsgemeinschaft und insofern eines objektiv fest umrissenen Verbandes lag dem gebräuchlichen Sippenbegriff zugrunde [17: BRUNNER, Rechtsgeschichte 1, 110ff.; 143: MUCH, Kommentar; vgl. 370: GENZMER, Sippe; 419: SCHLESINGER, Randbemerkungen]. Noch J. DE VRIES [435: Welt] schrieb es der „dunklen Stimme des Blutes" zu, daß zwischen den einzelnen Gliedern der Sippe „ein unverletzlicher Friede" herrschte (was wenig zu den bekannten Vorgängen etwa in der Arminius-Familie paßt). *Sippe als Abstammungsgemeinschaft?*

Die Diskussion stützte sich einerseits auf die frühmittelalterlichen Leges, aus denen die ältere Forschung ohne weiteren methodischen Zweifel auf ‚urgermanische' Verhältnisse zurückschloß, was heute nur mehr sehr eingeschränkt vertretbar ist [422: SCHMIDT-WIEGAND, Rechtsvorstellungen; 402: KROESCHELL, Recht]. Zur rechtsgeschichtlich-institutionellen trat die onto-psychologische Sichtweise, die sich auf die anschaulichen Beispiele des Tacitus berief, aber auch auf die nordischen (vor allem die isländischen) Sagas. Freilich taten sich zwischen den affektiv aufgeladenen Bildern der erzählenden Quellen und einer den Rechtsquellen abzugewinnenden institutionellen Definition Widersprüche auf, vor allem in der Frage der Ausdehnung und Abgrenzung der Sippe, wie schon W. GRÖNBECH [377: Kultur 1, 279–370] sah. Einerseits gab er der Sippe eine geradezu mystische Bedeutung, wenn er programmatisch feststellte: „Die Seele des Menschen ist die Sippe", und die „Energie des Sippengefühls" als wesentliches Identitätsmerkmal des Individuums und als beherrschende Bindekraft der Gesellschaft herausstellte. Andererseits bemerkte er, daß der Kreis der Verwandten, aus denen dieses Sippengefühl „einen Leib und eine Seele" machte, stark schwanken konnte. Wer heute noch der Solidaritätsgemeinschaft der Sippe angehörte, konnte morgen schon untereinander verfeindet sein, wie die erzählenden Quellen – von Gregor von Tours bis zu den Sagas – deutlich zeigen; aber auch Versöhnung war wieder möglich, wie schon Tacitus (Germ. 21) sagt. Letztlich war Sippenzugehörigkeit also subjektiv begründet. *Sippe als Solidaritätsgemeinschaft*

Den Versuchen der Rechtshistoriker, die Sippe als Rechtsverband objektiv zu definieren, widersprach diese Beobachtung. Zudem war auch in den Leges keine eindeutige Bestimmung darüber zu finden, wie der Kreis der zu Fehde- oder Eidleistung heranzuziehenden Verwandten zu umschreiben war (klarer faßte das später das isländische Recht). Kritik an der herrschenden Lehre kam dennoch erst in den fünfziger Jahren von F. GENZMER [370: Sippe] und K. KROESCHELL [401: Sippe]. GENZMER argumentierte, daß die Quellen (vor allem die isländischen) gar nicht die Sippe als geschlossenen Verband, sondern in allen Fragen (z. B. Fehde, Wergeld, Heeresaufgebot) nach dem Grad der Verwandtschaft abgestufte Berechtigung erkennen lassen: „Die Verwandtschaft, einschließlich der Schwägerschaft, macht sich bei den verschiedenen Rechtseinrichtungen in ganz verschiedener Weise geltend". KROESCHELL [401: Sippe] untersuchte die Frage der Sippenlosigkeit im angelsächsischen Recht und wollte statt von der Sippe nur mehr von Verwandtschaft sprechen. Er zeigte auch [399: KROESCHELL, Haus], wie wenig Stütze die Lehre von der Hausherrschaft in den Quellen fand. SCHLESINGER [419: Randbemerkungen] distanzierte sich zwar vom starren Sippenbegriff der älteren Lehre, der auch gemeinsame Siedlung voraussetzte. Er wollte aber weiterhin die Sippe als Rechtsbegriff im Sinn des Frühmittelalters sehen. Sippenlosigkeit bedeute Schutzlosigkeit und daher eine gesellschaftliche Anomalie. Allerdings ist, wie auch SCHLESINGER einräumen mußte, für die ersten Jahrhunderte unserer Zeitrechung die lateinische Terminologie sehr unspezifisch, sowohl die *gentes cognationesque* Caesars (BG 6,23) als auch die *familiae et propinquitates* des Tacitus (Germ. 7). Der germanische Begriff *sibba* bezeichnete zunächst keinen Personenverband, sondern unterschiedliche Verwandtschafts-, Bündnis- und Friedensbeziehungen und konnte mit *propinquitas, affinitas* ọ.a. übersetzt werden [370: GENZMER, Sippe, 36; 68: GREEN, Language, 53–62].

Im archäologischen Befund zeichnet sich keine den angenommenen Sippen entsprechende Gruppe als Siedlungsverband ab. Das übliche Langhaus konnte nur eine Familie fassen, während dörfliche Siedlungen, am besten nachweisbar in den Terpen an der Nordsee, sehr unterschiedliche Größe hatten, vom Einzelweiler bis hin zur Siedlung von Feddersen Wierde mit ihren 33 Gehöften [378: HAARNAGEL, Feddersen Wierde; 28: Die Germanen 1, 533; 81: MILDENBERGER, Sozialgeschichte, 26–35; 97: TODD, Germans, 62–74; 426: STEUER, Sozialstrukturen; 428: DERS., Sozialgeschichte].

R. WENSKUS [99: Stammesbildung, 300–05] stellte fest, daß den Sippen im politischen Leben der Germanen offenbar kein nachweis-

2. Elemente der germanischen Gesellschaft

barer Einfluß zukam, mit Ausnahme eines Sonderfalles, der Königssippe (*stirps regia*). Am Beispiel der Merowinger läßt sich jedoch deutlich machen, wie sehr die Zugehörigkeit zur *stirps regia* und damit die Herrschaftsberechtigung nicht eine Frage des Blutes, sondern situationsbedingten Übereinkommens war [333: WOOD, Kingdoms, 58–60]. Naheliegend ist daher die Annahme, daß Verwandtschaftsverhältnisse nicht nach biologischer Unausweichlichkeit, sondern nach der jeweiligen gesellschaftlichen Definition bedeutsam und damit wirksam wurden.

<small>Königssippe</small>

Diskutiert wurde, ob Verwandtschaft bei den Germanen agnatisch (oder patrilinear; nur die männliche Erbfolge ist bedeutsam) oder kognatisch (oder bilateral; auch Verwandte über die weiblichen Linien werden einbezogen) definiert war. Die ältere Forschung [17: BRUNNER, Rechtsgeschichte 1, 324ff., und noch 370: GENZMER, Sippe, 48] war meist von rein oder vorwiegend agnatischen Sippen ausgegangen. A. MURRAY [407: Kinship Structure] versuchte dagegen unter Verwendung neuerer ethnologischer Ansätze zu zeigen, daß sowohl Tacitus als auch die *Lex Salica* kognatische *clans* voraussetzen. Nach Tacitus (Germ. 20) waren die Onkel väterlicher- und mütterlicherseits beide erbberechtigt, wenn es keine Söhne und Brüder gab, und zwischen dem Mutterbruder und dem Neffen bestand eine besondere Beziehung. Beides spricht gegen reine Patrilinearität. Wie weit das auf mutterrechtliche Überreste deutet, ist umstritten; immerhin lassen Mythen wie die langobardische *origo gentis*, die Gambara als erste Anführerin der Langobarden nennt, die Erinnerung an eine stärkere Stellung der Frauen erkennen.

<small>Agnatische oder kognatische Verwandtschaft?</small>

Im Kontext der Familienformen wird in den Handbüchern meist auch die Stellung der Frau bei den Germanen erörtert – oft recht kurz [z. B. 28: Die Germanen 1, 532; 81: MILDENBERGER, Sozialgeschichte, 64; 97: TODD, Germans, 32]; erst in jüngerer Zeit sind eingehende Untersuchungen erschienen, die Frauengeschichte oder „gender history" als Ansatz wählen [337: AFFELDT, Frauen; 340: AMSTADT (Hrsg.), Frau; 352: BRUDER, Frau; 373: GOETZ, Frauen]. Das Thema hat sehr verschiedenartige Aspekte und wird von antiken Texten immer wieder behandelt, am ausführlichsten von Tacitus (besonders in Germ. 8, 15, 18–22 [143: MUCH, Kommentar, 190–207]). Dabei beherrschen freilich sehr moralisierende Sichtweisen die Darstellung. Die Zivilisationskritik des Tacitus wird in seiner Schilderung von Keuschheit, Einehe, spätem Liebesgenuß, Austragen aller Kinder und Todesstrafe für Ehebruch besonders deutlich. Polygamie wird als Ausnahme bei führenden Familien angesehen (Germ. 18), was zu Caesars Nachricht von den zwei Frauen

<small>Stellung der Frau</small>

des Ariovist (Caesar, BG 1,53,4) paßt. Als Beispiel einer Bestrafung für Ehebruch, und damit Bestätigung der Glaubwürdigkeit des Tacitus, wird in der Regel die Moorleiche eines nackten, geschorenen Mädchens mit Augenbinde aus Windeby in Schleswig angesehen [437: WEMPLE, Women, 11; kritisch 97: TODD, Germans, 114f.]. Das ist freilich Spekulation, zumal Wachstumsstörungen wegen Mangelernährung in diesem Fall auf eine Außenseiterin deuten [28: Die Germanen 1, 178; vgl. 357: DIECK, Moorleichenfunde; 390: JANKUHN, Beobachtungen, zu den unterschiedlichen Deutungen von Moorleichen].

Am häufigsten kommen germanische Frauen bei antiken Schriftstellern auffälligerweise als Teilnehmerinnen an Kriegszügen vor. Das liegt einerseits daran, daß Kriegsberichte in den Quellen überhaupt überwiegen, andererseits wurde hier ein Unterschied zur römischen Gesellschaft herausgestrichen und vor dem Hintergrund des Amazonenmotivs stilisiert [101: WOLFRAM, Goten, 394f.]. Frauen kämpfen auf dem Schlachtfeld oder verteidigen ihre Wagenburg; zumindest feuern sie die Männer an. Im Fall der Niederlage töten sie ihre Kinder und sich selbst, manchmal auch ihre fliehenden Männer. Diese Motive ziehen sich von den Schilderungen des Kimbernzuges (z. B. Plutarch, Marius 19,9; 27,2) über Caesar (BG 1,51,3), Tacitus (Hist. 4,19; Germ. 8) zu Cassius Dio (71,3; 77,14) und Orosius (6,21,17) und von da weiter ins Frühmittelalter.

Frauen im Krieg

Wiederholt hört man von germanischen Seherinnen und Priesterinnen, am ausführlichsten von Veleda, einer brukterischen Jungfrau, die hochgeehrt in einem Turm wohnte und durch ihre Weissagungen großen politischen Einfluß gewann (Tacitus, Hist. 4,61; 4,65; 5,22). Ihre Darstellung ist allerdings wohl von den Sibyllen der Mittelmeerwelt beeinflußt [352: BRUDER, Frau]. Daß die Rolle der Veleda bis zu einem gewissen Grad institutionalisiert war, zeigt eine Nachricht des Cassius Dio (67,5,3), daß ihr die Ganna nachgefolgt sei. Cassius Dio erzählt (55,1) auch von einer „riesigen" Frau, die dem Drusus an der Elbe seinen nahen Untergang geweissagt habe. Eine „semnonische Sibylle" ist sogar in einer oberägyptischen Inschrift bezeugt [355: DEMANDT, Staatsformen, 486]. Zum Kimbernzug hören wir von Priesterinnen, die Menschenopfer an Gefangenen vollziehen (Strabo 7,2,3).

Seherinnen und Priesterinnen

Wesentlich dürftiger sind die Informationen über die Rolle von Frauen in ihrer alltäglichen Lebenswelt; hier müssen wir uns fast ganz auf die moralisierenden Nachrichten des Tacitus verlassen. In der Forschungsdiskussion sind vor allem Eheformen und Erbrecht erörtert worden. Die ältere rechtshistorische Forschung hatte aufgrund der Leges und der hochmittelalterlichen Rechtsquellen eine reiche Terminolo-

Eheformen und Erbrecht

2. Elemente der germanischen Gesellschaft 77

gie in archaisierendem Deutsch entwickelt, die ohne weiteres auf die Tacitus-Zeit rückprojiziert wurde [z. B. 17: BRUNNER, Rechtsgeschichte 1, 293 ff.]. Ausgangspunkt waren Bestimmungen mancher Leges, besonders der langobardischen, eine Frau müsse unter der ‚Munt', der Schutzherrschaft eines Mannes stehen; dieser ‚Muntwalt' konnte der Vater, Ehemann oder ein Verwandter sein. Deshalb seien germanische Frauen nicht selbständig rechtsfähig gewesen. Bei der Vollehe gehe die Frau in die Munt des Mannes über, bei der sogenannten ‚Friedelehe' bleibe sie in der Munt ihrer Familie; daneben nahm man noch rechtlose ‚Kebsweiber' an. Eine Vollehe könne durch Brautkauf oder durch Brautraub (wie bei Arminius und Thusnelda) zustandekommen. Tacitus (Germ. 18) bemerkte, daß bei den Germanen nicht wie bei den Römern der Brautvater der Tochter die *dos* als Heiratsgut in die Ehe mitgab, sondern der Ehemann der Braut eine Brautgabe, oft Morgengabe genannt, darbrachte: Zuerst gab der Mann Rinder, Pferde, Schild und Speer, dann erst die Frau ein Schwert [405: MIKAT, Dotierte Ehe]. Das Erbe ging ausnahmslos an männliche Nachkommen und unterlag zum Unterschied von den Römern keiner testamentarischen Verfügung (*nullum testamentum*, Tacitus, Germ. 20).

Diese Lehre legte noch S. WEMPLE ihrer Untersuchung über „Women in Frankish Society" [437] zugrunde. Inzwischen sind viele Aspekte dieser Auffassung in Frage gestellt worden. Aus den Leges kann nicht einfach auf frühere Verhältnisse zurückgeschlossen werden [421: SCHMIDT-WIEGAND, Lebenskreis; 408: OLBERG, Aspekte]. Der Muntbegriff fehlt in der *Lex Salica* und den bayerischen Gesetzen [399: KROESCHELL, Haus; 396: KOTTJE, Bestimmungen] und umfaßt sonst ein recht breites Spektrum an Bedeutungen. Die Fähigkeit mancher Frauen zu selbständigen Rechtsgeschäften ließ sich aus frühmittelalterlichen Urkunden und Formularbüchern belegen [414: POHL-RESL, Rechtsfähigkeit]. Fragwürdig geworden ist auch die klare Scheidung der Eheformen, im besonderen die Allgemeingültigkeit der Friedelehe [373: GOETZ, Frauen]. Der Ehebund läßt sich im Einklang mit der neueren Ethnologie als komplexes Tauschverhältnis verstehen. Beim Erbrecht schließlich läßt sich zeigen, daß die ‚germanischen' Rechte des Frühmittelalters, entgegen der älteren Auffassung, durchaus Testamente kannten [414: POHL-RESL, Rechtsfähigkeit], und Frauen auch Besitz vererben konnten [400: KROESCHELL, Söhne]. Manches davon mag mit römischem Einfluß zusammenhängen, erschwert jedoch den Rückschluß auf ältere ‚germanische' Rechtsnormen. Zudem muß auch für die ältere Zeit gelten, was in den frühmittelalterlichen Königreichen inzwischen nachgewiesen wurde, nämlich daß zwischen Norm und

Kritik am Muntbegriff

78   II. Grundprobleme und Tendenzen der Forschung

Lebenswirklichkeit ein Unterschied bestand, besonders im Fall weiblichen Lebens.

Den lateinischen Texten über germanische Frauen liegt eine zweifache Brechung zugrunde: Es ging nicht nur um das ‚Andere' des Barbaren, sondern auch der Frau. Aus diesem Gesichtspunkt des ‚gender' kann das Thema ‚germanische Frauen' wieder als einheitliches Forschungsfeld konstituiert werden. In der Forschung des 19. Jahrhunderts hatte dieses Thema schon einmal eine gewisse Geschlossenheit gewonnen, wurde aber mit moralisierenden Ausführungen über Keuschheit, Treue, Opferbereitschaft ausgefüllt, die auf Vorbildwirkung zielten, wozu die *Germania* eine gute Grundlage abgab. Mit dem Zusammenbruch der NS-Ideologie verschwanden solche historisierenden Frauenbilder. In jüngeren Handbüchern wurde der weiblichen Seite der germanischen Geschichte kaum Beachtung geschenkt. Die Frauenforschung der letzten Jahrzehnte knüpfte zunächst mehr oder weniger an die ältere Lehre an und leitete daraus entweder weitgehende Unterdrückung oder umgekehrt eine starke Stellung der Frau ab. S. WEMPLE [437: Women] meinte, das Frühmittelalter habe den Frauen gegenüber der römischen Antike eine wesentliche Verbesserung ihrer Stellung gebracht. Wichtiger als solche relativen Wertungen ist heute wohl die Frage nach geschlechtsspezifischen Rollen und Wahrnehmungen insgesamt. Aus dieser Sicht sind auch unsere Texte, gerade die *Germania* des Tacitus, neu zu untersuchen.

[margin: Frauenbilder und Gender-Forschung]

2.3 Religion, Mythen, Rituale

Germanische Religion ist einer der bekanntesten Aspekte des modernen Germanenbildes [allgemeine Literatur: 339: AMSTADT, Religion; 341: BAETKE, Religion; 342: BAETKE, Das Heilige; 349: BECK (Hrsg.), Religionsgeschichte; 356: DEROLEZ, Götter; 377: GRÖNBECH, Kultur; 381: HASENFRATZ, Welt; 385: HELM, Religionsgeschichte; 429: STRÖM, Religion, 436: DE VRIES, Religionsgeschichte; zuletzt 51: MAIER, Germanen, 379–88]. Bei der großartigen Gesamtsicht, die im 19. Jahrhundert entworfen und nicht zuletzt durch die Opern Richard Wagners popularisiert wurde, handelt es sich allerdings um ein Amalgam nordischer Texte (vor allem der Edda), hochmittelalterlicher Heldensagen sowie unterschiedlicher älterer Spuren, dessen Anwendung auf die ersten Jahrhunderte unserer Zeitrechnung außerordentlich fragwürdig ist. J. GRIMM [376: Deutsche Mythologie] hatte diesen Ansatz, „die trümmerhafte, ungesammelte deutsche Götterlehre" durch die reiche Überlieferung des Nordens zu ergänzen, durchgesetzt [zur nordischen

[margin: Das traditionelle Bild germanischer Religion]

2. Elemente der germanischen Gesellschaft

Religion 368: ELLIS DAVIDSON, Gods; 45: SIMEK, Lexikon] und darin den „unvertilgbaren" Ausdruck des germanischen Volkscharakters gesehen. Für die Forschung unseres Jahrhunderts war die weitgefaßte Synthese des Dänen W. GRÖNBECH grundlegend, die auf dänisch erstmals 1909–12 erschien (erste deutsche Ausgabe 1937 [377: Kultur]). Das Werk enthält eindrucksvolle Deutungen germanischer Quellen, die es aber ohne innere Differenzierung auf allen Germanen gemeinsame Grundkräfte zurückführt. Religion verstand GRÖNBECH in sehr umfassendem Sinn und untersuchte, wie die numinose Sphäre in die Wirklichkeit der Geschichte hineinwirkte, indem übernatürlich fundierte, „dunkle" und „wortarme" Lebensnormen letztlich unentrinnbar die Existenz des Individuums prägten [vgl. das Vorwort zur 11. Auflage (1954) zu 377: Kultur, von O. HÖFLER].

Diese Sicht entsprach einer bis über die Jahrhundertmitte vorherrschenden ‚irrationalistischen' Strömung, die rituelle Bindungen und numinose Prägungen archaischer Existenz als Schlüssel zum Verständnis der Andersartigkeit vergangener Zeiten verstand. Oft, vor allem in der germanentümelnden Engführung der Auffassung von germanischer Religion, ging damit eine mehr oder weniger neuheidnisch gefärbte Zivilisationskritik einher, die gerade den Verlust solcher ‚seelischer' Bindungen an überzeitlich sanktionierte Gemeinschaften als Werteverlust beklagte. *Irrationalismus*

Kritik an dieser letztlich ahistorischen Konzeption von germanischer Religion erhob sich bereits am Ende des 19. Jahrhunderts, und die Synthese von K. HELM [385: Religionsgeschichte] orientierte sich durchaus an regionalen und zeitlichen Differenzierungen. Dennoch setzte sich zunächst die Faszination der Suche nach Grundmustern religiöser Praktiken durch, die germanische Religion vor allem in indogermanischem Kontext untersuchte. In ihren besten Vertretern zielte diese Forschungsrichtung auf weitgespannten Kulturvergleich, wie ihn G. DUMÉZIL [358: Dieux] mit großer Resonanz betrieb. Sein Modell der indogermanischen Göttertriade und einer dementsprechenden Dreiteilung der gesellschaftlichen Funktionen wurde allgemein rezipiert, etwa in den Synthesen von J. DE VRIES [436: Religionsgeschichte; 435: Welt] und A. STRÖM [429: Religion]. In der deutschen Germanenforschung der Nachkriegszeit hielt sich zunächst mit O. HÖFLER [z. B. 388: Opfer; 387: Sakralcharakter] eine weitausholende und mehr oder weniger verklärende Darstellung germanischer Religion [zur Forschungsgeschichte 411: PICARD, Sakralkönigtum, 18 ff.]. K. HAUCK [z. B. 382: Lebensnormen] knüpfte an diese Tradition an und betonte die kultische Durchdringung weiter Lebensbereiche. Auch das Werk von R. WENS- *Suche nach religiösen Grundmustern*

KUS war von dieser Sicht beeinflußt [99: Stammesbildung], bis hinein in seine späten Arbeiten [z. B. 440: Religion abâtardie]. Seit den sechziger Jahren setzten sich kritischere Strömungen durch. Erstens distanzierte man sich von jenen ideologischen Figuren, die zur Rechtfertigung des Nationalsozialismus gedient hatten, also etwa der Lehre von kultischen Männerbünden und Kriegerweihe [z. B. 386: HÖFLER, Geheimbünde]. Die Vorstellung von den im wesentlichen dunklen, irrationalen Triebkräften menschlichen Handelns wurde als ideologisches Konstrukt sichtbar [93: v. SEE, Germanenideologie 102 ff.]. Zweitens wurde die schmale Quellenbasis deutlich, auf der viele Denkgebäude errichtet waren, was besonders W. BAETKE [343: Schriften] herausarbeitete. Nun erst setzte sich die Einsicht durch, daß die nordischen Quellen nicht einfach benützt werden könnten, um die dürftige Überlieferung aus der vorchristlichen Germania zu ergänzen und zu erklären [z. B. 81: MILDENBERGER, Sozialgeschichte, 90–97]. Allgemeine Modelle, wie die Göttertriade DUMÉZILS, wurden methodischer Kritik ausgesetzt [vgl. aber 348: BECK, Probleme, 481]. Funktionale Gesichtspunkte traten gegenüber den rituellen wieder in den Vordergrund. Dieser wenig markante, aber recht wirksame Paradigmenwechsel führte oft nicht zu systematischer Kritik und Neudeutung der Modellvorstellungen der ‚altgermanischen Religionsgeschichte', sondern zur Abwendung von ihren Themen. Ein grundlegender Diskussionsbeitrag war der von H. BECK und anderen herausgegebene Band „Germanische Religionsgeschichte – Quellen und Quellenprobleme" [349]. Zu berücksichtigen ist, daß gerade jene Zeiten, aus denen die meisten unserer Quellen stammen (das Frühmittelalter in Mittel- und das Hochmittelalter in Nordeuropa), religiöse Umbruchszeiten waren, in denen Synkretismus, christliche Bestrebungen, das zu bekämpfende Heidentum zu definieren, und regionale Widerstände das Bild prägten.

In den letzten Jahren beginnt sich erneutes Interesse an einer stärker rituell orientierten Sicht germanischer Religion zu verbreiten, das sich wiederum auf ethnographische Modelle und weiträumigen Kulturvergleich stützt, etwa bei J. BAZELMANS [345: Beyond power] oder L. HEDEAGER [123: Creation]. Stärker als früher wird nun vor allem an archäologische Befunde angeknüpft. Grabfunde werden als Spuren von einem der zentralen Rituale interpretiert, in dem sich eine Gemeinschaft selbst darstellt und reproduziert und deren symbolische Grammatik rekonstruiert werden soll [379: HALSALL, Cemeteries; 409: PAXTON, Death]. Die Zirkulation von Gütern in der Gesellschaft wird vor allem als kultisch eingebetteter Gabentausch gedeutet, in dem

2. Elemente der germanischen Gesellschaft

Prestige und Identität auf dem Spiel stehen. Solche Vorstellungen können außerordentlich anregend sein und viele Phänomene erklären helfen, die funktional kaum zureichend deutbar sind. Doch stellt sich wiederum die methodische Frage, wie weit der Zugriff auf Rituale und Symbole möglich ist.

Ein Grundproblem bei der Untersuchung religiöser Vorstellungen und Praktiken der vorchristlichen Zeit liegt darin, daß in der Aufklärung verankerte Gegensatzpaare wie weltlich/religiös, rational/irrational, natürlich/übernatürlich zu groben Mißverständnissen führen. Religion als geschlossenes System von Haltungen und Handlungen existierte in der römischen wie der germanischen Gesellschaft nicht. Dementsprechend gibt es im Altgermanischen keinen Begriff für Götterverehrung als solche, sondern nur Begriffe für bestimmte religiöse Praktiken [68: GREEN, Language, 20]. Erst in der Spätantike und durch die Christianisierung setzte sich langsam die Verschmelzung von Jenseitsglauben, Kultpraxis und moralischer Durchdringung des Alltags durch [53: BROWN, Heiden]. Auch Tacitus kannte „keinen Gegenstandsbereich ‚Religion'" [432: TIMPE, Quelle]. Die *Germania* beschreibt, mit dem Rest der Darstellung verwoben, unter anderem die Phänomene Götterverehrung, Opfer, mantische Praktiken, Bestattungssitten und Mythen, die als Tatbestände des öffentlichen Lebens rubriziert werden [zur germanischen Religion als Politikum 343: BAETKE, Schriften, 29 f.].

Gab es ‚die' germanische Religion?

Zum Unterschied von Caesar, der den Germanen nur die Verehrung von Naturkräften zugeschrieben hatte [vgl. 416: POLOMÉ, Suebi], nennt Tacitus (Germ. 9) germanische Götter, darunter die drei meistverehrten, die gemäß der *interpretatio Romana* Merkur, Herkules und Mars genannt werden. Meist wird hinter Merkur der Kriegs- und Totengott Wodan, hinter Herkules der Donnergott Donar-Thor und hinter Mars der Kriegsgott Zíu-Týr angenommen [143: MUCH, Kommentar, 171 ff.; 385: HELM, Religionsgeschichte, 236 ff.; 436: DE VRIES, Religionsgeschichte; 81: MILDENBERGER, Sozialgeschichte, 90 f.; 91: SCHLETTE, Germanen, 182 f.; 28: Die Germanen 1, 372–75; 415: POLOMÉ, Germanentum; 97: TODD, Germans, 104 f.; 381: HASENFRATZ, Welt]. Der alemannische Ziu ist nur aus Ortsnamen zu erschließen [385: HELM, Religionsgeschichte, 175 ff.; gegen die Ziu-Gleichsetzung: 343: BAETKE, Schriften, 35]. Das Alter des Wodankultes ist umstritten [411: PICARD, Sakralkönigtum, 82]. Die Namen Wodan und Thor sind lange nach Tacitus überliefert, darunter in angelsächsischen Genealogien, im sächsischen Taufgelöbnis oder in den Merseburger Zaubersprüchen [kritisch zur Deutung Herkules=Thor 108: BIRKHAN, Germa-

Wodan, Donar, Ziu

nen, 315]. Sie erscheinen auch auf der Runeninschrift der Nordendorfer Bügelfibel des 6./7. Jhs. als *Wodan, Wigithonar* (Weihe-Thor) mit dem Zusatz *logathore*, was meist als Göttertriade gedeutet wurde [436: DE VRIES, Religionsgeschichte, 311; 348: BECK, Probleme, 481]. Doch war *logathore* möglicherweise ein (christliches) Fluchwort [363: DÜWEL, Runeninschriften, 356 ff.]. Erst im Frühmittelalter lassen sich Belege für die Gleichsetzungen mit römischen Göttern finden, vor allem für die Wodans mit Merkur. Bei den Wochentagen steht *Wednesday* für *dies Mercurii*; *Tuesday*/Dienstag für *dies Martis*, während *Thursday*/Donnerstag für *dies Jovis* steht, Thor also mit Jupiter identifiziert wird; dazu kommt die Entsprechung Freya=Venus [20: EGGERS, Sprachgeschichte, 136 ff.; 103: WOLFRAM, Germanen, 62; 68: GREEN, Language, 246 ff.; vgl. aber 411: PICARD, Sakralkönigtum, 87 f.].

Interpretatio Romana

Wie TIMPE [432: Quelle] zeigt, ist die *interpretatio Romana* „eine tastende, überall anders gelingende Annäherung, nicht eine nach einheitlicher Regel erfolgende Übertragung". Zudem ist „der ‚offene', sowohl regionalisierbare wie individualisierbare Zugang zu den Göttern" für polytheistische Religionen typisch [B. GLADIGOW, in 349: BECK (Hrsg.), Religionsgeschichte, 26]. Es ist daher ungewiß, ob es sich bei den von Tacitus genannten Hauptgöttern überhaupt um gemeingermanische Gottheiten handelte [343: BAETKE, Schriften, 35]. Tacitus übertrug zudem vielleicht gallo-römische Analogien auf die Germanen, besonders für Merkur, dessen Verehrung in der römischen Germania vielfach belegt ist [416: POLOMÉ, Suebi; 432: TIMPE, Quelle].

Regionale Gottheiten

Von anderen, nur bei bestimmten Gruppen in der Germania verehrten Gottheiten erfahren wir von Tacitus einheimische Namen und teils Einzelheiten über ihre Verehrung. Die Erdmutter Nerthus wurde bei Angeln, Warnen und anderen Völkern an der Nord- und Ostsee verehrt. Ihr heiliger Hain soll sich auf einer Insel befunden haben, von wo ihr Kultbild einmal jährlich auf einem von Kühen gezogenen Wagen umhergeführt wurde; die daran beteiligten Sklaven wurden nach Ende der Festlichkeiten in einem See geopfert (Germ. 40) [411: PICARD, Sakralkönigtum, 159 ff.]. Bei den Naharnavalen verehrte man die *Alci*, göttliche Zwillinge, die Tacitus mit Kastor und Pollux vergleicht und deren Hain ein Priester in Frauentracht betreute (c. 43) [dazu zuletzt 139: LUND, Germanen, 108–14]. Die Marser verehrten die Tamfana in einem Tempel, den Germanicus an ihrem Festtag zerstörte (Tacitus, Ann. 1,51 [zur Schreibung und Deutung 417: REICHERT, Problem, 561 ff.]), die Friesen in einem Hain die Baduhenna (Tacitus, Ann. 4, 73 [108: BIRKHAN, Germanen, 499 ff.]). Aus Inschriften bekannt ist Nehalennia, die oft mit einem Schiff dargestellt wurde und deren Hain auf

2. Elemente der germanischen Gesellschaft

der Rheininsel Walcheren mit zahlreichen Altären archäologisch erschlossen ist [436: DE VRIES, Religionsgeschichte, 314 ff.; 97: TODD, Germans, 106]. Umstritten ist die Deutung der von Tacitus (Germ. 9) genannten Isis, die bei den Sueben verehrt wurde [416: POLOMÉ, Suebi; 432: TIMPE, Quelle]. Keltisch-römischer Kontext ist für den Matronenkult etwa der Ubier zu erweisen [40: SCARDIGLI, Weg, 163 ff.; 348: BECK, Probleme, 478]. Die aus der römischen Kaiserzeit bekannten Namen germanischer Gottheiten sind kaum mit späteren nordischen Namen zu verbinden, will man nicht Nerthus mit dem skandinavischen Gott Njörd zusammenbringen, was lautlich paßt, aber problematisch ist [zur Etymologie 108: BIRKHAN, Germanen, 544 ff.; allg. 411: PICARD, Sakralkönigtum, 162 ff.; 139: LUND, Germanen, 108 f., für die Lesart (H)ertha].

Besser als über die Gottheiten sind wir über Kultplätze und religiöse Praktiken informiert [Überblick bei JANKUHN, Heiligtümer (wie 360); 406: MÜLLER-WILLE, Opferplätze; 361: DÜWEL, Opferfest; 360: DERS., Opfer]. Grundlegend ist die Beschreibung des Tacitus (Germ. 39) über den Semnonenhain, den man nur gefesselt betreten durfte und wo Menschenopfer stattfanden [143: MUCH, Kommentar; 388: HÖFLER, Opfer, mit sehr weitgehender Deutung (zur Kritik 411: PICARD, Sakralkönigtum, 131 ff.); 383: HAUCK, Carmina antiqua; 436: DE VRIES, Religionsgeschichte 2, 32 ff.; 416: POLOMÉ, Suebi; 432: TIMPE, Quelle; 139: LUND, Germanen, 102 ff.]. Die Frage der Menschenopfer ist kontrovers diskutiert worden [Überblick 346: BECK, Menschenopfer]. Einzelne Hinweise auf Menschenopfer finden sich bei den Sachsen und Friesen noch im 8. Jahrhundert [443: WOOD, Religions, 259 f.]. Oft wurde erwogen, ob die – teils gefesselt aufgefundenen – Moorleichen als Menschenopfer oder zur Strafe versenkt wurden. Für den sakralen Charakter der Tötung argumentierte K. v. AMIRA [338: Todesstrafen], dagegen F. STRÖM [430: Origin]. Heute geht man, besonders aufgrund der umfassenden Materialsammlung durch A. DIECK, von einer Vielfalt von Gründen aus, warum Menschen ins Moor gerieten [357: DIECK, Moorleichenfunde; 390: JANKUHN, Beobachtungen; 28: Die Germanen 1, 376 f.; 138: LUND, Forschungsbericht].

Kultplätze und religiöse Praktiken

Archäologische Befunde haben über Opferbräuche und Kultplätze manche Aufschlüsse gebracht. In Oberdorla in Thüringen ließen sich Umhegungen, Idole, Spuren von Tieropfern und Kultpfähle feststellen, auf denen Tierköpfe aufgesteckt wurden [28: Die Germanen 1, 381–83]. In Pyrmont-Brodelbrunnen konnte ein Quellopferplatz ergraben werden. Anthropomorphe Pfahl-Idole unterschiedlicher Formen fanden sich in Oberdorla, in Possendorf und – eine weibliche und eine männliche Figur von ca. 3m Höhe – im Braaker Moor (Holstein) [81: MILDENBERGER, Sozialgeschichte, 92–95; J. BEMMANN/G. HAHNE, in 349: BECK (Hrsg.), Religionsgeschichte, 43 ff.]. Auf die Verehrung von Pfahlgötzen deutet der Bericht von der sächsischen Irminsul im 8. Jahrhundert [443: WOOD, Religions, 257]. Wesentlich reichere Funde kamen an skandinavischen Opferstätten ans Licht, besonders in den Mooren von Nydam, Thorsberg (nördlich von Schleswig), Vimose, Skedemosse, Ejsbøl und Illerup, wo vor allem im 3. Jh. n. Chr. hunderte Waffen, aber auch andere Gegenstände (Schmuck, Wagenteile) vorwiegend römischer Machart versenkt wurden, teils größere Mengen auf einmal. Dazu kamen gelegentlich Pferde- und Menschenopfer. Zeitlicher Ablauf und ritueller Kontext der Opfer werden diskutiert. Thorsberg, Nydam und Vimose wurden in den 1860er Jahren von C. ENGELHARDT in Kopenhagen publiziert und von H. JANKUHN [391: Nydam] neu bearbeitet, die jüngeren Funde von U. E. HAGBERG (Skedemosse) und L. ILKJAER [389: Illerup Ådal, bisher 5 Bde. Zusammenfassend 97: TODD, Germans, 108–11; 384: HEDEAGER, Iron Age Societies; vgl. zuletzt 353: CARNAP-BORNHEIM, Zierscheiben]. Ähnliche reiche Opferplätze sind in der kontinentalen Germania unbekannt [406: MÜLLER-WILLE, Opferplätze, 138]. Neu erschlossen wurde Gudme auf der dänischen Insel Fünen, wo ein Sakral- und Herrschaftszentrum der Zeit um 500 mit Kultstätten, Bestattungen, Gebäuden und wirtschaftlichen Einrichtungen ergraben wurde [431: THRANE, Gudme; 347: BECK, Gudme-Diskussion]. Mit Hilfe der Ortsnamenforschung kann hier beispielhaft die Kulttopographie einer Region rekonstruiert werden [348: BECK, Probleme, 482 ff.]

Oft in mehr oder weniger magischem Zusammenhang stehen die germanischen Runeninschriften, deren Gebrauch sich im 3. Jh. n. Chr. verbreitete [77: KROGMANN, Kultur, 77 ff.; 362: DÜWEL, Runenkunde; 363: DERS., Runeninschriften; 364: DERS. (Hrsg.), Runeninschriften]. Ihre Ursprünge sind ungeklärt [365: DÜWEL/GEBÜHR, Meldorf]; wahrscheinlich leiten sie sich von alpinen Alphabeten ab, wofür der vorchristliche Helm von Negau in der Steiermark (mit germanischem Text) ein Beispiel sein könnte [28: Die Germanen 1, 114]. Die Runeninschriften der Germania sind meist sehr kurz, finden sich u. a. auf Waffen, Fibeln und Gebrauchsgegenständen und enthalten oft Namen und/ oder Heilsformeln; die meisten, vor allem im alemannischen Bereich, stammen erst aus dem 6./7. Jahrhundert [425: SEEBOLD, Runen; 77: KROGMANN, Kultur, 93–96]. Mehr und längere Runeninschriften sind aus dem skandinavischen Norden in der Wikingerzeit erhalten, etwa auf dem Runenstein von Rök. Während man früher die oft schwer ver-

2. Elemente der germanischen Gesellschaft

stehbaren Inschriften überwiegend magisch deutete, ist in den achtziger Jahren ein Paradigmenwechsel eingetreten. Nun wird in der Runenschrift zunächst ein Kommunikationsmittel gesehen, dessen magischer Gebrauch nicht vorausgesetzt werden kann und dessen inner- und außerschriftlicher Kontext zu berücksichtigen ist [363: DÜWEL, Runeninschriften, 342].

Eine wichtige, wenn auch nicht leicht deutbare Quelle zur germanischen Religion sind die Goldbrakteaten, die sich gegen Ende der römischen Kaiserzeit vor allem im germanischen Norden verbreitet haben und römische Münz- und Medaillenbilder zum Vorbild haben. Die Ikonologie der Goldbrakteaten hat K. HAUCK in über 50 Einzelstudien, viele davon in der Zeitschrift „Frühmittelalterliche Studien", zu erhellen gesucht, wobei er sich auf die nordische Mythologie stützte [K. HAUCK, in 349: BECK (Hrsg.), Religionsgeschichte, 229–69; DERS., in 281: GEUENICH (Hrsg.), Franken, 489–544]. Ungefähr zu derselben Zeit setzte sich wohl von Norden her in ganz Europa der ‚germanische Tierstil' in seinen verschiedenen Formen durch [380: HASELOFF, Tierornamentik; Überblick bei 87: ROTH, Kunst, 58–84]. Wie L. HEDEAGER [123: Creation] zu zeigen versuchte, könnte er mit Identität und Traditionsbewußtsein jener barbarischen Kriegergruppen zusammenhängen, die nun die Macht in römischen Provinzen übernahmen. Im Milieu der römisch-barbarischen Nachfolgestaaten wurden gelegentlich auch Mythen und Genealogien aufgezeichnet, in denen die Herrschaft der christlichen ‚Erben Roms' letztlich auf germanische Gottheiten zurückgeführt wurde: Gaut bei den Ostgoten, Wodan und Frea bei den Langobarden, Woden und Géat bei angelsächsischen Königsfamilien [383: HAUCK, Carmina; 441: WOLFRAM, Origo]. Die außerrömischen Elemente dieser Traditionen sind aber in der überlieferten Form nicht mehr vom Umfeld christlicher und ethnographischer Interpretation zu trennen [vgl. 64: FRIED, Gens; W. POHL, Gentilismus, in 37: RGA 11 (1998) 91–101]. Sie verweisen vor allem auf das komplexe Selbstbild der völkerwanderungszeitlichen Führungsschichten und erlauben kaum den Rückgriff auf die germanische Religion der Kaiserzeit. Die Christianisierung traf in der Germania nicht auf ein einziges Heidentum, sondern auf ‚Heidentümer' [443: WOOD, Religions, 264], und schuf zunächst einen vielgestaltigen Synkretismus [348: BECK, Probleme, 478]. Erst schrittweise setzte die Kirche im Land ein einheitliches Christentum durch und machte aus den vorchristlichen Praktiken ein einheitliches Heidentum [allg. 14: ANGENENDT, Frühmittelalter].

Goldbrakteaten und Herkunftsmythen

3. Ethnische Prozesse und Konfrontationen mit dem Imperium

3.1 Gentes der Frühzeit: Kimbern und Teutonen, Bastarnen, Sueben

Der erste Abschnitt beschäftigte sich mit jenen Forschungsproblemen, die auf einen umfassenden Germanenbegriff abzielen. Dabei verschob sich die Antwort auf die Frage, wer die Germanen waren, auf regionale ethnische und politische Gruppen, die in ihrer Summe den antiken Germanenbegriff ausmachten, als Kollektivsubjekt ‚die Germanen' aber nur schattenhaft faßbar werden. Dieser Befund unterscheidet sich deutlich von den lebensvollen und scheinbar naturalistischen Germanenbildern, die vergangene Forschergenerationen ausmalten. Von einer Ethnogenese ‚der' Germanen zu sprechen [wie etwa 105: AMENT, Rhein; 135: LUND, Gesamtinterpretation, 1956], ist deshalb im Grund ebensowenig angemessen wie bei Römern/Romanen oder Kelten [vgl. 55: CHAPMAN, Celts; 139: LUND, Germanen, 42]. Ethnische Prozesse und Identitäten betrafen wesentlich kleinere, erfahrungsnähere Verbände. Von ihnen soll im dritten Teil die Rede sein. Ihre Konstitution und Wirksamkeit als Gemeinschaften, aufbauend auf den in Teil 2 skizzierten Verfassungs- und Lebensformen, stehen im Mittelpunkt. Der Historiker fragt vor allem danach, wo und wie Gemeinschaften, die in den Quellen Sueben, Cherusker oder Markomannen genannt werden, Geschichte machten.

Diese Perspektive hat manches mit der heute weitgehend aufgegebenen, früher sehr verbreiteten Form der ‚germanischen Stammeskunde' zu tun; klassische Beispiele waren das monumentale Werk von MÜLLENHOFF [83: Altertumskunde] oder das Bändchen von R. MUCH (1920 [82: Stammeskunde]). Die germanische Stammesgliederung als Aufbauprinzip benützte noch das mehrbändige Handbuch von L. SCHMIDT, das unter dem Titel „Geschichte der deutschen Stämme bis zum Ausgang der Völkerwanderung" Einzelbände über West- und Ostgermanen, jeweils nach Stämmen gegliedert, sowie Vandalen bot; die zweite Auflage erschien zwischen 1938 und 1941 [41, 42]. Trotz dieses Datums ist das Werk im großen und ganzen zuverlässig und erlaubt in der Regel den Zugriff auf die Quellengrundlage der Darstellung, doch ist es in manchen Grundannahmen und zahlreichen Details überholt. E. ZÖLLNER lieferte 1970 den fehlenden Frankenband [335: Franken]. Als Hilfsmittel sind die sehr materialreichen und quellennahen Bände immer noch unverzichtbar, ihre Anlage ist überholt. Letzteres gilt umso-

3. Ethnische Prozesse und Konfrontationen mit dem Imperium 87

mehr für die 1956 erschienen „Germanische Stammeskunde" von E. SCHWARZ [92], ein Relikt älterer Ansätze. Eine moderne detaillierte Übersicht über die Geschichte der germanischen Völker fehlt. Neuere Handbücher, besonders die beiden von der DDR-Akademie herausgegebenen Bände „Die Germanen – ein Handbuch" [28], stellen eher gesellschaftliche und kulturelle Fragen in den Mittelpunkt, wobei vor allem chronologisch und nach Kulturgruppen differenziert wird, ein Ansatz, der in erster Linie archäologisch fundiert ist. Dabei muß freilich wieder eine gesamt-germanische Perspektive eingenommen werden, die historisch ja nicht unproblematisch ist. Zugespitzt formuliert: Über Hausbau, Eisenbearbeitung oder Totenkult ‚der Germanen' läßt sich, allenfalls differenzierend, sprechen, nicht aber über die Kriege ‚der Germanen' gegen Rom. Nicht einmal eine so umfassende Konfrontation wie die Markomannenkriege war eine Auseinandersetzung ‚der Germanen' mit Rom, auf dessen Seite immer auch Germanen kämpften. Im Grunde ist unsere Begrifflichkeit schon damit überfordert, als Gegner Roms ‚die Sueben' oder später ‚die Alemannen' zu benennen.

Im Zentrum des Folgenden stehen daher Verbände, die römische Beobachter als handelnde Subjekte benannten. Statt als ‚Stämme' werden sie zumeist als ‚Völker' bezeichnet, da sie kaum (im biblischen Sinn) als Teilstämme eines geschlossenen Volkes bezeichnet werden können und nach der Größenordnung keine klare Einteilung in Stämme und Völker möglich ist. Gliederungsprinzip ist vorwiegend die Chronologie der Auseinandersetzungen und Begegnungen mit der römischen Welt. Dabei ergibt sich ein weiteres methodisches Problem: Solche Geschichtsmächtigkeit ist retrospektiv nicht darzustellen, ohne sich der römischen Perspektive zu bedienen. Bedeutung erhält darin erst eine barbarische Gemeinschaft, die als Gegner und Partner wahrgenommen wurde. Diese Beobachtung ergibt sich fast zwangsläufig aus den schriftlichen Quellen, muß aber doch hervorgehoben werden, da für das detailliert ausgemalte moderne Konstrukt der ‚alten Germanen' lange Zeit gegenüber den römischen Wahrnehmungen erhöhter Realitätsgehalt beansprucht wurde [303: POHL, Alemannen].

Germanische Völker in römischer Perspektive

Der Zugang zu den schriftlichen Nachrichten wird durch zwei nach modernen Kriterien bearbeitete mehrbändige Quellensammlungen erleichtert. Von der Akademie der DDR unter der Leitung von J. HERRMANN wurden die vier Bände „Griechische und lateinische Quellen zur Frühgeschichte Mitteleuropas bis zur Mitte des 1. Jahrtausends u. Z." (1988–1991 [8]) herausgegeben; sie bieten eine zweisprachige Edition von Textausschnitten zu den Germanen von insgesamt 141 Au-

Quellensammlungen

toren mit ausführlichem Kommentar, mit Informationen über den Autor und die Quelle. Die zweite Sammlung, herausgegeben von H. W. GOETZ und K.-W. WELWEI, erschien 1995 in zwei Bänden mit dem Titel „Altes Germanien" [7]; sie enthält eine knappere Auswahl bis zum Jahr 238 n. Chr. mit einer Einführung in die Problematik und gutem Register. Sie ist nicht nach Autoren, sondern nach Themenblöcken gegliedert, was eine rasche Übersicht über die Quellenlage etwa zum Kimbernzug oder den Markomannenkriegen erlaubt. Beide Sammlungen ergänzen einander und erleichtern die Arbeit ungemein; zu betonen ist allerdings, daß sie nicht als bloßer Steinbruch für Informationen verwendet werden sollten, sondern Zeitabstand, Kontext und Tendenz der aufgenommenen Quellentexte beachtet werden müssen.

Bastarnen — Aus moderner Sicht waren die Bastarnen das erste germanische Volk, das in den Wahrnehmungsbereich der antiken Geschichtsschreibung vorstieß [Quellen in 7: GOETZ/WELWEI 2, 372–93; vgl. 42: SCHMIDT, Ostgermanen, 86–97; 92: SCHWARZ, Stammeskunde, 47–53; 99: WENSKUS, Stammesbildung, 206–08]. Gegen Ende des 3. Jahrhunderts, möglicherweise um 230 v. Chr., tauchten sie an den Küsten des Schwarzen Meeres auf. In den beiden folgenden Jahrhunderten hatte die römische Expansion auf dem Balkan und in Kleinasien mit ihnen zu rechnen. Bis ins 3. Jahrhundert n. Chr. sind sie nördlich der unteren Donau als selbständige Gruppe bezeugt, zum Teil unter dem Namen Peukiner, die der wichtigste Teilstamm waren; ihr Siedlungsschwerpunkt lag wohl in Moldavien.

Antike Zuordnungsprobleme — Da die Lebensweise der Bastarnen in manchem den Steppenvölkern glich, wurde ihre Zuordnung schon der antiken Literatur zum Problem. Griechische Autoren (Polybios, Plutarch, ebenso Livius) hielten sie zunächst für Galater, also ein keltisches Volk; Appian zählt sie zu den Geten; Cassius Dio und Zosimos zu den Skythen; Plinius (4,100) zu den Germanen, ebenso wie Tacitus (Germ. 46), trotz einiger Zweifel, da sie „in Sprache und Lebensweise, Siedlungsart und Hausbau den Germanen gleichen", aber schmutzig und häßlich wie die Sarmaten sind, mit denen sie Mischehen eingehen [dazu 143: MUCH, Kommentar, 523 f.; 13: LUND, Hrsg., 238 f., mit unterschiedlicher Interpretation].

Moderne Zuordnungsprobleme — Ebenso wie die antike Ethnographie hat die moderne Forschung an diesem Grenzfall ihre Kriterien einer Zuordnung zu diskutieren. Zur schwankenden Zuordnung schien die (germanische) Etymologie des Namens als ‚Bastarde, Mischlinge' zu passen, zum Unterschied von den Skiren als ‚die Reinen', wie sie R. MUCH mit einigem Erfolg vorschlug [143: MUCH, Kommentar, 521–28; danach NEUMANN, in 37:

RGA 2 (1976) 89; 103: WOLFRAM, Germanen, 27]; sie ist freilich sehr zweifelhaft [R. WENSKUS, Bastarnen, in 37: RGA 2 (1976) 89; 139: LUND, Germanen, 41] und setzt Jahrhunderte vor unserer Zeitrechnung ein sonst unbelegbares Bewußtsein germanischer Identität voraus. Wenn einige Autoren der frühen Kaiserzeit die Bastarnen aufgrund kultureller Kriterien zu den Germanen zählen, so sagt das etwas über ethnographische Begriffsbildung und über Akkulturationsprozesse (für die es archäologische Hinweise gibt), aber nichts über germanische Identitäten der vorchristlichen Jahrhunderte.

Für das römische und später das deutsche Germanenbild blieben die Bastarnen jedenfalls unerheblich. Der Einfall der Kimbern und Teutonen hingegen galt seit Caesar als erste dramatische Auseinandersetzung zwischen Römern und Germanen, was die ältere deutsche Forschung zu einem geradezu schicksalhaften welthistorischen Ereignis, zum heroischen Vorgriff auf die Völkerwanderung stilisierte [z. B. 83: MÜLLENHOFF, Altertumskunde Bd. 2, 112]. Diese Auffassung konnte sich auf die *Germania* des Tacitus (c. 37) und weitere römische Stereotypen berufen, etwa das berühmte Wort Lukans (De bello civili, 1, 255) vom *furor teutonicus*. Die römische Literatur aktualisierte jahrhundertelang den Kimbernmythos immer wieder in Situationen möglicher oder tatsächlicher Bedrohung aus dem Norden [109: CALLIES, Vorstellung; 174: TIMPE, Kimberntradition; vgl. auch 177: TRZASKA-RICHTER, Furor, 48–79]. *Kimbern und Kimbernmythos*

Die Zuordnung der Kimbern und Teutonen zu den Germanen wurde der älteren Forschung noch nicht zum Problem; ihr germanisches Volkstum „ergibt sich von selbst aus der Lage ihrer Wohnsitze", bemerkte noch L. SCHMIDT [41: Westgermanen, 4; zur Diskussion 177: FEIST, Volkstum; 180: DE VRIES, Kimbren; 108: BIRKHAN, Germanen; 139: LUND, Germanen, 72f., mit weiterer Lit.]. Die heutige Forschung muß davon ausgehen, daß die Römer erst retrospektiv, nämlich seit Caesar, die beiden Völker als germanisch betrachteten [121: HACHMANN, Begriff, 121; 114: DOBESCH, Ausbreitung, 84]. Nach den Auffassungen der antiken Geographen stammten die Kimbern von der Küste des Nordmeeres; mit zunehmender Kenntnis benannte man nach ihnen die kimbrische Halbinsel, die wohl mit Jütland identifiziert werden kann [41: SCHMIDT, Westgermanen, 3; 28: Die Germanen 1,201; 172: TIMPE, Entdeckungsgeschichte; vgl. 138: LUND, Forschungsbericht, 2152–57; dagegen 139: LUND, Germanen, 71]. Kimbern an der Nordsee werden unter Augustus genannt [41: SCHMIDT, Westgermanen, 18], spätantike Nennungen sind gelehrte Reminiszenzen [42: SCHMIDT, Ostgermanen, 574]. *Herkunft der Kimbern und Teutonen*

II. Grundprobleme und Tendenzen der Forschung

Zur Erklärung des Kimbernzuges hielt sich die moderne Forschung lange an bereits in der Antike geäußerte Meinungen. Die beiden Völker könnten durch Sturmfluten vertrieben worden sein [Poseidonios; 41: SCHMIDT, Westgermanen, 4f.]. Möglicherweise wollten sie neues bäuerliches Siedlungsland gewinnen, wie man aus der wiederholten Bitte an die Römer um Land und Saatgut schließen könne [91: SCHLETTE, Germanen, 24f.; 81: MILDENBERGER, Sozialgeschichte, 106; 97: TODD, Germans, 47]. Auch Raublust wird als Motiv des jahrelangen Gründe des Zuges genannt [113: DOBESCH, Kimbern]. Der Wanderverband bewegte Kimbernzuges sich fast nur in der keltischen Kulturzone, wo es durchaus um Integration ging, vor allem durch die Herstellung von Abhängigkeitsverhältnissen. Den Konflikt mit Rom löste erst dessen Rolle als Hegemonialmacht an seiner nördlichen Peripherie aus, Italien war zunächst nicht das Ziel der Völkerlawine [174: TIMPE, Kimberntradition]. Wie es auch in der Spätantike öfters geschah, führte gerade der spektakuläre Erfolg der Kimbern zum Zusammenbruch des Unternehmens, da er den Zuzug und die Ansprüche ansteigen ließ und eine kritische Masse schuf, die nicht mehr integrierbar war. Erst da mußte Rom direkt angegriffen werden, mit verhängnisvollem Ausgang.

Die Erinnerung an die Kimbern diente ein halbes Jahrhundert später Caesar zur Rechtfertigung seiner Gallienpolitik (vgl. Kap. II.1.2). Von Caesar unabhängige Parallelquellen besitzen wir so gut wie nicht [Quellenzusammenstellung bei 7: GOETZ/WELWEI 1, 273–361; vgl. 41: Caesar und die SCHMIDT, Westgermanen, 130–44; 110: CHRIST, Caesar; 28: Die Ger-Sueben manen 1, 43–46; 103: WOLFRAM, Germanen, 29–31]. Ebenso wie sein Germanenbegriff (siehe Kap. II.1.2) ist der Suebenbegriff Caesars widersprüchlich. Im Heer Ariovists werden Sueben als eine unter zahlreichen anderen ethnischen Gruppen genannt. Ariovist selbst wird nicht als Suebe oder als Suebenkönig bezeichnet; das ist nur aus einer Nachricht des Plinius, nach Nepos, über die Gesandtschaft eines ungenannten Suebenkönigs 62 v. Chr. geschlossen worden [41: SCHMIDT, Westgermanen, 131–35; 420: SCHLESINGER, Heerkönigtum, 116f.; 153: PESCHEL, Sueben, 274]. Caesar nennt Ariovist *rex Germanorum*, was nicht König ‚aller' Germanen bedeutet, sondern ‚ein Germanenkönig' [139: LUND, Germanen, 47]. Erst die nachrückenden „hundert Gaue (*pagi*)" der Sueben (BG 1,37) deuten auf einen erweiterten Suebenbegriff, wie er dann im Suebenexkurs (BG 4,1–3) auftritt.

Deutlicher wird der Suebenname als Oberbegriff für zahlreiche Völker, darunter Markomannen, Quaden, Semnonen, Hermunduren und Langobarden, bei Strabo (ca. 65/64 v.–23 n.Chr.) [Deutungen bei 118: FRAHM, Entwicklung; 182: WALSER, Caesar; 122: HACHMANN/

3. Ethnische Prozesse und Konfrontationen mit dem Imperium 91

KOSSACK/KUHN, Völker, 49; 215: NIERHAUS, Diersheim, 213–15; 153: PESCHEL, Sueben, 269; vgl. 138: LUND, Forschungsbericht, 2160–63]. Bei Strabo erscheint die Elbe als geographischer Bezugspunkt der Sueben, die bei Caesar nur allgemein im Rücken der am Rhein siedelnden Völker angenommen werden. Ausgebildet ist die Vorstellung von einer großen suebischen Völkergruppe in der *Germania* des Tacitus, der etwa drei Dutzend Völker zu ihnen rechnet und meint, daß sie den größten Teil der Germania bewohnten. Ausdrücklich hebt er sie von einheitlichen *gentes* wie Chatten oder Tenkterern ab, da sie aus namentlich unterschiedenen eigenen *nationes* bestünden [Germ. 38–45; 137: LUND, Suebenbegriffe; 173: TIMPE, Suebenbegriff]. Die Beschreibung von der jährlichen Zusammenkunft im Semnonenhain (c. 39) wurde meist auf Vertreter aller Suebenstämme bezogen und als Beweis für einen gemein-suebischen Kultverband und die Vorstellung einer suebischen Abstammungsgemeinschaft aufgefaßt (vgl. Kap. II.2.3); A. LUND [137: Suebenbegriffe] hat gezeigt, daß sich die Passage nur auf ein Treffen der Semnonen bezieht. Verbreitet ist die Vorstellung von besonderem Prestige, das die Sueben besaßen. Caesar zitiert die Auffassung der Usipeter und Tenkterer, daß den Sueben „nicht einmal die unsterblichen Götter gewachsen sein könnten" (BG 4,7,5). Tacitus (Germ. 2; 38) rechnet den Suebennamen unter die *vera et antiqua nomina* und meint, daß viele andere die Haartracht des Suebenknotens nachahmten [zu den verschiedenen Formen des Suebenknotens 137: LUND, Suebenbegriffe; 85: POHL, Difference, 51 f.]. Noch Cassius Dio (51,22) im 3. Jh. erwähnt, daß viele den Suebennamen beanspruchten, denen er nicht zukam.

Aus diesem Befund lassen sich verschiedene Modellvorstellungen ableiten. Entweder man geht von einem mehr oder weniger geschlossenen suebischen Stammesverband aus, der sich allenfalls aus einer ursprünglichen Einheit zu einem lockereren Kultverband entwickelte, wie etwa L. SCHMIDT [41: Westgermanen, 128–344, bes. 129], der eine „allmähliche Ausbreitung der Sweben und die damit verbundene Entstehung der Einzelstämme" annahm. Diese Auffassung beeinflußte die archäologische Deutung der Jastorf-Kultur, deren Entstehung G. SCHWANTES auf eine suebische Einwanderung aus dem Norden zurückführen wollte [164: Jastorf-Zivilisation; ebenso 92: SCHWARZ, Stammeskunde, 156–58; dagegen 71: HACHMANN, Goten, 204–07; 130: KÜNNEMANN, Jastorf, 89]. Eine Übereinstimmung der verschiedenen Quellen, welche Gruppen nun den Sueben angehörten und welche nicht, ist freilich kaum zu erzielen; die Vorstellung von der bloßen Aufgliederung einer ursprünglichen suebischen Einheit greift sicher zu kurz.

Suebenbegriffe

Ältere Deutungen

R. WENSKUS [99: Stammesbildung, 255–72] nahm einen wesentlich dynamischeren, teils auch widersprüchlichen Ablauf an. Durch „verbreiteten Wechsel der ethnischen Selbstzuordnung" nach den Erfolgen Ariovists und anderer Suebengruppen verbreitete sich der Suebenname rasch, wodurch freilich die ethnische Geschlossenheit verlorenging. In diesem Zusammenhang erwog WENSKUS auch die These von L. LAISTNER (1892), der Suebenname sei ursprünglich die Selbstbezeichnung der Germanen gewesen [ähnlich zuletzt 159: RÜBEKEIL, Suebica, der *Germani* für die lateinische Wiedergabe des Suebennamens hielt]. Im Gegensatz dazu hat F. FRAHM angenommen, daß der Suebenname sich als ein von den Römern gegebener Sammelname verbreitete, der jene Stämme bezeichnete, mit denen die Römer nicht in Berührung gekommen waren und von denen sie wenig wußten [118: FRAHM, Entwicklung].

Eine andere, mehr soziale als ethnische Deutung schlug K. PESCHEL [153: Sueben] vor: Unter Sueben verstanden die Römer Gefolgschaftsverbände, in der Regel unter der Führung von Heerkönigen, die ihnen zunächst am Rhein begegneten; in der augusteischen Zeit verschob sich der Begriff dann auf jene Gruppen an der Elbe und darüber hinaus, die der römischen Expansion Widerstand leisteten. Archäologisch entsprächen den ‚suebischen' Gefolgschaften die reichen Gräber des 1.–2. Jahrhunderts n. Chr. (Lübsow-Gruppe, siehe Kap. II.2.1). Die weitere Diskussion ist allerdings nicht seinem Erklärungsmodell gefolgt. A. LUND [137: Suebenbegriffe; 139: Germanen, 50–56] stellte fest, daß Tacitus einen doppelten Suebenbegriff verwendet: Einerseits den allgemeinen Oberbegriff, der eine römische Kategorisierung darstellt, andererseits eine Selbstbezeichnung einiger Stämme als Sueben, die aber sekundär war und nur Nichtsueben gegenüber gebraucht wurde. D. TIMPE [173: Suebenbegriff] sah im Reich Marbods einen realen Ansatzpunkt für die Ausbreitung des Suebenbegriffes nach Osten; nach dem Zerfall des Reiches ging der Realzusammenhang verloren, und der Name büßte seine konkrete Bedeutung ein. Tacitus bezog alle Völker bis weit nach Osten ein; er „dehnte den politisch begründeten Suebenbegriff der Kaiserzeit bis zum Extrem und machte ihn damit formal und leer". Den drei zuletzt geschilderten Ansätzen zum Suebenbegriff ist gemeinsam, daß sie ein Spannungsverhältnis zwischen Selbstzuordnung und Fremdbenennung, zwischen kurzfristiger politischer Formierung und der Aneignung ethnischer Begriffe und Traditionen voraussetzen. In dieser Richtung muß, unter kritischer Einbeziehung archäologischer Befunde, weiter nach Antworten gesucht werden.

3.2 Auseinandersetzungen der frühen Kaiserzeit

Die gescheiterten römischen Offensiven der Augustuszeit, besonders aber die Siege des Arminius bildeten seit dem Humanismus einen Angelpunkt deutscher Germanenideologien [siehe dazu zahlreiche Beiträge in 241: WIEGELS/WOESLER (Hrsg.), Arminius]. 1529 erschien der Dialog „Arminius" Ulrichs von Hutten, während der napoleonischen Kriege Kleists „Hermannsschlacht", 1875 wurde bei Detmold das monumentale Hermann-Denkmal eingeweiht [103: WOLFRAM, Germanen, 32–34; 235: TIMPE, Schlacht]. Die germanischen Abwehrerfolge erschienen als Grundlegung der deutschen Freiheit. Die Forschung schloß sich solcher Bedeutungsschwere an. In einer wenige Monate nach der Gründung des deutschen Kaiserreiches 1871 gehaltenen Rede nannte TH. MOMMSEN die Varusschlacht einen „Wendepunkt der Weltgeschichte"; erst später hielt er die Abberufung des Germanicus für entscheidend [34: MOMMSEN, Röm. Geschichte 5, 53]. L. SCHMIDT drückte eine in den ersten Jahrzehnten unseres Jahrhunderts verbreitete schwärmerische Einstellung aus, wenn er schrieb: „Mit Armin ist einer der größten Helden unseres Volkes dahingegangen. Wir Deutschen dürfen und werden nicht vergessen, daß wir ihm die Erhaltung unseres Volkstums zu verdanken haben (...) Armin tritt uns als die erste entschiedene Verkörperung des nationalen Gedankens entgegen" [41: Westgermanen, 121]. Das wissenschaftliche Interesse an den Ereignissen war dementsprechend groß, sodaß die Literatur bis heute unüberschaubar angewachsen ist [Übersicht über Ereignisgeschichte und Bedeutung u. a. bei: 41: SCHMIDT, Westgermanen, 91–122; 195: CHRIST, Drusus; 239: WELLS, German Policy; 231: TIMPE, Triumph; 190: BERNECKER, Feldzüge; 28: Die Germanen 1, 276–87; 244: WOLTERS, Germania; G. LEHMANN, in 241: WIEGELS/WOESLER, 123–42].

Bedeutung der ‚Hermannsschlacht'

Die schriftliche Überlieferung ist zwar einigermaßen reichhaltig – in der Quellensammlung von GOETZ/WELWEI [7] füllt der entsprechende Abschnitt fast 130 Seiten – doch nicht unproblematisch [grundlegend 230: TIMPE, Arminius-Studien]. Das im Jahr 30 n. Chr. verfaßte Geschichtswerk des Velleius Paterculus ist zwar streckenweise ein Augenzeugenbericht, da der Autor als Reiterpräfekt an mehreren Germanenzügen teilnahm; doch ist die Darstellung sehr Tiberius-freundlich und teils recht oberflächlich, und für den Verlauf der Varus-Schlacht vertröstet Velleius die Leser überhaupt auf ein offenbar nie geschriebenes Buch. Wesentlich ausführlicher, aber über 200 Jahre nach den Ereignissen verfaßt (wenn auch wohl nach einer Vorlage der Tiberius-Zeit) ist das Werk des Cassius Dio, unsere Hauptquelle für den Schlachtverlauf

Quellen zur Varusschlacht

[vgl. 8: HERRMANN, Quellen 3, 602 f.]. Mit den Germanicus-Zügen setzen die ausführlichen Annalen des Tacitus ein. Manches läßt sich, in für die Ereignisgeschichte ungewöhnlichem Maß, aus archäologischen Befunden ergänzen. Eine Reihe später wieder aufgegebener Marschlager der augusteischen Zeit ist inzwischen im rechtsrheinischen Gebiet ergraben worden, darunter Oberaden und Anreppen an der Lippe sowie Haltern in Westfalen, Rödgen in der Wetterau, Dangstetten am Hochrhein sowie die Mitte der achtziger Jahre entdeckten Lager Lahnau-Dorlar in Hessen sowie Marktbreit [Überblick: 224: SCHÖNBERGER, Truppenlager; 211: KÜHLBORN (Hrsg.), Germaniam pacavi; 204: FRANZIUS (Hrsg.), Aspekte; einzelne Lager: 223: SCHNURBEIN/KÖHLER, Dorlar; 218: PIETSCH etc., Marktbreit]. Zum Teil können die Münzreihen in den Lagern recht präzise Datierungen erlauben [76: KRAFT, Aufsätze].

Archäologische Entdeckungen, nämlich Münz- und Militariafunde bei Kalkriese (seit 1987), haben in letzter Zeit auch weitere Diskussionen um die Lokalisierung der Varus-Schlacht ausgelöst [221: SCHLÜTER, Zeugnisse; 205: FRANZIUS, Funde; 247: WOLTERS, Varusschlachten; 227: TAUSEND, Varus; vgl. 241: WIEGELS/WOESLER (Hrsg.), Arminius; vorsichtig positiv zu Kalkriese 233: TIMPE, Faktoren, 24–27; 235: DERS., Schlacht; 23: FRIED, Weg, 43; 103: WOLFRAM, Germanen, 42; negativ 7: GOETZ/WELWEI 2,3; zur älteren Diskussion: 41: SCHMIDT, Westgermanen, 106 f.; 216: PETRIKOVITS, Arminius]. Wie viele andere ausführlich und kontrovers diskutierte Fragen über die Germanen der Augustus-Zeit ist die um den genauen Ort der Varus-Schlacht von eher regionalgeschichtlichem Interesse. Tacitus (Annalen 1,60) erzählt, daß Germanicus im *saltus Teutoburgiensis*, nahe Ems und Lippe, sechs Jahre später die Reste der Gefallenen bestatten ließ; der Name des modernen Teutoburger Waldes geht allerdings auf humanistische Gelehrsamkeit zurück. Wie unwegsam das Gelände wirklich war, ist fraglich, denn das Heer muß sich immerhin auf einer bekannten Fernverbindung bewegt haben [233: TIMPE, Faktoren].

Jenseits landeskundlichen Interesses wurde häufig die doppelte Frage erörtert, was das Ziel der Germanienpolitik des Augustus war, und warum sein Nachfolger Tiberius diese Offensivbestrebungen aufgab. Die Auffassungen gehen, entsprechend dem jeweiligen Augustus-Bild, aber auch aktuellen geopolitischen Denkweisen, weit auseinander. Nach der einflußreichen Meinung von TH. MOMMSEN [34: Röm. Geschichte 5, 23–56] plante Augustus zur Sicherung Galliens spätestens seit der Niederlage des Lollius (16 v. Chr.), die Grenze an die Elbe vorzuschieben; vor der Niederlage des Varus sei die Einrichtung einer Provinz Germanien schon begonnen worden. Generationen von

3. Ethnische Prozesse und Konfrontationen mit dem Imperium

Historikern erörterten in der Folge die strategischen Vorteile der Elbgrenze im Rahmen einer grundsätzlich defensiven Strategie [vgl. noch 28: Die Germanen 1, 277. Übersicht und andere Meinungen bei 196: CHRIST, Germanenpolitik, 151–66]. Nach dem Zweiten Weltkrieg erklärte man die römischen Offensiven weniger als Grenzsicherung, sondern aus imperialistischen Bestrebungen [25: HEUSS, Röm. Geschichte, 301–05; 239: WELLS, Policy; vgl. 240: WELWEI, Weltherrschaftideologie].

K. CHRIST [196: Germanenpolitik] arbeitete dagegen heraus, daß alle diese Positionen (als „monadische Erklärungsmodelle") die Geschlossenheit der Politik und Planung des *princeps* unter dem Einfluß moderner strategischer Vorstellungen überschätzten. Die Bereitschaft, den Einsatz im Germanenland zu erhöhen und den Aktionsradius zu erweitern, richtete sich primär an die römische Öffentlichkeit, die Siege erwartete; Taktik und Methoden konnten daher je nach Situation wechseln. Die Vorstellung von einem ‚großen Eroberungsplan' ist daher heute weitgehend aufgegeben [so auch 100: WHITTAKER, Frontiers, 38–44 und 62–93]. Entscheidend dazu beigetragen haben auch eine Reihe von Studien von D. TIMPE in den sechziger und siebziger Jahren [u. a. 230: Arminius-Studien; 231: Triumph; 229: Verzicht]. Darin zeigte er, wie die römischen Angriffe unter Drusus allmählich eskalierten und die weiteren Vorstöße sich jeweils flexibel an den gemachten Erfahrungen orientierten. In neueren Arbeiten betonte TIMPE [232: Wegeverhältnisse, 5; 233: Faktoren; 235: Schlacht] die ungeheuren Schwierigkeiten, die sich einer dauernden Okkupation des Landes, anders als in Gallien, in den Weg stellen mußten: Unzugänglichkeit und Unerschlossenheit; unüberschaubare Rückzugsmöglichkeiten für den Gegner; Unmöglichkeit, die Truppen aus dem Land zu versorgen; Verwundbarkeit der Marschkolonnen und des Trosses etc. Die „grundsätzliche Rationalität und Systematik des römisch-militärischen Vorgehens" in schwer erschließbarem Gebiet (darunter der Bau von Marschlagern) dürfe nicht „mit strategischer Planmäßigkeit in der Eroberung Germaniens verwechselt werden". Entscheidend war daher nicht die Kontrolle von Territorien, sondern die Kooperation von Stammesaristokratien und einheimischen Vertrauensleuten, wie auch Arminius zunächst einer war. Die Uneinigkeit, *discordia*, der Germanen ließ sie zudem unter Tiberius nicht mehr als eine Bedrohung erscheinen, die massive Offensivstöße rechtfertigte.

In diesem Zusammenhang stellt sich auch die Frage nach Bedeutung und Folgen des Arminius-Aufstandes und der Varus-Schlacht. Schon TH. MOMMSEN hatte nicht zufällig seine Meinung über den

Systematische Eroberung oder flexibles Vorgehen?

Bedeutung des Arminius-Aufstandes

"Wendepunkt der Geschichte" geändert; denn der Verlust der drei Legionen führte ja keineswegs zur Aufgabe der römischen Offensivpolitik, im Gegenteil, er hatte zunächst vermehrte Anstrengungen zur Folge. Ebenso sahen das, wie K. CHRIST [196: Germanenpolitik, 163] hervorhebt, die Zeitgenossen, bei aller Bestürzung über die Niederlage; erst Tacitus stilisierte Arminius, wohl aus „verfremdeter Prinzipatsopposition" [235: TIMPE, Schlacht], als Befreier Germaniens, *liberator haud dubie Germaniae* (Ann. 2,88), ein für die deutsche Germanenideologie folgenschwerer Satz (der übrigens das Hermann-Denkmal ziert). Auch die anschließende Bemerkung des Tacitus, bis zu seiner Zeit würde Arminius bei den Barbaren besungen, hat die romantische Phantasie beflügelt. Seit A. GIESEBRECHT deutete man diese Gesänge als Urform des Siegfried-Mythos, eine These, die noch O. HÖFLER verfocht. So wertvoll der Hinweis des Tacitus auf germanische Heldenlieder sein mag, alles andere ist Hypothese, deren „germanistischer Überschwang" inzwischen verblaßt ist [103: WOLFRAM, Germanen, 46].

Die romantische Vorstellung von der Volkserhebung freiheitsdurstiger Germanen ist ohnehin längst obsolet. D. TIMPE hat in seinen 1970 erschienenen „Arminius-Studien" [230: bes. 35 ff.] den Vorschlag gemacht, daß der Cherusker als Befehlshaber einer cheruskischen Hilfstruppe (vgl. Tacitus, Ann. 2,10: *in castris ductor popularium*) rebellierte, sein Aufstand also wie später der des Civilis von einem römischen Offizier ausging. Auch wenn diese These teils reserviert aufgenommen wurde [H. CALLIES, Arminius, in 37: RGA 1 (1973) 417–20; 196: CHRIST, Germanenpolitik, 165], ist unbestreitbar, daß Arminius Karriere als römischer Bürger und Offizier im Stand eines Ritters machte, und daß sich selbst seine eigene Familie in der Parteinahme für oder gegen Rom spaltete [ausführlich zu Arminius 41: SCHMIDT, Westgermanen, 97–109; 216: PETRIKOVITS, Arminius]. Arminius versuchte, in Rivalität zu Marbod, das durch den Sieg über die Römer erreichte Prestige für den Aufbau eines supragentilen Königtums zu nützen, was schließlich am Widerstand der cheruskischen Führungsgruppe, ja der eigenen Familie scheiterte [103: WOLFRAM, Germanen, 39–41; 229: TIMPE, Verzicht, 277]. Die ‚Befreiung Germaniens' war sicher nicht sein Ziel [235: TIMPE, Schlacht; vgl. 28: Die Germanen 1, 281].

Sowohl die römischen Offensiven als auch die einheimischen überregionalen Herrschaftsbildungen scheiterten. Der römische Einfluß in der Germania blieb erhalten, wie auch archäologische Befunde zeigen [siehe zuletzt 212: KÜNZL, Romanisierung]. Die Akkulturationswirkung römischer Importe in der Germania blieb jedoch überraschend beschränkt, gerade am rechten Rheinufer. Die differenzierte archäo-

3. Ethnische Prozesse und Konfrontationen mit dem Imperium 97

logische Literatur dazu kann hier nicht näher vorgestellt werden [z. B. 367: EGGERS, Import; 423: SCHNURBEIN-ERDRICH, Projekt; 424: SCHNURBEIN, Einfluß; 246: WOLTERS, Austausch].

Deutlicher als in der Arminius-Zeit wird die widersprüchliche Interessenlage der germanischen Gruppen, die in recht unterschiedlicher Stellung links oder rechts des Rheins mit Rom zu tun hatten, anläßlich des Civilis-Aufstandes im Jahr 69 n.Chr. Darüber ist ein ausführlicher Bericht in den Historien des Tacitus erhalten (4,12–37; 4,54–79; 5,14–26). Der Verlauf der Ereignisse ist dort wohl im wesentlichen zuverlässig wiedergegeben, auch wenn die Schilderung stellenweise von Barbarentopoi gefärbt ist [zum Verlauf des Aufstandes u. a. 41: SCHMIDT, Westgermanen, 370–81; 28: Die Germanen 1, 290–96; 62: ELTON, Frontiers, 44–57]. Anders steht es mit Begründung und Wertung des Aufstandes bei Tacitus, die sehr kontrovers abgehandelt wurden. Scharfe Kritik an der Glaubwürdigkeit des Tacitus übte vor allem G. WALSER [238: Rom]. Er stellte das Verhalten des Civilis viel stärker als Tacitus in den Kontext des Bürgerkrieges, nur zeitweise habe der Bataver mit den gallischen Parteigängern des Vitellius gemeinsame Sache gemacht. Diese These fand sowohl Ablehnung, unter anderem beim Editor und Kommentator der Annalen, H. HEUBNER [11: HEUBNER (Hrsg.), Bd. 4, 33 f.; ähnlich 169: SYME, Tacitus, 172 f.], als auch Unterstützung, besonders bei R. URBAN. Dieser zeigte, daß auch Tacitus das Verhalten des Civilis stellenweise als das eines römischen Offiziers beurteilt, und versuchte weniger die rhetorische Stilisierung des Tacitus, als die unterschiedliche Tendenz seiner Quellen herauszuarbeiten [236: URBAN, Bataveraufstand]. Das Zusammengehen mit den ehemaligen Vitellius-Anhängern ist laut O. SCHMITT [222: Anmerkungen] allerdings nicht mehr als bloße Parteinahme im Bürgerkrieg zu werten. Es zeigt, „daß es den Batavern bei ihrer Erhebung zumindest um eine größere Unabhängigkeit von Rom ging". Das heißt nicht, daß Tacitus nun wieder uneingeschränkte Glaubwürdigkeit beanspruchen könne; „um die Bedrohung des Imperiums durch den sittlichen Verfall darzustellen", habe Tacitus den Civilis zum Reichsfeind stilisiert und seine begrenzten Ziele „ins nachgerade Monströse verzerrt". Nichts im Verhalten des Civilis lasse erkennen, daß er tatsächlich, wie Tacitus behauptet, das Königtum über Gallien und Germanien angestrebt habe. Wir müssen uns also damit abfinden, daß kaum mehr rekonstruierbar ist, ob die Betonung germanischer Tradition und Einheit dem Anliegen des Civilis, der Propaganda seiner Gegner oder der Rhetorik des Tacitus entstammt. In jedem Fall erfahren wir aus den Annalen viel über die Verhältnisse in den sich trotz aller Konflikte konsolidierenden Provin-

Diskussionen um den Civilis-Aufstand

zen und über die Interessen der romanisierten barbarischen Offiziere [dazu 62: ELTON, Frontiers, 46–57].

Zur Erforschung des Limes gibt es seit Jahren eine reiche, vor allem archäologische Forschung [siehe u. a. die zahlreichen Limeskongresse: 32, die seit 1952 publiziert werden; 47: BAATZ, Limes; 52: BECK/PLANCK, Limes]. Eine lebhafte Diskussion entstand in letzter Zeit um Begriff und Bedeutung des Limes und der römischen Grenzen überhaupt. Die ältere Forschung hatte die römische Reichsgrenze mit ihrer eindrucksvollen Defensivarchitektur als klassischen Fall einer linearen Grenze verstanden, die nicht nur Herrschaftsbereiche voneinander trennte, sondern auch Zivilisation von Barbarei schied. Vor allem englischsprachige Autoren haben jüngst diese klaren Vorstellungen erschüttert [78: LEE, Information; 62: ELTON, Frontiers; 100: WHITTAKER, Frontiers, zustimmend P. KEHNE, in: Germania 75 (1997) 281 ff.]. Sie zeigten, daß politische, militärische, wirtschaftliche, linguistische und ethnische Grenzen durchaus nicht zusammenfielen, und nahmen daher überlappende Grenzzonen an. Die ideologische und symbolische Bedeutung der römischen Grenzen verdeckte die regionalen Unterschiede, etwa zwischen Ost und West. Stärker als früher wird die Bedeutung des Limes als Kommunikationszone zwischen dem Imperium und den Barbaren betont. Die militärischen Befestigungen sicherten nicht zuletzt den wichtigen Verkehrsweg entlang von Rhein und Donau und kontrollierten daher ebenso die Bevölkerung auf Reichsgebiet wie die benachbarte, die sich oft ethnisch und kulturell wenig voneinander unterschieden, „drawing a line between internal and external control" [100: WHITTAKER, Frontiers, 43].

Viel diskutiert worden ist das Verhältnis zwischen Rom und den Völkern der Germania. Grundlegend war lange die Auffassung von TH. MOMMSEN [214: Röm. Staatsrecht 3, 645 ff.], daß die Unterwerfung unter Rom (*deditio*) und der Abschluß eines Vertrages (*foedus*) auch Barbaren außerhalb der Grenzen zu „autonomen Untertanen" des Römischen Reiches machten, was zur Entstehung eines Gürtels reichsangehöriger Völker im Vorfeld des Imperiums führte; die Beziehungen zu ihnen waren daher nicht völkerrechtlicher oder außenpolitischer Natur [A. SCHWARCZ, in 37: RGA 2. Aufl., 9 (1995) 290–99]. Zuerst dienten solche ungleichen Vertragsverhältnisse zur Vorbereitung der Eingliederung in römische Provinzen (wie im Fall Galliens); der Verzicht auf die direkte Beherrschung Germaniens machte daraus eine Vorfeldsicherung der Grenzen. G. KLOSE versuchte 1934 im Rahmen dieses Modells das Verhältnis Roms zu den *externae gentes* der Germania einheitlich zu definieren [210: Klientelrandstaaten]. Er nahm ein festes Klientel-

3. Ethnische Prozesse und Konfrontationen mit dem Imperium

verhältnis zwischen Rom und den sogenannten ‚Klientel-Randstaaten' an Rhein und Donau an, die eine Bestandsgarantie des Kaisers erhielten und dafür zu militärischen Leistungen und Tribut verpflichtet waren. Eine Reihe von Untersuchungen hat dieses Modell inzwischen weitgehend erschüttert. W. WILL [242: Klientel-Randstaaten] untersuchte den Status der Bataver, Canninefaten, Friesen, Chauken, Brukterer, Cherusker und Mattiaker im 1. Jahrhundert n. Chr. und wies dabei besonders die Unterschiede in Art und Umfang der Truppenstellung nach. M. STAHL [225: Abgrenzung] analysierte die Verträge aus der Zeit der Markomannenkriege „zwischen Abgrenzung und Integration". Darin spiegelte sich die Art und Weise, wie Rom eine „genuin außenpolitische Aufgabe" zu lösen versuchte, nämlich „unter selbstverständlicher Wahrung der eigenen Ziele auch die Interessen und inneren Probleme des Partners so weit zu berücksichtigen, daß diesem die Zustimmung zu den vereinbarten Formeln auf Dauer möglich (...) werden konnte". Zwar lassen sich in der Kaiserzeit zahlreiche Verhandlungen, Deditionen und Vertragsabschlüsse nachweisen, doch ein einheitlicher Klientelstatus wird dabei nicht greifbar [vgl. auch 219: PITTS, Relations; 208: KEHNE, Instrumentarium; 245: WOLTERS, Eroberung; 329: WIRTH, Rome]. Sicherlich bestand ein festes Repertoire von Verfahrensweisen, mit denen die römische Diplomatie Barbarenvölker behandelte. Doch war ihre Handhabung in jedem Einzelfall flexibel; die Einsetzung eines Königs, Geschenkaustausch oder Tribut, militärische Hilfe, Aushebung von Soldaten oder Ansiedlung auf Reichsboden waren jeweils Verhandlungsgegenstand und nicht unabhängig von der jeweiligen politischen Situation ein für alle Mal rechtlich fixierbar.

Kritik an der älteren Lehre

Problematisch an MOMMSENS Modell war auch, wie W. DAHLHEIM [197: Deditio] sowie zuletzt G. WIRTH [329: Rome] und E. CHRYSOS [265: De foederatis] gezeigt haben, die Verquickung von *foedus* und *deditio*, da die *deditio* im Grund einen völligen Souveränitätsverzicht bedeutete und damit jede vertragliche Bindung Roms an die Unterworfenen ausschloß. Lange wurde nach vermittelnden Rechtskonstruktionen (z. B. *deditio in fidem*) gesucht. Heute hat man gelernt, zwischen prinzipiellen staatsrechtlichen Ansprüchen und panegyrischer oder historiographischer Rhetorik auf der einen Seite, sowie einer flexiblen politischen Handhabung von Verhandlungen und Verträgen auf der anderen Seite zu unterscheiden. Dadurch wird auch die sehr unterschiedliche Bedeutung des Foederatenstatus in der Spätantike besser greifbar [314: STALLKNECHT, Untersuchungen; 253: BARCELÓ, Beziehungen; 329: WIRTH, Rome; 265: CHRYSOS, De foederatis]. Die flexiblere rechtliche Sicht des Problems erlaubt es auch, seine völkerrechtlichen und

Deditio und foedus

politischen Aspekte als Teil einer umfassenderen Beziehung zwischen römisch-mediterranem Zentrum und barbarischer Peripherie zu begreifen [vgl. z. B. 111: DAUGE, Le barbare; 234: TIMPE, Rom und die Barbaren].

Bei den Markomannenkriegen sind nicht nur die Tendenz der Quellen oder die Gründe des Geschehens umstritten, sondern der Ablauf der Ereignisse selbst. Der Grund dafür liegt in der schlechten Überlieferung. Von Cassius Dio, unserer Hauptquelle, sind nur Fragmente erhalten; die *Historia Augusta*, eine zwei Jahrhunderte jüngere Kompilation, berichtet oberflächlich und ist in ihrem Quellenwert so unzuverlässig, daß sich daran umfangreiche Kontroversen geknüpft haben [vgl. z. B. die Reihe der Bonner Historia-Augusta-Kolloquien, publiziert seit 1964; sowie Monographien von J. STRAUB, A. CHASTAGNOL, R. SYME, F. KOLB u. a.]. Andere Quellengattungen müssen herangezogen werden. Die bildlichen Darstellungen der Markussäule in Rom hat W. ZWIKKER 1941 ausgewertet [248: Studien]. Die Interpretation beruht darauf, daß vermutlich eine fortlaufende Abfolge von Ereignissen dargestellt wurde; doch ist die Identifikation einzelner Szenen und damit der chronologische Rahmen strittig. H. WOLFF [243: Zeitraum] hat anstatt der bisher angenommenen Jahre vor 175 den Zeitrahmen auf 174/75 bis 178/79 erweitert. Dazu kommen numismatische [220: SCHEIDEL, Germaneneinfall; W. SZAIVERT, in 203: Markomannenkriege, 497–505], epigraphische [199: DIETZ, Verwaltungsgeschichte; E. WEBER, in 203: Markomannenkriege, 67–72] und archäologische Befunde (z. B. Zerstörungsschichten, Hortfunde, Veränderungen in germanischen Siedlungen) [193: BÖHME, Zeugnisse; 209: KELLNER, Raetien; T. FISCHER und weitere Beiträge in 203: Markomannenkriege].

Für die Rekonstruktion der Ereignisgeschichte und ihre Deutung gilt die Marc Aurel-Biographie von A. BIRLEY [192: Marc Aurel] als grundlegend; die Datierung wird jedoch weiterhin diskutiert [K. ROSEN in 89: Germani in Italia, 87–104]. G. DOBESCH [200: Vorgeschichte] vermutete, daß die Unruhe im Barbaricum unter Antoninus Pius begonnen hatte, der bereits die Aufnahme von Deditionswilligen ablehnte. Die schon lange im Vertragsverhältnis mit Rom stehenden Markomannen, Quaden und Jazygen schlossen sich nicht nur unter Druck an, sondern um selbst Ruhm und Beute zu erringen. Der Angriff der seit langer Zeit bewährten Partner mußte die Römer überraschen [103: WOLFRAM, Germanen, 50–53]; sie bemerkten aber, daß es sich um die Auswirkungen weiträumiger Völkerverschiebungen handelte [208: KEHNE, Instrumentarium]. Sowohl bei Markomannen und Quaden als auch bei den entfernter siedelnden Völkern vergrößerte die zunehmende soziale Differenzierung sicher die Bereitschaft zu militärischen Unternehmungen [vgl. 28: Die Germanen 1, 544–56]. Sie läßt sich bis nach Skandinavien nachweisen [384: HEDEAGER, Iron Age Societies], wo die Depotfunde römischer Waffen, wie Illerup in Jütland, teils aus der Zeit der Markomannenkriege stammen [389: ILKJAER, Illerup Ådal]. Daß der Kaiser die Einrichtung einer Provinz Marcomannia plante, wird heute nicht mehr angenommen [225: STAHL, Abgrenzung]. Der schon von römischen Autoren teils kritisierte Friedensschluß unter Commodus führte immerhin zu einer jahrzehntelangen Phase relativer Stabilität [K. DIETZ, in 203: Markomannenkriege].

Aus späterer Sicht sind die Bewegungen der Marc Aurel-Zeit ein Vorbote der viel umfangreicheren und bedrohlicheren Barbareneinfälle des 3. Jahrhunderts, und die tieferliegenden Gründe waren wohl die gleichen. Die Führungsgruppen der Barbarenvölker hatten Anteil an den materiellen Möglichkeiten der römischen Welt gewonnen und gelernt, ihr Prestige an der imperialen Repräsentation Roms zu messen. Dadurch verschärfte sich die Rivalität untereinander und erhöhten sich die Ansprüche an Taten und Objekte, die in oder gegenüber der überwältigenden Symbolsprache des Imperiums den eigenen Status hervorheben konnten. Diese Bemühungen mußten für das Reich dort gefährlich werden, wo der Widerspruch zwischen Herrschaftsanspruch und Machtmöglichkeiten Roms zu offenbar wurde, wie in den Thronkämpfen des 3. Jahrhunderts. Doch nicht nur das Imperium geriet in eine Krise. Auch die alten, relativ kleinräumigen ethnischen Gruppen, vor allem entlang der Rheingrenze, die keine den neuen Möglichkeiten adäquaten Organisationsformen besaßen, verloren ihre Bedeutung.

Gründe der Barbareneinfälle

3.3 Die Alemannen

Geschichte und Kultur der Alemannen sind durch neuere Publikationen gut zugänglich. 1997 erschien die Monographie des Historikers D. GEUENICH [280: Geschichte], die in allem den neuesten Forschungsstand repräsentiert. Im selben Jahr wurde der umfassende Katalog der Stuttgarter Alamannen-Ausstellung mit zahlreichen archäologischen wie historischen Beiträgen herausgegeben [249: Die Alamannen]. Dazu kommen viele in letzter Zeit in Sammelbänden erschienene Arbeiten [u. a. 291: hrsg. v. KUHNEN, 1992; 313: STAAB, 1994; 307: SCHALLMAYER, 1996; 280: GEUENICH, 1998; 334: WOOD, 1999]. Zum Teil überholt ist damit die einst grundlegende archäologische Monographie von R. CHRISTLEIN [264: Alamannen]. Eine umfassende Auswahl der Schriftquellen bis einschließlich der Karolingerzeit bietet die

Literatur zum Forschungsstand

siebenbändige Reihe „Quellen zur Geschichte der Alamannen". Unterschiedlich ist in der modernen Forschung die Schreibung des Namens (Alamannen/Alemannen); besser ist es, mit D. GEUENICH [280: Geschichte, 21], die archaisierende Schreibweise ‚Alamannen' zu vermeiden, was auch für die Bayern (statt Bajuwaren, Baiern) gilt.

Obwohl sich im 3. Jahrhundert in der Germania die ethnische Landschaft wandelte, betonte die Forschung lange die Kontinuität der Völker in diesem Raum. Das Verschwinden alter und das Auftauchen neuer Völker vermochte man sich nur als Namenwechsel zu erklären. Die antiken Berichte schienen solche Auffassungen zu bestätigen, da auch sie ethnische Prozesse nicht wahrnahmen und von einem statischen Verständnis der Gentes ausgingen. Oft identifizierten sie daher jüngere mit älteren Völkern, etwa die Juthungen mit den Semnonen, die Franken mit den Sugambrern oder die Alemannen mit den Sueben. Letztere Gleichung war eine der erfolgreichsten. Seit dem 6. Jahrhundert stehen beide Namen nebeneinander, was im 9. Jahrhundert Walahfrid Strabo zur Deutung veranlaßte, *Alamanni* sei eine lateinische Fremdbezeichnung für die Sueben. Als Selbstbezeichnung der Alemannen setzte sich tatsächlich der Schwabenname durch, erst im 19. Jahrhundert wurde der Alemannenname wieder gebraucht. Die Forschung ging daher davon aus, daß die Alemannen von Anfang an ‚eigentlich' Sueben gewesen seien [254: BAUMANN, Schwaben; dazu 280: GEUENICH, Geschichte, 13 f.].

Identifikation neuer mit älteren Völkern

Charakteristisch ist die Argumentation von L. SCHMIDT [41: Westgermanen, 225]: „Die Alamannen (...) waren Sweben, da sie sowohl in älteren als auch in späteren Quellen mit diesen identifiziert werden. Von den Völkern aber, deren Zugehörigkeit zu den Sweben feststeht, bleiben als Vorfahren der Alamannen wesentlich nur die Semnonen übrig, die doch nicht völlig vom Erdboden verschwunden sein können". Unter dem Druck von Goten und Burgundern seien die Semnonen zu Beginn des 3. Jahrhunderts nach Südwestdeutschland gewandert und hätten sich am Limes gestaut, den sie schließlich 260 endgültig durchbrachen. Ein anderes Erklärungsmuster betrachtete die Alemannen als neuen suebischen Stammesbund [JÄNICHEN, in 37: RGA 2 (1976) 138–42; 355: DEMANDT, Staatsformen, 549], dem neben Semnonen und weiteren suebischen Stämmen allenfalls auch Hermunduren, Haruden und andere angehörten [92: SCHWARZ, Stammeskunde]. Beide Deutungen gingen davon aus, daß die Alemannen-Sueben im wesentlichen als fertiges Volk zuerst ins Maingebiet und dann weiter bis an Donau und Oberrhein wanderten. Für die Einwanderung eines fertigen suebischen Volkes von der Elbe wurden auch Argumente aus dem Bereich der

Ältere Lehre: Einwanderung der Alemannen

3. Ethnische Prozesse und Konfrontationen mit dem Imperium 103

Sprachwissenschaft – obwohl man dazu von den ältesten ausführlichen Textzeugnissen viele Jahrhunderte zurückgreifen mußte – und der Archäologie angeführt [296: MAURER, Nordgermanen]. Gründliche Kritik an diesen Modellen übte R. WENSKUS [99: Stammesbildung, 494–512]. Bei einem Namenwechsel oder einem erfolgreichen Zusammenschluß mehrerer Stämme müßten sich alte Namen erhalten haben, was bei den Alemannen so gut wie nicht bezeugt ist. Eher entstand in einer „Zone gleicher Gesinnungslage" ein „Stammesschwarm", der „jedem, der teilnehmen wollte, offenstand". Dazu paßt die Etymologie des Alemannennamens als „alle Menschen" [H. KUHN, Alemannen, in 37: RGA 1 (1973) 138]; WENSKUS deutete ihn als Sammelname, der erst allmählich zum eigentlichen Stammesnamen wurde und dessen Begriffsumfang zunächst eher von römischen Bedürfnissen der Klassifikation bestimmt wurde.

Kritik durch R. Wenskus

Zunächst ging man noch davon aus, daß der neue ‚Verband' oder ‚Stammesschwarm' um 200 nördlich des obergermanisch-rätischen Limes entstanden war. Drei Beobachtungen führten dazu, daß auch die Vorstellung von einer gemeinsamen ‚Landnahme' an Boden verlor. Erstens wurde die Chronologie der alemannischen Frühzeit zurechtgerückt. Lange hatte man den Bericht über einen Sieg Caracallas 213 bei Cassius Dio (77, 13–15) und daher auch alle späteren Germanenkriege zwischen Rhein, Main und Donau auf die Alemannen bezogen. M. SPRINGER [310: Eintritt], H. CASTRITIUS [262: Vielfalt] und L. OKAMURA [298: Alamannia, 122–24] konnten unabhängig voneinander nachweisen, daß diese Stelle bei Cassius Dio auf einer unhaltbaren Konjektur des spät überlieferten Textes durch den Herausgeber beruhte. Damit verlor fast ein Jahrhundert alemannischer Geschichte die Stütze in den Quellen. Die erste sichere Nennung rückte auf 289, und das Auftauchen der Alemannen konnte damit ebensogut Folge wie Ursache der Aufgabe des obergermanisch-rätischen Limes in den Jahren um 260 sein [H.-U. NUBER, in 249: Die Alamannen, 59–68]. Zum zweiten ließen auch archäologische Befunde die Annahme einer geschlossenen ‚Landnahme' immer unwahrscheinlicher erscheinen und deuteten eher auf längeranhaltenden Zuzug aus dem Elbe-Saale-Gebiet [D. PLANCK, in: 297; 298: OKAMURA, Alamannia; 306: SCHACH-DÖRGES, Menschen, 79–102]. Drittens wurden für die Identifikation mit den Sueben, die noch nicht in der Frühzeit, sondern erst seit der 2. Hälfte des 5. Jahrhunderts nachweisbar ist, andere Erklärungen gefunden. Entweder man rechnet mit einer neuen Konjunktur des alten Suebennamens nach dem Verschwinden der Sonderbezeichnungen [102: WOLFRAM, Reich, 80f.]; oder mit der Aufnahme pannonischer Sueben nach der Vernichtung ihres Rei-

Argumente gegen eine geschlossene Einwanderung

ches durch die Ostgoten 469, die gegen 500 eine neue alemannisch-suebische Ethnogenese bewirkte [288: KELLER, Alamannen; 262: CASTRITIUS, Vielfalt, 81]. Dafür lassen sich auch archäologische Argumente finden [D. QUAST, in 249: Die Alamannen, 171–190].
Kompliziert wird die Frage einer eventuellen suebischen Herkunft der Alemannen durch die Juthungen [Überblick: 280: GEUENICH, Geschichte, 37–44]. Ammian (17, 6, 1) nennt sie *Alamannorum pars*, Juthungen und einen Teil der Alemannen, der dem Gebiet Italiens (und nicht Galliens) Semnonen benachbart sei. Öfters treten sie als eigenständige Gruppe auf, die mehrfach die Donau überschreitet und Rätien plündert. Dexippos (fr. 6) beschreibt sie mit dem Stereotyp des unvermischten Heeres, ganz im Gegensatz zum Topos der Vermischtheit, den Agathias für die Alemannen überliefert. Das 1992 gefundene Augsburger Siegesdenkmal von 260, das einen Sieg über aus Italien zurückkehrende *barbaros gentis Semnonum sive Iouthungorum* feiert, ist die früheste Nennung [252: BAKKER, Raetien; 318: STICKLER, Iuthungi; 263: CASTRITIUS, Semnonen; 280: GEUENICH, Geschichte, 38]; es wirft von neuem die Frage nach dem Verhältnis von Juthungen und Semnonen auf. Bisher wurde meist angenommen, die Juthungen seien aus dem Hermundurenbund [41: SCHMIDT, Westgermanen, 237; 92: SCHWARZ, Stammeskunde, 174f.; so auch 318: STICKLER, Iuthungi, 237] oder aus verschiedenen suebischen Stämmen [99: WENSKUS, Stammesbildung, 432ff.] hervorgegangen. Auch wenn es sich bei der Angabe der Augsburger Inschrift ebenso um eine archaisierende Deutung handeln kann, ist gut möglich, daß die Juthungen in Rätien mit einiger Berechtigung als semnonischer Abkunft oder Zugehörigkeit wahrgenommen wurden. Folgt man K. MÜLLENHOFFS Deutung des Juthungennamens als „Abkömmlinge" [83: Altertumskunde Bd. 3, 216; danach zuletzt 280: GEUENICH, Geschichte, 39; 263: CASTRITIUS, Semnonen, 355], könnten sie eine semnonische ‚Jungmannschaft' gewesen sein, die zunächst nur als militärischer Verband und erst später als ethnische Gruppe den Juthungennamen trug. Ihre Zugehörigkeit zu den Alemannen ist sicherlich nicht als formeller Beitritt zu einem alemannischen Bund zu verstehen [so noch 92: SCHWARZ, Stammeskunde, 174], sondern als schwankende Hinzurechnung zu einem breiteren, weniger klar definierten Verband. Weiterhin unternahmen sie mit den Alemannen oder allein Einfälle nach Rätien und darüber hinaus. Noch 430 hatte Aetius in Rätien mit ihnen zu kämpfen. Danach verschwindet der Name aus den Quellen.

Weitgehend unumstritten ist heute, daß die Ethnogenese der Alemannen erst in ihrem Siedlungsgebiet zwischen Oberrhein und Donau nach der Aufgabe des obergermanisch-rätischen Limes stattgefunden

3. Ethnische Prozesse und Konfrontationen mit dem Imperium

hat. In Diskussion ist, wie dieser Prozeß verlief. Dabei vertritt H. CA-STRITIUS [262: Vielfalt; 263: Semnonen] eine in einigen Punkten abweichende Meinung. Er betont die Bedeutung einer (analog zu den Juthungen) durch einen starken semnonischen Kern vermittelten suebischen Tradition und sieht gerade den Alemannennamen als Ausdruck davon: *Alamanni*, „alle Menschen", deutet er nicht im Sinn der Agathias-Stelle als „vermischte und zusammengespülte" Gruppe, sondern aus dem ethnozentrischen Überlegenheitsgefühl eines alemannischen Traditionskerns, der sich auf den Mannus-Mythos berief [vgl. 159: RÜBEKEIL, Suebica, 217f.]. Diese Theorie ist attraktiv, benötigt aber gleich mehrere recht spekulative Hypothesen, um die Mannus-Genealogie (vgl. Kap. II.1.2), den Kult im Semnonenhain (vgl. Kap. II.2.3) und die alemannische Ethnogenese zusammenzubringen und damit eine starke alemannische Identität zu begründen. Wahrscheinlicher ist, daß die Alemannen einen anderen „Typ der Ethnogenese" [vgl. H. WOLFRAM in 281: GEUENICH (Hrsg.), Franken, 608–27] verkörpern. Anders als bei Goten oder Langobarden ist von Herkunftsmythen, geschlossenem Traditionskern, gemeinsamem Handeln und einheitlichem Königtum nichts bekannt.

Ethnogenesen in der Alamannia

Eng mit der Frage der alemannischen Ethnogenese verknüpft wird das Problem der Aufgabe des Limes diskutiert [H.-U. NUBER, Ende, in: 297; 307: SCHALLMAYER (Hrsg.), Niederbieber; 291: KUHNEN (Hrsg.), Limesfall]. Lange nahm man an, die Alemannen hätten den Limes überrannt und die rechtsrheinischen Gebiete gewaltsam besetzt, was sich aus manchen Zerstörungsspuren zu ergeben schien. Jüngere Grabungen haben vermehrt Hinweise auf eine allmähliche Ausdünnung der römischen Besatzungen und kampflose Aufgabe von Kastellen ergeben. Der Bürgerkrieg zwischen Gallienus und Postumus führte wohl zu Abzug oder gewaltsamer Vertreibung der letzten römischen Truppen [298: OKAMURA, Alamannia, 261; H.-U. NUBER, in 297: Archäologie, 66f.; für eine stärkere Rolle der alemannischen Eroberung: 262: CA-STRITIUS, Vielfalt]. Zerstörungsschichten in römischen *villae* oder *vici* sind kaum zu finden. Die Hortfunde des 3. Jahrhunderts zeigen einen schrittweisen Abzug der römischen Militärs [298: OKAMURA, Alamannia, 32f.; H.-U. NUBER, in 281: GEUENICH (Hrsg.), Franken, 370ff.].

Fall oder Aufgabe des Limes?

Die kargen archäologischen Spuren der ersten Jahrzehnte nach dem Limesfall deuten nicht auf massenhafte und geplante alemannische Landnahme; die ersten Generationen wurden in Einzelgräbern oder sehr kleinen Gräberfeldern bestattet, die noch unzureichend erforscht sind [276: FINGERLIN, Landnahme]. Stabile bäuerliche Besiedlung setzte sich erst allmählich durch. In den ersten Jahrzehnten wurde

Archäologische Befunde

das Land von offenbar noch nicht ortsfesten Kriegergruppen dominiert, die immer wieder als Plünderer oder Söldner in römische Provinzen weiterzogen [H. STEUER, in 249: Die Alamannen, 149–62]. Die im Rhein versunkene Alemannenbeute von Neupotz [403: KÜNZL, Alemannenbeute] erlaubt es, eine solche Schar von Plünderern, die aus Gallien heimkehrten, punktuell nachzuweisen. Zugleich hielten sie auf gleichbleibenden Verbindungswegen bis ins 5. Jahrhundert die Verbindung zu den Ausgangsräumen aufrecht [260: BÖHME, Kontinuität]. Das erklärt die Beziehungen des Fundgutes ins Elbe-Gebiet und nach Thüringen, etwa zur Haßleben-Leuna-Gruppe, und darüber hinaus bis an die Ostseeküste; gerade das Havelgebiet, wo man die Semnonen vermutet, ist in dieser Hinsicht aber unergiebig [317: STEUER, Theorien, 316]. Daß die Kontakte anhalten, deutet nicht auf geschlossene Einwanderung, sondern auf allmählichen Zuzug [306: SCHACH-DÖRGES, Menschen]. Im Grund können allerdings die archäologischen Befunde über Wanderungsbewegungen überhaupt wenig Auskunft geben, sondern nur über Fernbeziehungen in verschiedene Richtungen innerhalb einer Zone mit ähnlichem Fundmaterial und ähnlichen Grabsitten, die von Südwestdeutschland über Thüringen bis nach Mecklenburg reicht. Die Frage nach der Herkunft der Alemannen ist daher überhaupt falsch gestellt [317: STEUER, Theorien].

Frühe Siedlungsspuren

Insgesamt ist die archäologische Kultur in der Alamannia anfangs noch recht uneinheitlich. Die unterschiedlichen Bestattungsbräuche – Körper- neben Brandbestattung – weisen auf eine Epoche des Wandels von Identitäten und Weltbildern [306: SCHACH-DÖRGES, Menschen, 85–88]. Relativ wenig Hinweise gibt es auf das Weiterleben der Vorbevölkerung. Neue Siedler, die sich im Lauf der Zeit niederließen, konnten aber stellenweise an bestehende Strukturen anschließen [306: SCHACH-DÖRGES, Menschen, 95–100]. Zum Teil wurden römische Gutshöfe weiter benützt (z. B. Praunheim, Holheim, Bietigheim, Wurmlingen). Ammianus (17, 1) berichtet von alemannischen *villae*, die „sorgfältig nach römischer Weise gebaut waren". Meist war die Romanisierung gering [D. PLANCK, in 297: Archäologie; C. BÜCKER, in 249: Die Alamannen, 135–41]. Nur nahe am Rhein sind in alemannischen Gräberfeldern zahlreiche Erzeugnisse spätantiker Werkstätten zu finden; an solchen Orten zeichnen sich Kriegergruppen ab, die wohl zeitweise in römischem Dienst standen [276: FINGERLIN, Landnahme].

Die Höhensiedlungen, die in den letzten Jahrzehnten immer besser erforscht wurden, könnten eine Spur allmählicher sozialer Differenzierung sein [316: STEUER, Höhensiedlungen; sein Katalog umfaßt 49 Höhensiedlungen des 4.–5. Jhs.]. Am Runden Berg bei Urach am Nord-

3. Ethnische Prozesse und Konfrontationen mit dem Imperium 107

rand der Schwäbischen Alb, der vom 4. bis zum Anfang des 6. Jahrhunderts besiedelt war, lassen Waffen, römische Importstücke, Frauenschmuck, Gebrauchsgegenstände und handwerkliche Produktionsstätten auf einen Fürstensitz schließen. Auf dem Zähringer Burgberg wurde, möglicherweise mit römischer Hilfe, durch umfangreiche Erdbewegungen ein Plateau aufgeschüttet, auf dem ebenfalls Spuren eines regionalen Herrschaftsmittelpunktes feststellbar sind [315: STEUER, Zähringer Burgberg]. Denkbar ist, daß einige Anlagen jenen *reges* oder *reguli* dienten, die sich bei Ammianus Marcellinus erstmals deutlich abzeichnen [276: FINGERLIN, Landnahme]. Doch hatten andere Höhenanlagen offenbar andere Funktionen, etwa als vorübergehende Militärlager [HOEPER, in 281: GEUENICH (Hrsg.), Franken, 325–48].

<small>Höhensiedlungen</small>

Umstritten ist die Frage, ob im 5. Jahrhundert ein einheitliches alemannisches Königtum die regionalen Fürsten ablöste [dafür 262: CASTRITIUS, Vielfalt; 266: CLAUDE, Fragen; ähnlich 290: KELLER, Strukturveränderungen, 590f.; dagegen 282: GEUENICH, Alemannenschlacht, 72–77]. Naheliegend ist, daß der rätische Gibuld der *Vita Severini* (vor 476) mit dem Gebavult identisch war, der etwa zur selben Zeit Troyes plünderte. Daß er ähnlich wie wenig später Chlodwig nach weiträumiger Durchsetzung seiner Macht strebte, ist ebenfalls plausibel. Doch ist unwahrscheinlich, daß es ihm gelang. Ein Alemannenkönig, dessen Macht tatsächlich von Noricum bis weit nach Gallien und von den Alpen bis vor Köln reichte, hätte in ganz anderer Weise die Politik – und die Quellen – seiner Zeit beschäftigt. Die Argumentation hängt auch damit zusammen, ob die Franken um 500 mehrere alemannische Gruppen [282: GEUENICH, Alemannenschlacht, 82–84] oder einen bzw. allenfalls zwei aufeinanderfolgende ‚Groß'-Könige besiegten [266: CLAUDE, Fragen, 8–10; diskutiert werden vor allem Ennodius, Panegyricus 72; Cassiodor, Variae 2, 41; 3, 50; Gregor v. Tours, Decem libri hist. II, 30. Zu den Ereignissen: 101: WOLFRAM, Goten, 313–18; 333: WOOD, Kingdoms, 41–46], was kaum zu klären ist. Sicherlich erforderten die gesellschaftlichen Veränderungen bei den Kriegergruppen am Rhein, die sich auch in der Durchsetzung der Reihengräbersitte im 5. Jahrhundert zeigen, eine expansive Politik, wollte man ihre Loyalität sichern [290: KELLER, Strukturveränderungen; 303: POHL, Alemannen]; erfolgreicher darin waren die Franken.

<small>Alemannisches Großkönigtum?</small>

3.4 Die fränkische Germania

Für die Geschichte der Franken fehlt es nicht an neuerer Literatur. Freilich konzentrieren sich die meisten neueren Darstellungen auf das

Merowingerreich und behandeln die Zeit, in der die Franken ihren Schwerpunkt in der Germania hatten, kaum oder gar nicht. Das gilt etwa für die im übrigen sehr empfehlenswerten Monographien von P. GEARY [278: Merowinger], I. WOOD [333: Kingdoms] und E. EWIG [274: Merowinger]. Die merowingische Geschichte hat der Band EDG 26 von R. KAISER zum Gegenstand [27: Erbe; eine Quellenauswahl bietet 287: DERS., Franken], weswegen hier nur einige Aspekte angesprochen werden. Etwas ausführlicher geht W. BLEIBER [258: Frankenreich, 9–49] auf die fränkische Frühzeit ein. Doch bleibt für die Ereignisgeschichte bis 565 die detaillierte Übersicht von E. ZÖLLNER [335: Franken] grundlegend. Dazu kommen zahlreiche Aufsätze des Doyens der fränkischen Frühgeschichtsforschung, E. EWIG [z.B. 275: Probleme]. Die Publikationen zum, wenn auch als 1500-Jahr-Jubiläum seiner Taufe umstrittenen, Chlodwig-Jahr 1996 haben manches neu aufgerollt. Die Akten der Zülpicher Tagung „Franken und Alemannen vor 500" [281: GEUENICH (Hrsg.)] vereinen zahlreiche wichtige Beiträge, ebenso der Sammelband „Franks and Alamanni" [334: WOOD (Hrsg.)]. Sehr reichhaltige historische wie archäologische Informationen bietet der umfassende Katalog zur großen Franken-Ausstellung der Jahre 1996/97 in Mannheim, Paris und Berlin [277: Die Franken]. Doch fehlt in der Vielzahl der Beiträge eine ausführliche Erörterung der Frage, wer die Franken eigentlich waren und welche ethnischen Prozesse ihren Erfolg begleiteten. Dieser Gesichtspunkt soll hier im Vordergrund stehen.

Daß die Franken östlich des unteren Rheins aus zahlreichen kleineren Völkern der frühen Kaiserzeit hervorgegangen sind, ist weithin unbestritten. In den Quellen genannt sind Brukterer, Chamaven, Amsivarier, Chatten (alle bei Gregor v. Tours 2,9, nach Sulpicius Alexander), (Ch)attuarier (Amm. Marc. 20,10); vermutet wurden ferner Usipeter, Tubanten, Hasuarier, Tenkterer, Chauken und andere [290: SCHWARZ, Stammeskunde; 335: ZÖLLNER, Franken; 273: EWIG, Civitas Ubiorum; 99: WENSKUS, Stammesbildung; 326: WERNER, Ursprünge, 227f.; 269: DEMANDT, Stammesbünde, 398; 304: REICHMANN, Frühe Franken]. Dazu kam die Erinnerung an die seit dem frühen 1. Jahrhundert in der Reichsbevölkerung aufgegangenen Sugambrer, deren Name im 4. Jahrhundert in antikisierender Weise für die Franken gebraucht wurde. Zum Unterschied von den Alemannen wurden *pagi* oder Untergruppen innerhalb des Frankengebietes vereinzelt noch mit älteren Namen bezeichnet. In der Karolingerzeit konnte man an, literarische oder gelebte, Traditionen anknüpfen, wie die Zusammenstellung eines eigenen Rechtsbuches für die Chamaven oder teils bis heute erhaltene Regions-

3. Ethnische Prozesse und Konfrontationen mit dem Imperium 109

bezeichnungen zeigen (etwa das Hamaland zwischen Issel und Rhein) [273: EWIG, Civitas Ubiorum]. Doch rückte der Raum, wo im 3. und 4. Jahrhundert Franken lokalisiert werden, nämlich am untersten Rheinabschnitt gegenüber von Xanten (wie in der Tabula Peutingeriana) und Köln, rasch an die Peripherie der fränkischen Ethnogenese. Die Ablösung älterer, kleinerer Völker durch die Franken erfolgte allmählich; archäologisch ist kein Bruch in Fundmaterial oder Besiedlungskontinuität sichtbar, die ‚rheinwesergermanische Kultur' setzt sich fort [H. AMENT, Franken, in 37: RGA 9 (1995) 388; 304: REICHMANN, Frühe Franken]. Geändert hat sich die Auffassung davon, wie die Franken aus diesen älteren Gruppen entstanden sind. Früher dachte man an einen mehr oder weniger formellen Stammesbund, mit gemeinsamen Verfassungsorganen und Kultplätzen. Doch konnte die Zugehörigkeit schwanken; die fränkischen Piraten des 3. Jahrhunderts waren zum Beispiel Küstenbewohner, vielleicht Friesen oder Gruppen, die sich später den Sachsen anschlossen und nicht länger als Franken galten [326: WERNER, Ursprünge, 228]. Aus den Chatten gingen wohl die seit dem 8. Jahrhundert bezeugten Hessen hervor, was aber keineswegs zeitweilige Zugehörigkeit zu den Franken ausschließt. Eher als von einer bloßen Zusammenfassung bestimmter Stämme unter neuem Namen wird man, das hat R. WENSKUS ausführlich dargestellt [99: Stammesbildung, 512–41], von einer dynamischen Ethnogenese der Franken ausgehen können, in deren Verlauf ältere Einheiten aufgelöst wurden und gefolgschaftliche Zusammenschlüsse neue Konzentrationsbewegungen auslösten. In den Handbüchern haben sich wenig aussagekräftige Kompromißformeln durchgesetzt: es handle sich nicht um einen „einheitlich organisierten Stammesverband", sondern um einen lockeren „Stammesbund" [z. B. 335: ZÖLLNER, Franken, 2; H. H. ANTON, Franken, in 37: RGA 9 (1995) 415]. Die Diskussion ist nicht beendet; noch jüngst hat A. DEMANDT [269: Stammesbünde, vgl. 355: DERS., Staatsformen], allerdings ohne auf die neuere Diskussion einzugehen, Franken, Alemannen und Sachsen als eigenen Typ des Stammesverbandes und als höchste Stufe der Staatlichkeit der Germanen dargestellt.

Stammesverband oder Stammesbund?

Gegenüber solchen Modellvorstellungen ist festzuhalten, daß ebenso wie bei den Alemannen von den Franken vor Chlodwig nie berichtet wird, daß dem gemeinsamen Namen auch eine verfassungsmäßige Einheit entsprach. Die Römer hatten nicht mit ‚den' Franken oder Alemannen zu tun, sondern immer mit spezifischen Gruppierungen oder Allianzen, selbst wenn diese so breit waren wie der alemannische Bund bei Argentoratum 357. Gemeinsame Bundesinstitutionen sind bei beiden Völkern nicht belegbar; als Chlodwig schließlich die

fränkischen Teilreiche unter seine Herrschaft brachte, ist auch keine
Rede davon. Die Könige, die Chlodwig beseitigte, leiteten ihr Königtum nicht von älteren Stämmen ab, sondern waren zum Teil seine Verwandten. Die älteren Stämme, aus denen die Franken zusammenwuchsen, spielten, mit Ausnahme der Chamaven unter Julian, seit dem 4. Jahrhundert keine politische Rolle mehr (fast alle in der Literatur verwendeten Belege stammen aus einem stilisierenden Auszug aus verlorener Quelle bei Gregor von Tours 2,9). Die Römer hatten, nach ihrer Sicht der Dinge, durchgehend mit Franken, wenn auch nicht mit ‚den' Franken zu tun. Das schließt nicht aus, daß kleinräumige Identitäten bewahrt wurden.

Neben den alten Stammesnamen sind noch zwei (Teil-)bezeichnungen für Franken bezeugt, ‚Salier' und, vom 8. Jahrhundert an, ‚Ribuarier'. Dem entsprechen zwei unterschiedliche fränkische Gesetzessammlungen, die *Lex Salica* und die *Lex Ribuaria*. Naheliegend schien es daher, darin eine frühe Zweiteilung zu sehen: die Salfranken, die von der Bataverinsel über Toxandrien südwärts expandierten und denen die Dynastie der Merowinger entstammte; und die Ribuarier oder Uferbzw. Rheinfranken im Kölner Raum [335: ZÖLLNER, Franken, 35 f.; 92: SCHWARZ, Stammeskunde, 149 f.; 273: EWIG, Civitas Ubiorum, 407; 99: WENSKUS, Stammesbildung, 524–26; H. H. ANTON, Franken, in 37: RGA 9 (1995) 416–18]. Die ersten Erwähnungen der Salier stammen aus der Zeit Julians, der gegen jene „Franken, die man gewöhnlich Salier nennt" und die Toxandrien besetzt hatten, marschierte (Julian, Epist. ad Ath. p. 361; Amm. Marc. 17, 8, 3; Eunapios fr. 10; Zosimos 3, 6). Übereinstimmend mit diesem Siedlungsgebiet im Rheindelta wurde der Saliername oft von ‚Insel' oder von ‚Salz' abgeleitet, was freilich von N. WAGNER aus philologischen Gründen zurückgewiesen wurde; er bot eine Deutung als ‚Gefährten' (zu AHD *sellun*) an [323: WAGNER, Stammesname]. Einen anderen Vorschlag machte R. WENSKUS [440: Religion, 190–92; ebenso schon D. H. MILLER, in: Journal of World History 4 (1993) 284], der einen Zusammenhang mit dem römischen Priesterkollegium der *Salii* vermutete, das ähnliche rituelle Tänze durchführte, wie sie als heidnische Praktiken noch im Frankenreich des 7. Jahrhunderts belegt sind. M. SPRINGER argumentierte, daß die Salier überhaupt nur im Zusammenhang mit dem Unternehmen Julians als fränkisches Ethnos erwähnt werden und Julian wohl die bei fränkischen Verbänden übliche Selbstbezeichnung als „Gefährten" ethnisch deutete. Der Name *Salii* wurde (nach der *Notitia dignitatum*) für Einheiten der römischen Armee verwendet, als ethnische Bezeichnung kam er dagegen nicht mehr vor, auch nicht in der merowingischen Historiogra-

3. Ethnische Prozesse und Konfrontationen mit dem Imperium 111

phie. Das Rechtsbuch heißt auch nicht „Lex Saliorum"; das Adjektiv *salicus* in der Rechtssprache wäre von der Ursprungsbedeutung abzuleiten, so daß *Lex Salica* „gemeines Recht" heißen könnte [311: SPRINGER, Volk der Salier]. Das alte Problem, daß nach einigen Fassungen von *Pactus Legis Salicae* 59.5 die *terra salica* nicht an Frauen vererbt werden dürfe, ließe sich von diesem Ansatz her neu sehen [zu verbinden wäre der Ansatz von SPRINGER mit dem von 251: ANDERSON, Colonies]. Doch ist in beiden Fragen noch mit ernst zu nehmendem Widerspruch zu rechnen.

Anders als die Salier sind die Ribuarier in frühen Quellen gar nicht zu finden; erst der *Liber Historiae Francorum* (verfaßt 727) kennt diese Bezeichnung für das Land um Köln. Die *Lex Ribuaria* ist nicht altes Stammesrecht, sondern eine spätere Rechtskompilation, die nach dem Editor K. A. ECKHARDT in der Mitte des 7. Jahrhunderts entstanden sein könnte. Schrittweise rückte die Forschung deshalb von der Annahme ab, Ribuarier sei eine alte Stammesbezeichnung. E. EWIG [273: Civitas Ubiorum, bes. 444; danach 99: WENSKUS, Stammesbildung, 512] sah Ribuarien „als merowingische Neubildung auf fränkisch-römischem Substrat", die auf die Eingliederung des Kölner Reiches durch Chlodwig zurückging. H. LÖWE nahm an, in der Entstehungszeit der *Lex Ribuaria* Mitte des 7. Jahrhunderts sei ein Dukat dieses Namens eingerichtet worden [32: Deutschland, 39; ähnlich 257: BEYERLE, Lex Ribuaria]. Heute kann vermutet werden, daß sich der Ribuarier-Name erst in der Zeit durchsetzte, in der er überliefert ist, und daß er mit dem Aufstieg der Karolinger und der Neugestaltung Austrasiens zusammenhängt [303: POHL, Alemannen]. In der neueren Forschung wurde stattdessen meist der Name *Francia Rhinensis* für den Raum um Köln verwendet; aber auch dieser ist erst in der karolingerzeitlichen Kompilation des Geographen von Ravenna bezeugt [312: SPRINGER, Riparii]. Jüngst wurde noch einmal der Versuch unternommen, spätantike Wurzeln des Begriffs Ribuarier festzustellen; M. SPRINGER leitete ihn, wie einst schon Beyerle, von der in anderen Gebieten des Imperiums bezeugten römischen Einheit der *riparii* ab [257: BEYERLE, Die Lex Ribuaria; 312: SPRINGER, Riparii; vgl. 273: EWIG, Civitas Ubiorum, 415]. Die These paßt in den Kontext aktueller Bestrebungen, die römischen Grundlagen des Frankenreiches zu betonen [vgl. 303: POHL, Alemannen]; doch bleibt das Problem, von hier zu den karolingerzeitlichen Ribuariern zu gelangen. Wie auch immer man also die Namen herleitet, als stabile ethnische Untergliederungen der Franken sind sowohl Salier als auch Ribuarier unzureichend bezeugt.

Ribuarier

Für den Frankennamen selbst hat sich die Deutung „die Mutigen" durchgesetzt; die mittelalterliche Bedeutung „frei" wird meist als sekundär angesehen [H. BECK, Franken – Philologisches, in 37: RGA 9 (1995) 373 f.; 40: SCARDIGLI, Weg, 246 f.; zuletzt 160: RÜBEKEIL, Völkernamen, 1335]. Der Frankenbegriff blieb über das Frühmittelalter hinaus vielschichtig und widersprüchlich [284: GOETZ, Wandlung]. Immer wieder wurde er als Pauschalbezeichnung verwendet oder durch solche ersetzt (oft „Germanen"; in einer spanischen Chronik des 8. Jahrhunderts durch *Europenses*). Auf der anderen Seite konnte er eine privilegierte Gruppe freier Franken mit hohem Status bezeichnen.

Auch archäologisch zeichnet sich keine deutliche fränkische Identität ab. Die rheinwesergermanische Kultur begann lange bevor es Franken gab und reichte im Süden wohl über das Frankengebiet hinaus [305: ROSENSTOCK/WAMSER, Landnahme, 43; vgl. 309: SIEGMUND, Alemannen], während frühe Franken im Norden wohl auch am nordseegermanischen Kreis Anteil hatten [304: REICHMANN, Frühe Franken, 57]. Die Zuordnung linksrheinischer Fundgruppen zu den Franken ist in einigen Fällen jüngst bestritten worden [F. THEUWS/B. HIDDINK, in 277: Die Franken, 66–80 (Toxandrien); 285: HALSALL, Origins, gegen 259: BÖHME, Grabfunde (Nordgallien); vgl. aber H. W. BÖHME, in 281: GEUENICH (Hrsg.), Franken, 31–58]. Von wann an und in welchem Maß sich die Menschen, die kontinuierlich bis ins 7. Jahrhundert auf dem riesigen Gräberfeld von Krefeld-Gellep bestattet wurden, als Franken fühlten, ist schwer festzustellen. Seit dem 4. Jahrhundert nehmen die Waffenbeigaben und im 5. Jahrhundert die ‚westgermanische' Frauentracht mit paarweise getragenen Fibeln zu [301: PIRLING, Krefeld-Gellep; 300: DIES., Römer und Franken]. Nicht zuletzt aufgrund dieser beiden Charakteristika kann ein ‚fränkisches Kulturmodell' von den beigabenlosen Gräbern der Romanen unterschieden werden, seine Verbreitung als Frankisierung erklärt werden [V. BIERBRAUER, in 277: Die Franken, 110–20]. Freilich deckt sich dieses Kulturmodell weder vor noch nach Chlodwig mit dem Raum, der von Franken kontrolliert wurde.

Bei allen Einwänden bleibt unbestritten, daß Menschen, die unsere Schriftquellen Franken nennen, in allen Epochen archäologische Spuren hinterlassen haben. Doch viel deutlicher als Abgrenzungen nach außen zeichnen sich die grundlegenden Veränderungen ab, die sie selbst innerhalb weniger Jahrhunderte durchmachten. Das läßt sich zum Beispiel am Grabritus ablesen: In der rheinwesergermanischen Kultur war Brandbestattung üblich [304: REICHMANN, Frühe Franken]. Im linksrheinischen Gebiet herrschte dagegen Körperbestattung vor,

3. Ethnische Prozesse und Konfrontationen mit dem Imperium 113

wobei ab der Mitte des 4. Jahrhunderts die Bestattungsrichtung von Süd-Nord auf West-Ost drehte [301: PIRLING, Krefeld-Gellep]. Im 5. Jahrhundert setzte sich in weitem Raum zwischen Nordgallien und der mittleren Donau die ‚Reihengräbersitte' durch, in der sich gallische und germanische Elemente vermischen, die aber aus Gallien stammt [325: WERNER, Reihengräberzivilisation; H. AMENT, Franken, in 37: RGA 9, 393 f.; kritisch 285: HALSALL, Origins; historische Deutung: 290: KELLER, Strukturveränderungen]. Zugleich mit der Ausweitung der Beigabensitte im 5. Jahrhundert, vor allem bei Waffen und anderen Trachtbestandteilen [H. W. BÖHME, in 277: Die Franken, 91–101], ist vielerorts auch eine Tendenz zu beigabenloser Bestattung sichtbar [301: PIRLING, Krefeld-Gellep], die nicht unbedingt nur Romanen betraf und mit dem Vordringen christlicher Vorstellungen zu tun haben könnte – wenn auch die Beigabenlosigkeit nicht schematisch mit der Christianisierung erklärt werden darf [409: PAXTON, Christianizing Death]. Im 5. Jahrhundert änderte sich zudem grundlegend die westgermanische Frauentracht; an Stelle des an den Schultern von Fibeln gehaltenen Peplos trat die genähte Tunika mit paarweise getragenen (Bügel-)fibeln neuen Typs [294: MARTIN, Tradition; vgl. 372: GIRKE, Tracht]. Ein Modell, das all diese Wandlungen nur auf Akkulturationsprozesse eines im wesentlichen fertigen Volkes zurückführt, greift zu kurz. Hier wurden neue Identitäten und kulturelle Muster ausgebildet. Erst allmählich enstanden in diesem Prozeß die für uns greifbareren Franken der Merowingerzeit.

Lange hat die moderne Forschung die Reichsgründung durch Chlodwig als Resultat einer Eroberung und als fränkische Landnahme beschrieben, analog zu Goten oder Langobarden, auch wenn man dabei meist von einem längerfristigen Prozeß ausging, in dem fränkische Krieger und Siedler gegen Südwesten vordrangen [Literatur bei 27: KAISER, Erbe, 75–82]. Doch läßt sich die fränkische Expansion in Gallien auf Grund der archäologischen Befunde nicht als allmähliches Fortschreiten vom Rhein her beschreiben; die fränkische Ethnogenese hat sich letztlich „erst auf dem Boden des Römerreiches vollzogen" [H. W. BÖHME, in 277: Die Franken, 101]. In letzter Zeit sind daher eher die römischen Grundlagen des Merowingerreiches betont worden. Diese Position hatte die französische Geschichtsschreibung immer schon vertreten, während man aus deutscher Sicht meist mehr Wert auf den germanischen Charakter des Frankenreiches legte [siehe L. MARK, in 277: Die Franken, 3–9]. Jüngst hat K. F. WERNER die *conquête franque de la Gaule* überhaupt als *erreur historiographique* bezeichnet – in Wirklichkeit habe Chlodwig Gallien nicht erobert, sondern es (unter ande-

Fränkische Expansion oder merowingische Machtergreifung?

rem gegen die Alemannen) verteidigt [327: WERNER, Conquête]. Chlodwig war in der Tat nicht so sehr ein fränkischer Herrscher, dem es gelang, in Gallien die Macht zu ergreifen, wie ein gallischer Machthaber, dem es gelang, die Voraussetzungen für die Entwicklung eines neuen fränkischen Volkes zu schaffen. Doch tat er das als fränkischer *rex*, und dieser ethnische Anspruch war ein wesentlicher Integrationsfaktor in einem Herrschaftsgebiet, das erstmals Gallien und große Teile der Germania vereinte, indem daraus ein *regnum Francorum* wurde.

Die rechtsrheinische Germania wurde zur Peripherie des Frankenreiches, die fränkische Hegemonie dort zur Bedingung ethnischer und politischer Integration. Das gilt auch für die vor allem in der älteren Forschung vieldiskutierte Frage der bayerischen Ethnogenese [zusammenfassend M. MENKE, in 332: FRIESINGER/DAIM (Hrsg.), 123–220]. Vielfach wurde der Bayernname als „Leute aus Böhmen" gedeutet [siehe zuletzt 68: GREEN, Language, 161 f.] und auf markomannische, thüringische und/oder langobardische Zuwanderer bezogen [z. B. 83: MÜLLENHOFF, Altertumskunde Bd. 2, 265 f.; 41: SCHMIDT, Westgermanen, 194–206; 99: WENSKUS, Stammesbildung, 560 ff.]. Archäologische Befunde zeigten für das frühe 6. Jahrhundert viele Gemeinsamkeiten zwischen den Gegenden beiderseits des Böhmerwaldes, belegten aber auch weitgehende Siedlungskontinuität in Bayern [H. GEISLER und T. FISCHER, in 332: FRIESINGER/DAIM (Hrsg.), 89–100 und 101–22]. Auch alemannische Zuwanderung ins östliche Rätien läßt sich vermuten [U. KOCH, in 249: Die Alamannen, 191–203]. Nimmt man an, daß aus Böhmen nur ein zahlenmäßig kleiner ‚Traditionskern' kam, daß aber auch andere Zuwanderer und vor allem die ortsansässige barbarisch-romanische Bevölkerung zur bayerischen Ethnogenese beitrugen, läßt sich zwischen den meisten Erklärungsansätzen ein Ausgleich finden [442: WOLFRAM, Grenzen, 281–85]. Diskutiert wird auch, ob bereits der ostgotische Einfluß bis 535 einen wesentlichen Anstoß zur bayerischen Ethnogenese gab; langfristig schuf jedenfalls die fränkische Herrschaft die wesentlichen politischen Voraussetzungen dafür [28: Die Germanen 2, 555 ff.; 283: GEUENICH/KELLER, Alamannen, 146 f.; F. LOTTER und G. HAUPTFELD, in 331: WOLFRAM/SCHWARCZ (Hrsg.), Bayern, 54 ff. und 121–34; 27: KAISER, Erbe, 111–13].

Jüngst wieder in Diskussion geraten ist Entstehung und Verfassung der Sachsen. Die ältere Polemik, ob die Sachsen aus dem Zusammenschluß von Ost- und Westfalen sowie Engern oder durch militärische Expansion entstanden seien [siehe 292: LAMMERS (Hrsg.), Enstehung], war mit dem Beitrag von R. WENSKUS [324: Sachsen] als im Ansatz verfehlt abgetan. Die sächsische Ethnogenese war ein län-

3. Ethnische Prozesse und Konfrontationen mit dem Imperium 115

gerer, komplexer Prozeß; noch im 8./9. Jahrhundert sind zahlreiche kleinere ethnische Einheiten belegt. Zuletzt wurde mehrfach argumentiert, daß der einheitliche Sachsenbegriff und das lange als Nachweis altgermanischer Freiheit mißdeutete Verfassungsmodell der Quellen (siehe Kap. I.9) vor allem die Wahrnehmungen angelsächsischer und fränkischer Missionare widerspiegeln [255: BECHER, Verfassung; vgl. die Beiträge von M. SPRINGER und W. POHL, ebd.]. Archäologisch ist im 7./8. Jahrhundert weder eine klare Definition der Sachsen noch, in Westfalen, ihre Unterscheidung von den Franken möglich [261: BÖHME, Franken, und weitere Beiträge im selben Band]. Ähnlich wie bei den römischen Wahrnehmungen von den frühen Franken, wird also in den fränkischen Berichten von den Sachsen vor dem Angriff Karls des Großen sächsische Identität nur schattenhaft faßbar. Die Integration ins Frankenreich und die Übernahme der fränkisch-lateinischen Staatssprache aber machte die Sachsen zu einer festen ethnisch-politischen Größe. Als, wie sie glaubten, Abkömmlinge der Makedonen lösten sie nach 900 die ‚trojanischen' Franken in der Herrschaft über das ‚römische' Frankenreich ab. Ihr gemeinsamer ‚germanischer' Ursprung wurde erst der Moderne wichtig.

III. Quellen und Literatur

Abkürzungen

ANRW   Aufstieg und Niedergang der Römischen Welt.
PZ   Prähistorische Zeitschrift
RGA   Reallexikon der Germanischen Altertumskunde

Im übrigen entsprechen die für Zeitschriften verwendeten Abkürzungen denen der ‚Historischen Zeitschrift'.

A. Quellen, Quellensammlungen, Hilfsmittel

1. Quellen, Quellensammlungen

1. AMMIANUS MARCELLINUS, Römische Geschichte. Hrsg. v. W. Seyfarth. 2 Bde. Leipzig 1978; lat. u. dt. hrsg. u. übers. v. W. Seyfarth. 4 Bde. Berlin 1968–1971.
2. CAIUS JULIUS CAESAR, Der Gallische Krieg. Commentarii Rerum Gestarum. Bd. 1: Bellum Gallicum. Hrsg. v. W. Hering. Stuttgart 1992.
3. Corpus Inscriptionum Latinarum. Leipzig/Berlin 1862–1943.
4. CASSIUS DIO, Römische Geschichte. Hrsg. v. U. P. Boissevain. 2. Aufl. 4 Bde. Berlin 1955; hrsg. v. O. Veh. 5 Bde. Zürich/München 1985–1987.
5. C. DIRLMEIER/K. SPRIGADE (Hrsg.), Quellen zur Geschichte der Alamannen. 5 Bde. Heidelberg/Sigmaringen 1978–1983.
6. O. FIEBIGER/L. SCHMIDT, Inschriftensammlung zur Geschichte der Ostgermanen. Wien 1917.
7. H. W. GOETZ/K. W. WELWEI (Hrsg.), Altes Germanien: Auszüge aus den antiken Quellen über die Germanen und ihre Beziehungen zum römischen Reich. Ausgewählte Quellen zur Geschichte des deutschen Mittelalters. Bd. 1a. Darmstadt 1995.

8. J. HERRMANN (Hrsg.), Griechische und lateinische Quellen zur Frühgeschichte Mitteleuropas bis zur Mitte des 1. Jahrtausends unserer Zeitrechnung. 4 Bde. Berlin 1988–1991.
9. Scriptores Historiae Augustae. Hrsg. v. E. Hohl. 2 Bde. Leipzig 1927/1955; lat. u. frz. hrsg. v. A. Chastagnol. Paris 1994.
10. Panegyrici Latini. Hrsg. v. R. A. B. Mynors. Oxford 1964.
11. TACITUS, Annalium libri XVI. Hrsg. v. H. Furneaux. Oxford 1965; E. Koestermann. Heidelberg 1963; H. Heubner. Stuttgart 1983.
12. TACITUS, Die Historien. Hrsg. v. H. Heubner. 5 Bde. Heidelberg 1963–1982.
13. TACITUS, Germania. Hrsg. v. M. Winterbottom/R. M. Ogilvie (Opera minora) Oxford 1975; hrsg. v. A. Önnerfors. Stuttgart 1983; lat. u. dt. hrsg. v. A. A. Lund. Heidelberg 1988; lat. u. dt. hrsg. v. G. Perl. Berlin 1990.

2. Handbücher, Hilfsmittel

14. A. ANGENENDT, Das Frühmittelalter. Die abendländische Christenheit 400–900. Stuttgart 1990.
15. Aufstieg und Niedergang der Römischen Welt. Geschichte und Kultur Roms im Spiegel der neueren Forschung. Hrsg. v. H. Temporini/W. Haase. Berlin/New York 1972 ff.
16. W. BESCH/O. REICHMANN/S. SONDEREGGER (Hrsg.), Sprachgeschichte. Ein Handbuch zur Geschichte der deutschen Sprache und ihrer Erforschung. 2 Bde. Berlin/New York 1985.
17. H. BRUNNER, Deutsche Rechtsgeschichte. 2 Bde. 2. Aufl. Leipzig 1906.
18. The Cambridge History of Classical Literature. Bd. 2: Latin Literature. Hrsg. v. E. J. Kenney/W. v. Clausen. Cambridge 1982.
19. K. CHRIST/R. ANDERS/M. GAUL/B. KRECK (Hrsg.), Römische Geschichte. Eine Bibliographie. Darmstadt 1976.
20. H. EGGERS, Deutsche Sprachgeschichte. Bd. 1. Das Althochdeutsche. Reinbek 1963.
21. H. J. EGGERS, Einführung in die Vorgeschichte. München 1959.
22. E. FÖRSTEMANN, Deutsche Ortsnamen. Nordhausen 1863.
23. J. FRIED, Der Weg in die Geschichte. Die Ursprünge Deutschlands bis 1024. Berlin 1994.
24. Handbuch der Altertumswissenschaft. Begr. v. I. Müller, erw. v. W. Otto. Fortgef. v. H. Bengtson. München 1885 ff., 1925 ff., 1950 ff.
25. A. HEUSS, Römische Geschichte. 4. Aufl. Braunschweig 1976.

26. A. H. M. JONES, The Later Roman Empire 284 – 602. A Social, Economic and Administrative Survey. 3 Bde. Oxford 1964.
27. R. KAISER, Das römische Erbe und das Merowingerreich. München 1993.
28. Die Germanen. Geschichte und Kultur der germanischen Stämme in Mitteleuropa. Hrsg. v. B. Krüger. 2 Bde. Berlin 1978.
29. Lexikon der Alten Welt. Hrsg. v. C. Andresen/H. Erbse/O. Gigon/ K. Schefold/K.F. Stroheker/E. Zinn. Zürich 1965.
30. Lexikon des Mittelalters. München/Zürich 1980–1998.
31. Limes-Kongreß I ff. (1952 ff.).
32. H. LÖWE, Deutschland im fränkischen Reich, in: Gebhardt, Handbuch der deutschen Geschichte. Hrsg. v. H. Grundmann. Bd. 1. 9. Aufl. Stuttgart 1970, §§ 24–47.
33. J. MARTIN, Spätantike und Völkerwanderung. 3., überarb. u. erw. Aufl. München 1995.
34. TH. MOMMSEN, Römische Geschichte. 5 Bde. Berlin 1868–1909.
35. Der Neue Pauly. Hrsg. v. H. Cancik/H. Schneider. Stuttgart/Weimar 1996 ff.
36. Real-Encyclopädie der klassischen Altertumswissenschaft. Hrsg. v. A. Pauly/G. Wissowa/W. Kroll. Stuttgart. 1894–1980.
37. Reallexikon der Germanischen Altertumskunde. Hrsg. v. J. Hoops. 4 Bde. Straßburg 1911–1918; 2. Aufl. Berlin/New York 1973 ff.
38. H. REICHERT, Lexikon der altgermanischen Personennamen. 2 Bde. Wien 1987–90.
39. A. ROLLINS, Rome in the Fourth Century A. D. An Annotated Bibliography with Historical Overview. London 1991.
40. P. SCARDIGLI, Der Weg zur deutschen Sprache. Bern 1994.
41. L. SCHMIDT, Die Westgermanen. 2. Aufl. München 1940.
42. L. SCHMIDT, Die Ostgermanen. 2. Aufl. München 1941, Ndr. 1969.
43. M. SCHÖNFELD, Wörterbuch der altgermanischen Personen- und Völkernamen. Heidelberg 1911.
44. H. K. SCHULZE, Grundstrukturen der Verfassung im MA. 2 Bde. 2. Aufl. Stuttgart 1990.
45. R. SIMEK, Lexikon der germanischen Mythologie. 2. Aufl. Stuttgart 1995.
46. G. WAITZ, Deutsche Verfassungsgeschichte. 8 Bde. Berlin 1880–1896.

B. Literatur

1. Allgemeine Literatur

47. D. BAATZ, Der römische Limes. 2. Aufl. Berlin 1975.
48. D. BAATZ/F.-R. HERRMANN (Hrsg.), Die Römer in Hessen. 2. Aufl. Stuttgart 1989.
49. T. BECHERT, Römisches Germanien zwischen Rhein und Maas: die Provinz Germania Inferior. Zürich 1982.
50. H. BECK (Hrsg.), Germanenprobleme aus heutiger Sicht. Berlin/ New York 1986.
51. H. BECK/T. CAPELLE/K. KROESCHELL/B. MAIER/R. MÜLLER/H. ROTH/E. SEEBOLD/H. STEUER/D. TIMPE, Germanen, Germania, Germanische Altertumskunde, in: [37] Bd. 11. Berlin/New York 1998, 181–483 (auch als Einzelpublikation erschienen).
52. W. BECK/D. PLANCK, Der Limes in Südwestdeutschland. Stuttgart 1980.
53. P. BROWN, Die letzten Heiden. Berlin 1986.
54. P. BROWN, The Rise of Western Christendom: Triumph and Diversity AD 200–1000. Oxford/Cambridge–Mass. 1996. Dt.: Die Entstehung des christlichen Europa. München 1996.
55. M. CHAPMAN, The Celts. The Construction of a Myth. London 1992.
56. H. CÜPPERS (Hrsg.), Die Römer in Rheinland-Pfalz. Stuttgart 1990.
57. W. CZYSZ (Hrsg.), Die Römer in Bayern. Stuttgart 1995.
58. F. DAHN, Die Könige der Germanen. Das Wesen des ältesten Königthums der germanischen Stämme und seine Geschichte bis auf die Feudalzeit. 12 Bde. München 1861–1909.
59. H. DANNENBAUER, Vom Werden des deutschen Volkes. Indogermanen – Germanen – Deutsche. Tübingen 1935.
60. A. DEMANDT, Die Anfänge der Staatenbildung bei den Germanen, in: HZ 230 (1980) 273–291.
61. E. DEMOUGEOT, La formation de l'Europe et les invasions barbares. 2 Bde. Paris 1969/79.
62. H. ELTON, Frontiers of the Roman Empire. London 1996.
63. A. FRANKE, Rom und die Germanen. Tübingen 1980.
64. J. FRIED, Gens und regnum. Wahrnehmungs- und Deutungskategorien des politischen Wandels im Frühmittelalter, in: Sozialer Wandel im Mittelalter. Hrsg. v. J. Miethke/K. Schreiner. Sigmaringen 1994, 73–104.

65. P. GEARY, Ethnic identity as a situational construct in the Early Middle Ages, in: Mitt. der Anthropologischen Ges. in Wien 113 (1983) 15–26.
66. D. GEUENICH/W. HAUBRICHS/J. JARNUT (Hrsg.), Nomen et gens. Zur historischen Aussagekraft frühmittelalterlicher Personennamen. Berlin/New York 1997.
67. H. GOLLWITZER, Zum politischen Germanismus des neunzehnten Jahrhunderts, in: Fschr. für Hermann Heimpel. Bd. 1. Göttingen 1971, 282–356.
68. D. GREEN, Language and History in the Early Germanic World. Cambridge 1998.
69. J. GRIMM, Deutsche Rechtsalterthümer. Bd. 1. Göttingen 1828.
70. S. GUTENBRUNNER, Germanische Frühzeit in den Berichten der Antike. Halle-Saale 1939.
71. R. HACHMANN, Die Goten und Skandinavien. Berlin 1970.
72. R. HACHMANN, Die Germanen. München 1971.
73. H. G. HORN (Hrsg.), Die Römer in Nordrhein–Westfalen. Stuttgart 1987.
74. J. JARNUT, Geschichte der Langobarden. Stuttgart 1982.
75. H.-J. KELLNER, Die Römer in Bayern. München 1978.
76. K. KRAFT, Gesammelte Aufsätze zur antiken Geschichte und Militärgeschichte. Hrsg. v. H. Castritius/D. Kienast. Darmstadt 1973.
77. W. KROGMANN, Die Kultur der alten Germanen. Bd. 1. Wiesbaden 1978.
78. A. D. LEE, Information and Frontiers. Cambridge 1993.
79. B. LUISELLI, Storia culturale dei rapporti tra mondo romano e mondo germanico. Roma 1992.
80. A. A. LUND, Zum Germanenbild der Römer: eine Einführung in die antike Ethnographie. Heidelberg 1990.
81. G. MILDENBERGER, Sozial- und Wirtschaftsgeschichte der Germanen. Stuttgart 1972.
82. R. MUCH, Deutsche Stammeskunde. 3. Aufl. Berlin/Leipzig 1920.
83. K. MÜLLENHOFF, Deutsche Altertumskunde. 5 Bde. Berlin 1870–1908.
84. W. POHL, Tradition, Ethnogenese und literarische Gestaltung: Eine Zwischenbilanz, in: Ethnogenese und Überlieferung. Hrsg. v. K. Brunner/B. Merta. Wien/München 1994, 9–26.
85. W. POHL, Telling the difference: signs of ethnic identity, in: Strategies of Distinction. The Construction of Ethnic Communities, 300–800. Hrsg. v. W. Pohl/H. Reimitz. Leiden/Boston/Köln 1998, 17–69.

86. A. Radnóti, Die germanischen Verbündeten der Römer. Frankfurt 1967.
87. H. Roth, Kunst der Völkerwanderungszeit. Frankfurt/Berlin/Wien 1979.
88. H. Roth, Hessen in frühgeschichtlicher Zeit, in: Das Werden Hessens. Hrsg. v. W. Heinemeyer. Marburg 1986, 85–124.
89. B. Scardigli/P. Scardigli (Hrsg.), Germani in Italia. Roma 1994.
90. B. Scardigli, Germanische Gefangene und Geiseln in Italien (von Marius bis Konstantin), in: [89] 117–157.
91. F. Schlette, Germanen zwischen Thorsberg und Ravenna. Kulturgeschichte der Germanen bis zum Ausgang der Völkerwanderungszeit. 3. Aufl. Leipzig 1980.
92. E. Schwarz, Germanische Stammeskunde. Freiburg 1956.
93. K. von See, Deutsche Germanenideologie vom Humanismus bis zur Gegenwart. Frankfurt/M. 1970.
94. K. von See, Barbar, Germane, Arier. Die Suche nach der Identität der Deutschen. Heidelberg 1994.
95. G. Tellenbach, Zur Geschichte des mittelalterlichen Germanenbegriffs, in: Jb. f. Internationale Germanistik 7,1 (1977) 145–165.
96. E. A. Thompson, The early Germans. Oxford 1965.
97. M. Todd, The Early Germans. Oxford 1992.
98. R. von Uslar, Die Germanen vom 1. bis 4. Jahrhundert n. Chr. Stuttgart 1980.
99. R. Wenskus, Stammesbildung und Verfassung: das Werden der frühmittelalterlichen gentes. 2. Aufl. Köln/Wien 1977.
100. C. R. Whittaker, Frontiers of the Roman Empire. Baltimore 1994.
101. H. Wolfram, Die Goten. Von den Anfängen bis zur Mitte des sechsten Jahrhunderts. Entwurf einer historischen Ethnographie. 3. Aufl. München 1990.
102. H. Wolfram, Das Reich und die Germanen. Zwischen Antike und Mittelalter. Berlin 1990.
103. H. Wolfram, Die Germanen. 2. Aufl. München 1995.

2. Die Germanen – Entstehung und römische Wahrnehmungen

104. W. Adler, Gustaf Kossinna, in: Studien zum Kulturbegriff in der Vor- und Frühgeschichtsforschung. Hrsg. v. R. Hachmann. Bonn 1987, 33–56.
105. H. Ament, Der Rhein und die Ethnogenese der Germanen, in: PZ 59 (1984) 37–47.

106. A. BAUMSTARK, Ausführliche Erläuterung des allgemeinen Theiles der Germania des Tacitus. Leipzig 1875.
107. H. BECK, Tacitus' Germania und die Deutsche Philologie, in: [124] 155–179.
108. H. BIRKHAN, Germanen und Kelten bis zum Ausgang der Römerzeit. Der Aussagewert von Wörtern und Sachen für die frühesten keltisch-germanischen Kulturbeziehungen. Wien 1970.
109. H. CALLIES, Zur Vorstellung der Römer von den Cimbern und Teutonen seit dem Ausgang der Republik, in: Chiron 1 (1971) 341–350.
110. K. CHRIST, Caesar und Ariovist, in: Chiron 4 (1974) 251–292.
111. Y. A. DAUGE, Le Barbare: recherches sur la conception romaine de la barbarie et de la civilisation. Bruxelles 1981.
112. E. DEMOUGEOT, L'invasion des Cimbres-Teutons-Ambrons et les Romains, in: Latomus 37 (1978) 910–938.
113. G. DOBESCH, Die Kimbern in den Ostalpen und die Schlacht bei Noreia, in: Mitt. der österreichischen Arbeitsgemeinschaft für Ur- und Frühgesch. 32 (1982) 51–78.
114. G. DOBESCH, Zur Ausbreitung des Germanennamens, in: Pro arte antiqua. Fsch. f. H. Kenner. Wien/Berlin 1982, 77–99.
115. G. DOBESCH, Principis dignationem: Zur Deutung von Tacitus, Germania 13,2, in: Chiron 23 (1993) 29–51.
116. S. FEIST, Germanen und Kelten in der antiken Überlieferung. Halle 1927.
117. S. FEIST, Das Volkstum der Kimbern und Teutonen, in: Zs. für schweizerische Gesch. 9 (1929) 129–60.
118. F. FRAHM, Die Entwicklung des Suebenbegriffs in der antiken Literatur, in: Klio 23 (1930) 192–199.
119. L. GALL, Die Germania als Symbol nationaler Identität im 19. und 20. Jh., in: Nachrichten der Akademie der Wissenschaften zu Göttingen 1993, 43–79.
120. S. GUTENBRUNNER, Zum Namen Germanen, in: Paul-Braune-Beiträge zur Geschichte der deutschen Sprache 65 (1941) 106–120.
121. R. HACHMANN, Der Begriff des Germanischen, in: Jb. für internationale Germanistik 7 (1975) 113–144.
122. R. HACHMANN/G. KOSSACK/H. KUHN, Völker zwischen Germanen und Kelten. Neumünster 1962.
123. L. HEDEAGER, The Creation of Germanic Identity, in: Frontières d'Empire. Nemours 1993, 121–131.
124. H. JANKUHN/D. TIMPE (Hrsg.), Beiträge zum Verständnis der Germania des Tacitus. Teil 1. Göttingen 1989.

125. P. JOACHIMSEN, Tacitus im deutschen Humanismus, in: Ders., Gesammelte Aufsätze. Beiträge zu Renaissance, Humanismus und Reformation. Hrsg. v. N. Hammerstein. Aalen 1970.
126. G. KOSSINNA, Ursprung und Verbreitung der Germanen in vor- und frühgeschichtlicher Zeit. Teil 1 und 2. Berlin 1926–27.
127. K. KRAFT, Zur Entstehung des Namens ‚Germania‘, in: Sitzungsber. der Wiss. Ges. an der Johann Wolfgang von Goethe-Universität Frankfurt/Main 9 (1970) 27–62.
128. L. KRAPF, Germanenmythus und Reichsideologie: Frühhumanistische Rezeptionsweisen der taciteischen ‚Germania‘. Tübingen 1979.
129. H. KRAHE, Sprachliche Aufgliederung und Sprachbewegungen in Alteuropa. Mainz 1959.
130. W. KÜNNEMANN, Jastorf – Geschichte und Inhalt eines archäologischen Kulturbegriffs, in: Die Kunde NF. 46 (1995) 61–122.
131. H. KUHN, Das Rheinland in den germanischen Wanderungen. 2 Teile, in: RhVjbll 37/38 (1973/74) 276–314; 1–31.
132. H. KUHN, Kleine Schriften. 4 Bde. Berlin 1969–78.
133. A. A. LUND, *De Germaniae vocabulo*, in: Glotta 55 (1977) 93–111.
134. A. A. LUND, Die Erfindung der Germanen, in: AU 38 (1995) 4–20.
135. A. A. LUND, Versuch einer Gesamtinterpretation der ‚Germania‘ des Tacitus, in: ANRW II 33.3. Berlin/New York 1991, 1858–1988.
136. A. A. LUND, Zum Germanenbegriff bei Tacitus, in: [50] 53–87.
137. A. A. LUND, Zu den Suebenbegriffen in der taciteischen Germania, in: Klio 71 (1989) 620–635.
138. A. A. LUND, Kritischer Forschungsbericht zur ‚Germania‘ des Tacitus, in: ANRW II 33.3. Berlin/New York 1991, 1989–2222.
139. A. A. LUND, Die ersten Germanen. Ethnizität und Ethnogenese. Heidelberg 1998.
140. W. MEID, Hans Kuhns ‚Nordwestblock‘-Hypothese. Zur Problematik der Völker zwischen Germanen und Kelten, in: [50] 183–212.
141. G. MILDENBERGER, Germanen in der archäologischen Forschung nach Kossinna, in: [49] 310–320.
142. O. MONTELIUS, Die Einwanderung unserer Vorväter nach Norden, in: Arch. für Anthropologie 7 (1888) 51–60.
143. R. MUCH, Die Germania des Tacitus. Heidelberg 1937.
144. W. MÜHLMANN, Ethnogonie und Ethnogenese. Theoretisch-ethnologische und ideologiekritische Studie, in: Studien zur Ethnogenese. Opladen 1985, 9–27.

145. C. W. MÜLLER (Hrsg.), Zum Umgang mit fremden Sprachen in der griechisch-römischen Antike. Stuttgart 1992.
146. K. E. MÜLLER, Geschichte der antiken Ethnographie und ethnologischen Theoriebildung. 2 Bde. Wiesbaden 1972–1980; gekürzte Taschenbuchausgabe: Geschichte der antiken Ethnologie. Reinbek 1997.
147. H. NESSELHAUF, Tacitus und Domitian, in: Tacitus. Hrsg. v. V. Pöschl. Darmstadt 1969, 208–240.
148. G. NEUMANN, Germani cisrhenani – die Aussage der Namen, in: [50] 107–129.
149. G. NEUMANN/H. SEEMANN (Hrsg.), Beiträge zum Verständnis der Germania des Tacitus. Teil 2. Göttingen 1992.
150. E. NORDEN, Die germanische Urgeschichte in Tacitus' Germania. Stuttgart 1923.
151. E. NORDEN, Der Germanenexkurs in Caesars Bellum Gallicum – Die ethnographischen Abschnitte Caesars über Suebi und Germani, in: Caesar. Hrsg. v. D. Rasmussen. Darmstadt 1967, 116–137.
152. K. PESCHEL, Anfänge germanischer Besiedlung im Mittelgebirgsraum. Sueben, Hermunduren, Markomannen. Berlin 1978.
153. K. PESCHEL, Die Sueben in Ethnographie und Archäologie, in: Klio 60 (1978) 259–309.
154. H. VON PETRIKOVITS, Germani Cisrhenani, in: [50] 88–106.
155. W. POHL, Barbarenkrieger: Wahrnehmungen und Wirklichkeiten, in: Römische und germanische Bewaffnung. Hrsg. v. H. W. Böhme/C. von Carnap. Lublin/Marburg-Lahn 1994, 155–167.
156. L. POLVERINI, Germani in Italia prima dei Cimbri?, in: [89] 1–10.
157. S. RIECKHOFF, Süddeutschland im Spannungsfeld von Kelten, Germanen und Römern. Trier 1995.
158. N. ROYMANS, Romanization, Cultural Identity and the Ethnic Discussion. The Integration of Lower Rhine Populations in the Roman Empire, in: Integration in the Early Roman West. The Role of Culture and Ideology. Hrsg. v. J. Metzler/M. Millet/N. Roymans/J. Slofstra. Luxembourg 1995, 47–64.
159. L. RÜBEKEIL, Suebica. Völkernamen und Ethnos. Diss. phil. Innsbruck 1992.
160. L. RÜBEKEIL, Völkernamen Europas, in: Namenforschung. Ein internationales Handbuch zur Onomastik. Hrsg. v. E. Eichler. Berlin/New York 1996, 1330–1343.
161. W. P. SCHMID, Alteuropa und das Germanische, in: [50] 155–167.
162. K. H. SCHMIDT, The Celts and the Ethnogenesis of the Germanic People, in: Hist. Sprachforsch. 104 (1991) 129–152.

163. J. Schnetz, Der Namen Germanen, in: Paul-Braune-Beitr. zur Gesch. der deutschen Sprache 47 (1923) 470–491.
164. G. Schwantes, Die Jastorf-Zivilisation, in: Fschr. P. Reinecke. Hrsg. v. G. Behrens/J. Werner. Mainz 1950, 119–30.
165. E. Seebold, Die Konstituierung des Germanischen in sprachlicher Hinsicht, in: [50] 168–182.
166. M. Springer, Zu den begrifflichen Grundlagen der Germanenforschung, in: Abh. und Ber. des staatlichen Museums für Völkerkunde Dresden 44 (1990) 169–178.
167. A. Städele, Namenssätze und Suebenknoten. Zu Tac. Germ. 2,2 f. und 38,2, in: Gymnasium 101 (1994) 349–358.
168. W. Stöckli, Römer, Kelten und Germanen, in: Bonner Jb. 193 (1993) 121–140.
169. R. Syme, Tacitus. 2 Bde. 2. Aufl. Oxford 1979.
170. D. Timpe, Ethnologische Begriffsbildung in der Antike, in: [50] 22–40.
171. D. Timpe, Die Söhne des Mannus, in: Chiron 21 (1991) 69–124; oder in: [176] 1–60.
172. D. Timpe, Entdeckungsgeschichte, in: [37] 2. Aufl., Bd. 7, 307–389.
173. D. Timpe, Der Sueben-Begriff bei Tacitus, in: [149] 278–310.
174. D. Timpe, Kimberntradition und Kimbernmythos, in: [89] 23–60.
175. D. Timpe, Der Namensatz der taciteischen Germania, in: [176] 61–92.
176. D. Timpe, Romano-Germanica. Gesammelte Studien zur Germania des Tacitus. Stuttgart/Leipzig 1995.
177. C. Trzaska-Richter, Furor Teutonicus. Das römische Germanenbild in Politik und Propaganda von den Anfängen bis zum 2. Jahrhundert n. Chr. Trier 1991.
178. K. Trüdinger, Studien zur Geschichte der griechisch-römischen Ethnographie. Leipzig 1918.
179. J. Udolph, Namenkundliche Studien zum Germanenproblem. Berlin/New York 1994.
180. J. de Vries, Kimbren und Teutonen, in: Erbe der Vergangenheit. Germanistische Beiträge. Fsch. K. Helm. Tübingen 1951, 7–24.
181. E. Wahle, Zur ethnischen Deutung frühgeschichtlicher Kulturprovinzen. Heidelberg 1941.
182. G. Walser, Caesar und die Germanen. Studien zur politischen Tendenz römischer Feldzugsberichte. Wiesbaden 1959.
183. L. Weisgerber, Die Namen der Ubier. Köln 1968.
184. R. Wenskus, Über die Möglichkeit eines allgemeinen interdisziplinären Germanenbegriffs, in: [50] 1–21.

185. G. Wissowa, Die germanische Urgeschichte in Tacitus' Germania, in: Neue Jbb. 24 (1921) 14–31.
186. E. Wolff, Das geschichtliche Verstehen in Tacitus' Germania (1934), in: Der Untergang des Römischen Reiches. Hrsg. v. K. Christ. Darmstadt 1970, 241–297.
187. W. M. Zeitler, Zum Germanenbegriff Caesars: Der Germanenexkurs im sechsten Buch von Caesars Bellum Gallicum, in: [50] 41–52.

3. Rom und die Germanen in der frühen Kaiserzeit

188. M. Bang, Die Germanen im römischen Dienst bis zum Regierungsantritt Constantins I. Berlin 1906.
189. A. Becker, Rom und die Chatten. Darmstadt 1992.
190. A. Bernecker, Die Feldzüge des Tiberius. Die Darstellung der unterworfenen Gebiete in der ,Geographie' des Ptolemaeus. Bonn 1989.
191. V. Bierbrauer, Archäologie und Geschichte der Goten vom 1.–7. Jh. Versuch einer Bilanz, in: FMSt 28 (1994) 51–171.
192. A. Birley, Mark Aurel. Kaiser und Philosoph. 2. Aufl. München 1977.
193. H. W. Böhme, Archäologische Zeugnisse zur Geschichte der Markomannenkriege, in: JbRGZM 22 (1975) 153–217.
194. R. Busch (Hrsg.), Rom an der Niederelbe. Hamburg 1995.
195. K. Christ, Drusus und Germanicus. Der Eintritt der Römer in Germanien. Paderborn 1956.
196. K. Christ, Zur Augusteischen Germanienpolitik, in: Chiron 7 (1977) 149–205.
197. W. Dahlheim, Deditio und Societas. München 1968.
198. A. Demandt, Arminius und die frühgermanische Staatenbildung, in: [241] 185–96.
199. K. Dietz, Zur Verwaltungsgeschichte Obergermaniens und Rätiens unter Mark Aurel, in: Chiron 19 (1989) 407–447.
200. G. Dobesch, Aus der Vorgeschichte der Markomannenkriege, in: Anzeiger der Österreichischen Akademie der Wissenschaften 131 (1994) 67–125.
201. H. J. Eggers, Lübsow, ein germanischer Fürstensitz der älteren Kaiserzeit, in: PZ 24/25 (1949/50) 58–111.
202. H. J. Eggers, Zur absoluten Chronologie der römischen Kaiserzeit im freien Germanien, in: ANRW II.5.1. 2. Auflage. Berlin/New York 1976, 3–64.

203. H. Friesinger/J. Tejral/A. Stuppner (Hrsg.), Markomannenkriege – Ursachen und Wirkungen. Brno 1994.
204. G. Franzius (Hrsg.), Aspekte römisch–germanischer Beziehungen in der frühen Kaiserzeit. Espelkamp 1995.
205. G. Franzius, Die römischen Funde und Münzen aus Kalkriese, Ldkr. Osnabrück, Deutschland, der Jahre 1987–1996, in: Studies in Archaeology and History 2 (1997) 76–91.
206. M. Gebühr, Zur Definition älterkaiserzeitlicher Fürstengräber vom Lübsow-Typ, in: PZ 49 (1974) 82–182.
207. A. Genrich, Die Wohnsitze der Langobarden an der Niederelbe nach den schriftlichen Nachrichten und den archäologischen Quellen, in: Die Kunde NF. 23 (1972) 99–114.
208. P. Kehne, Das Instrumentarium kaiserzeitlicher Außenpolitik und die Ursachen der Markomannenkriege, in: [203] 39–50.
209. H.-J. Kellner, Raetien und die Markomannenkriege, in: Marc Aurel. Hrsg. v. R. Klein. Darmstadt 1979, 226–269.
210. J. Klose, Roms Klientelrandstaaten am Rhein und an der Donau: Beiträge zu ihrer Geschichte und rechtlichen Stellung im 1. und 2. Jhdt. n. Chr. Breslau 1934.
211. J.-S. Kühlborn (Hrsg.), Germaniam pacavi – Germanien habe ich befriedet: archäologische Stätten augusteischer Okkupation. Münster 1995.
212. E. Künzl, Romanisierung am Rhein – Germanische Fürstengräber als Dokument des römischen Einflusses nach der gescheiterten Expansionspolitik, in: Kaiser Augustus und die verlorene Republik. Ausstellungskatalog. Berlin 1988, 546–605.
213. F. Laux, Überlegungen zu den germanischen Fürstengräbern bei Marwedel, Gde. Hitzacker, Kr. Lüchow-Dannenberg, in: BerRGK 73 (1992) 315–376.
214. Th. Mommsen, Römisches Staatsrecht. Bd. 3. 3. Aufl. Berlin 1887/88.
215. R. Nierhaus, Das swebische Gräberfeld von Diersheim. Studien zur Geschichte der Germanen am Oberrhein vom Gallischen Krieg bis zur alamannischen Landnahme. Berlin 1966.
216. H. von Petrikovits, Arminius, in: BJ 166 (1966) 175–93.
217. H. von Petrikovits, Die Rheinlande in römischer Zeit. 2 Bde. Düsseldorf 1980.
218. M. Pietsch/D. Timpe/L. Wamser, Das augusteische Truppenlager Marktbreit, in: BerRGK 72 (1991) 264–324.
219. L. F. Pitts, Relations between Rome and the Germanic ‚Kings' on

the Middle Danube in the First to Fourth Centuries A.D., in: JRS 79 (1989) 45–58.
220. W. SCHEIDEL, Der Germaneneinfall in Oberitalien unter Marcus Aurelius und die Emissionsabfolge der kaiserlichen Reichsprägung, in: Chiron 20 (1990) 1–18.
221. W. SCHLÜTER, Archäologische Zeugnisse zur Varusschlacht. Die Untersuchungen in der Kalkrieser-Niewedder Senke bei Osnabrück, in: Germania 70 (1992) 307–402.
222. O. SCHMITT, Anmerkungen zum Bataveraufstand, in: BJ 193 (1993) 141–60.
223. S. VON SCHNURBEIN/H. J. KÖHLER, Dorlar. Ein augusteisches Römerlager im Lahntal, in: Germania 72 (1994) 193–703.
224. H. SCHÖNBERGER, Die römischen Truppenlager der frühen und mittleren Kaiserzeit zwischen Nordsee und Inn, in: BerRGK 66 (1985) 321–495.
225. M. STAHL, Zwischen Abgrenzung und Integration: Die Verträge der Kaiser Mark Aurel und Commodus mit den Völkern jenseits der Donau, in: Chiron 19 (1989) 289–317.
226. K. STROBEL, Der Chattenkrieg Domitians, in: Germania 65 (1987) 423–452.
227. K. TAUSEND, Wohin wollte Varus?, in: Klio 79 (1997) 372–382.
228. J. TEJRAL, Die Probleme der römisch-germanischen Beziehungen unter Berücksichtigung der neuen Forschungsergebnisse im niederösterreichisch-südmährischen Thayaflußgebiet, in: BerRGK 73 (1992) 377–468.
229. D. TIMPE, Der römische Verzicht auf die Okkupation Germaniens, in: Chiron 1 (1971) 267–284.
230. D. TIMPE, Arminius-Studien. Heidelberg 1970.
231. D. TIMPE, Der Triumph des Germanicus. Untersuchungen zu den Feldzügen der Jahre 14–16 n.Chr. Bonn 1968.
232. D. TIMPE, Wegeverhältnisse und römische Okkupation Germaniens, in: Untersuchungen zu Handel und Verkehr der vor- und frühgeschichtlichen Zeit in Mittel- und Nordeuropa. Hrsg. v. H. Jankuhn/W. Kimmig/E. Ebel. Göttingen 1989, 83–107.
233. D. TIMPE, Geographische Faktoren und politische Entscheidungen in der Geschichte der Varuszeit, in: [241] 9–12.
234. D. TIMPE, Rom und die Barbaren des Nordens, in: Die Begegnung mit dem Fremden. Hrsg. v. M. Schuster. Stuttgart/Leipzig 1996, 34–50.
235. D. TIMPE, Die Schlacht im Teutoburger Wald, in: Schlachtenmythen. Hrsg. v. G. Krumeich. Wien 1999, im Druck.

236. R. URBAN, Der Bataveraufstand und die Erhebung des Julius Civilis. Trier 1985.
237. P. VEYNE, Die Originalität des Unbekannten. Frankfurt/Main 1994.
238. G. WALSER, Rom, das Reich und die fremden Völker. Studien zur Glaubwürdigkeit des Tacitus. Basel 1951.
239. C. M. WELLS, The German Policy of Augustus. Oxford 1972.
240. K.-W. WELWEI, Römische Weltherrschaftsideologie und augusteische Germanienpolitik, in: Gymnasium 93 (1986) 118–137.
241. R. WIEGELS/W. WOESLER (Hrsg.), Arminius und die Varusschlacht: Geschichte – Mythos – Literatur. Paderborn/München/Wien/Zürich 1995.
242. W. WILL, Römische ‚Klientel-Randstaaten' am Rhein? Eine Bestandsaufnahme, in: BJ 187 (1987) 1–60.
243. W. WOLFF, Welchen Zeitraum stellt der Bilderfries der Marcus-Säule dar?, in: Ostbairische Grenzmarken 32 (1990) 9–29.
244. R. WOLTERS, ‚Tam diu Germania vincitur'. Römische Germanensiege und Germanensiegpropaganda bis zum Ende des 1. Jahrhunderts n.Chr. Bochum 1989.
245. R. WOLTERS, Römische Eroberung und Herrschaftsorganisation in Gallien und Germanien. Zur Entstehung und Bedeutung der sogenannten Klientel-Randstaaten. Bochum 1990.
246. R. WOLTERS, Der Waren- und Dienstleistungsaustausch zwischen dem Römischen Reich und dem Freien Germanien in der Zeit des Prinzipats. Eine Bestandsaufnahme, in: Münstersche Beiträge zur Antiken Handelsgeschichte Bd. 9,1 (1990) 14–44; Bd. 10,1 (1991) 78–132.
247. R. WOLTERS, Varusschlachten – oder: Neues zur Örtlichkeit der Varusschlacht, in: Die Kunde NF. 44 (1993) 167–183.
248. W. ZWIKKER, Studien zur Markussäule. Bd. 1. Amsterdam 1941.

4. Das spätantike Germanien – Alemannen und Franken

249. Die Alamannen. Hrsg. v. Archäologischen Landesmuseum Baden-Württemberg. Ausstellungskatalog. Stuttgart 1997.
250. G. ALFÖLDY, Die Alamannen in der Historia Augusta, in: JbRGZM 25 (1978) 196–207.
251. T. ANDERSON Jr., Roman military colonies in Gaul: Salian ethnogenesis and the forgotten meaning of Pactus Legis Salicae 59.5., in: Early Medieval Europe 4 (1995) 129–144.

252. L. BAKKER, Raetien unter Postumus. Das Siegesdenkmal einer Juthungenschlacht im Jahre 260 n.Chr. aus Augsburg, in: Germania 71 (1993) 369–386.
253. P. BARCELÒ, Roms auswärtige Beziehungen unter der Constantinischen Dynastie (306–363). Regensburg 1981.
254. F. BAUMANN, Schwaben und Alemannen, ihre Herkunft und Identität, in: Forschungen zur deutschen Geschichte 16 (1876) 215–77.
255. M. BECHER, *Non enim habent regem idem Antiqui Saxones*... Verfassung und Ethnogenese in Sachsen während des 8. Jahrhunderts, in: Sachsen und Franken in Westfalen. Studien zur Sachsenforschung 12. Hrsg. v. H.-J. Häßler. Oldenburg 1999, 1–31.
256. B. BEHR, Das alemannische Herzogtum bis 750. Bern/Frankfurt am Main 1975.
257. F. BEYERLE, Die Lex Ribuaria, in: ZRG GA 48 (1928) 264–378.
258. W. BLEIBER, Das Frankenreich der Merowinger. Wien 1988.
259. H. W. BÖHME, Germanische Grabfunde des 4. bis 5. Jahrhunderts zwischen unterer Elbe und Loire. Studien zur Chronologie und Bevölkerungsgeschichte. München 1974.
260. H. W. BÖHME, Kontinuität und Traditionen bei Wanderungsbewegungen im frühmittelalterlichen Europa vom 1.–6. Jh., in: Arch. Informationen 19 (1996) 89–103.
261. H. W. BÖHME, Franken oder Sachsen? Beiträge zur Siedlungs- und Bevölkerungsgeschichte in Westfalen vom 4.–7. Jahrhundert, in: Sachsen und Franken in Westfalen. Studien zur Sachsenforschung 12. Hrsg. v. H.-J. Häßler. Oldenburg 1999, 43–73.
262. H. CASTRITIUS, Von politischer Vielfalt zur Einheit. Zu den Ethnogenesen der Alemannen, in: Typen der Ethnogenese. Bd. 1. Hrsg. v. H. Wolfram/W. Pohl. Wien 1990, 71–84.
263. H. CASTRITIUS, Semnonen – Juthungen – Alemannen, in: [281] 349–366.
264. R. CHRISTLEIN, Die Alamannen. 2. Auflage Stuttgart 1979.
265. E. CHRYSOS, De foederatis iterum, in: Kingdoms of the Empire. The Integration of Barbarians in Late Antiquity. Hrsg. v. W. Pohl. Leiden/New York/Köln 1997, 185–206.
266. D. CLAUDE, Zu Fragen des alemannischen Königtums an der Wende vom 5. zum 6. Jahrhundert, in: HessJbLG 45 (1995) 1–16.
267. U. DAHMLOS, Archäologische Funde des 4. bis 9. Jahrhunderts in Hessen. Marburg 1979.
268. A. DEMANDT, Die Spätantike. Römische Geschichte von Diocletian bis zu Konstantin. München 1988.

269. A. DEMANDT, Die westgermanischen Stammesbünde, in: Klio 75 (1993) 387–406.
270. U.-B. DITTRICH, Die Beziehungen Roms zu den Sarmaten und Quaden im vierten Jahrhundert n. Chr. Bonn 1984.
271. J. F. DRINKWATER, Julian and the Franks and Valentinian I and the Alamanni: Ammianus on Romano-German Relations, in: Francia 24 (1998) 1–15.
272. E. EWIG, Spätantikes und fränkisches Gallien. Gesammelte Schriften (1952–1973). 2 Bde. Hrsg. v. H. Atsma. München 1975/76.
273. E. EWIG, Die *Civitas Ubiorum*, die *Francia Rhinensis* und das Land Ribuarien, in: [272] Bd. 1, 472–503.
274. E. EWIG, Die Merowinger und das Frankenreich. Stuttgart/Berlin/Köln/Mainz. 3. Aufl. 1997.
275. E. EWIG, Probleme der fränkischen Frühgeschichte in den Rheinlanden, in: Historische Forschungen f. W. Schlesinger. Hrsg. v. H. Beumann. Köln/Wien 1974, 47–74.
276. G. FINGERLIN, Die alamannische Landnahme im Breisgau, in: Ausgewählte Probleme europäischer Landnahmen des Früh- und Hochmittelalters. Hrsg. v. M. Müller-Wille/R. Schneider. Sigmaringen 1993, 59–82.
277. Die Franken – Wegbereiter Europas. Katalog der Ausstellung. Hrsg. v. A. Wieczorek/P. Périn/K. v. Welck/W. Menghin. 2 Bde. Mannheim 1996.
278. P. GEARY, Die Merowinger. Europa vor Karl dem Großen. München 1996.
279. D. GEUENICH, Zum gegenwärtigen Stand der Alemannenforschung, in: [313] 159–169.
280. D. GEUENICH, Geschichte der Alemannen. Stuttgart/Berlin/Köln 1997.
281. D. GEUENICH (Hrsg.), Die Franken und Alemannen bis zur ‚Schlacht bei Zülpich' (496/97). Berlin/New York 1998.
282. D. GEUENICH, Chlodwigs Alemannenschlacht(en) und Taufe, in: [281] 423–437.
283. D. GEUENICH/H. KELLER, Alamannen, Alamannien, alamannisch im frühen Mittelalter. Möglichkeiten und Schwierigkeiten des Historikers beim Versuch der Eingrenzung, in: [331] 135–158.
284. H. W. GOETZ, Zur Wandlung des Frankennamens, in: Integration und Herrschaft im Frühmittelalter. Hrsg. v. W. Pohl/M. Diesenberger (im Druck).

285. G. Halsall, The origins of Reihengräberzivilisation: forty years on, in: Fifth-century Gaul: a Crisis of Identity? Hrsg. v. J. Drinkwater/H. Elton. Cambridge 1992, 196–207.
286. W. Hübener (Hrsg.), Die Alamannen in der Frühzeit. Bühl 1974.
287. R. Kaiser, Die Franken. Roms Erben und Wegbereiter Europas? Idstein 1997.
288. H. Keller, Alamannen und Sueben nach den Schriftquellen des 3. bis 7. Jahrhunderts, in: FMSt 23 (1989) 89–111.
289. H. Keller, Probleme der frühen Geschichte der Alamannen (,alamannische Landnahme') aus historischer Sicht, in: Ausgewählte Probleme europäischer Landnahmen des Früh- und Hochmittelalters. Hrsg. v. M. Müller-Wille/R. Schneider. Sigmaringen 1993, 83–102.
290. H. Keller, Strukturveränderungen in der westgermanischen Welt am Vorabend der fränkischen Großreichsbildung. Fragen, Suchbilder, Hypothesen, in: [281] 581–607.
291. H.-P. Kuhnen (Hrsg.), Gestürmt – Geräumt – Vergessen? Der Limesfall und das Ende der Römerherrschaft in Südwestdeutschland. Stuttgart 1992.
292. W. Lammers (Hrsg.), Entstehung und Verfassung des Sachsenstammes. Darmstadt 1967.
293. S. Lorenz, Imperii fines erunt intacti. Rom und die Alamannen 350–378. Frankfurt 1997.
294. M. Martin, Tradition und Wandel der fibelgeschmückten frühmittelalterlichen Frauenkleidung, in: JbRGZM 38 (1991) 629–680.
295. M. Martin, Alemannen im römischen Heer – eine verpaßte Integration und ihre Folgen, in: [281] 407–422.
296. F. Maurer, Nordgermanen und Alemannen. Bern/München 1952.
297. H. U. Nuber/K. Schmid/H. Steuer/T. Zotz (Hrsg.), Archäologie und Geschichte des ersten Jahrtausends in Südwestdeutschland. Band 1. Sigmaringen 1990.
298. L. Okamura, Alamannia Devicta. Roman-German Conflicts from Caracalla to the First Tetrarchy (A. D. 213–305). 2 Bde. Ann Arbor-Michigan 1984.
299. H. von Petrikovits, Die römischen Provinzen am Rhein und an der oberen und mittleren Donau im 5. Jahrhundert n.Chr., in: Ders., Beiträge zur römischen Geschichte und Archäologie. Bd. 2. Köln/Bonn 1991, 225–246.
300. R. Pirling, Römer und Franken am Niederrhein. Mainz 1986.

301. R. PIRLING, Krefeld-Gellep im Frühmittelalter, in: [277] 261–265.
302. D. PLANCK/S. VON SCHNURBEIN, Der römische Limes in Deutschland. Stuttgart 1992.
303. W. POHL, Alemannen und Franken. Schlußbetrachtung aus historischer Sicht, in: [281] 636–651.
304. C. REICHMANN, Frühe Franken in Germanien, in: [277] 55–65.
305. D. ROSENSTOCK/L. WAMSER, Von der germanischen Landnahme bis zur Einbeziehung in das fränkische Reich, in: Unterfränkische Geschichte. Hrsg. von P. Kolb/E. Krenig. Würzburg 1990, 15–90.
306. H. SCHACH-DÖRGES, ‚Zusammengespülte und vermengte Menschen'. Suebische Kriegerbünde werden seßhaft, in: [249] 79–102.
307. E. SCHALLMAYER (Hrsg.), Niederbieber, Posthumus und der Limesfall. Bad Homburg vor der Höhe 1996.
308. R. SCHNEIDER, Das Frankenreich. 3. Aufl. München 1995.
309. F. SIEGMUND, Alemannen und Franken. Archäologische Überlegungen zu ethnischen Strukturen in der zweiten Hälfte des 5. Jahrhunderts, in: [281] 558–580.
310. M. SPRINGER, Der Eintritt der Alemannen in die Weltgeschichte, in: Abh. u. Ber. staatl. Mus. Völkerkunde Dresden 41. Berlin 1984, 99–137.
311. M. SPRINGER, Gab es ein Volk der Salier?, in: [66] 58–83.
312. M. SPRINGER, *Riparii* – Ribuarier – Rheinfranken nebst einigen Bemerkungen zum Geographen von Ravenna, in: [281] 200–269.
313. F. STAAB (Hrsg.), Zur Kontinuität zwischen Antike und Mittelalter am Oberrhein. Sigmaringen 1994.
314. B. STALLKNECHT, Untersuchungen zur römischen Außenpolitik in der Spätantike (306–395 n. Chr.). Bonn 1969.
315. H. STEUER, Die Alamannen auf dem Zähringer Burgberg. Stuttgart 1990.
316. H. STEUER, Höhensiedlungen des 4. und 5. Jahrhunderts in Südwestdeutschland, in: [297] 139–206.
317. H. STEUER, Theorien zur Herkunft und Entstehung der Alemannen. Archäologische Forschungsansätze, in: [281] 270–324.
318. T. STICKLER, Iuthungi sive Semnones, in: Bayerische Vorgeschbll. 60 (1995) 231–249.
319. K. F. STROHEKER, Zur Rolle der Heermeister fränkischer Abstammung im späten 4. Jahrhundert, in: Historia 4 (1955) 314–330.
320. K. F. STROHEKER, Alamannen im römischen Reichsdienst, in: Ders., Germanentum und Spätantike. Zürich/Stuttgart 1965, 30–53.

321. M. WAAS, Germanen im römischen Dienst im 4. Jh. n.Chr. 2. Aufl. Bonn 1971.
322. N. WAGNER, Der völkerwanderungszeitliche Germanenbegriff, in: [50] 130–154.
323. N. WAGNER, Der Stammesname der Salier und die ‚westgermanische' Konsonantengemination, in: ZdtA 118 (1997) 34–42.
324. R. WENSKUS, Sachsen – Angelsachsen – Thüringer, in: Entstehung und Verfassung des Sachsenstammes. Hrsg. v. W. Lammers. Darmstadt 1967, 483–545.
325. J. WERNER, Zur Entstehung der Reihengräberzivilisation, in: Siedlung, Sprache und Bevölkerungsstruktur im Frankenreich. Hrsg. v. F. Petri. Darmstadt 1973, 285–325.
326. K. F. WERNER, Die Ursprünge Frankreichs bis zum Jahr 1000. Stuttgart 1989.
327. K. F. WERNER, La ‚conquête Franque' de la Gaule. Itineraires historiographiques d'une erreur, in: Bibliothèque de l'École des Chartes 154 (1997) 7–45.
328. J. WERNER/E. EWIG (Hrsg.), Von der Spätantike zum frühen Mittelalter. Aktuelle Probleme in historischer und archäologischer Sicht. Sigmaringen 1979.
329. G. WIRTH, Rome and its Germanic partners in the fourth century, in: Kingdoms of the Empire. The Integration of Barbarians in Late Antiquity. Hrsg. v. W. Pohl. Leiden/New York/Köln 1997, 13–55.
330. H. WOLFRAM, Typen der Ethnogenese. Ein Versuch, in: [281] 608–627.
331. H. WOLFRAM/A. SCHWARCZ (Hrsg.), Die Bayern und ihre Nachbarn. Bd. 1; Bd. 2: Hrsg. H. Friesinger/F. Daim. Wien 1985.
332. H. WOLFRAM/W. POHL (Hrsg.), Typen der Ethnogenese. Bd. 1. Wien 1990; Bd. 2: Hrsg. H. Friesinger/F. Daim. Wien 1990.
333. I. N. WOOD, The Merovingian Kingdoms, 450–751. London/New York 1994.
334. I. N. WOOD (Hrsg.), Franks and Alamanni in the Merovingian Period. Woodbridge 1999.
335. E. ZÖLLNER, Geschichte der Franken bis zur Mitte des sechsten Jahrhunderts. München 1970.
336. T. ZOTZ, Die Alemannen in der Mitte des 4. Jh.s nach dem Zeugnis des Ammianus Marcellinus, in: [281] 384–406.

5. Herrschaft, Gesellschaft und Kultur

337. W. AFFELDT (Hrsg.), Frauen in Spätantike und Frühmittelalter. Lebensbedingungen – Lebensnormen – Lebensformen. Sigmaringen 1990.
338. K. v. AMIRA, Die germanischen Todesstrafen. München 1922.
339. J. AMSTADT, Südgermanische Religion seit der Völkerwanderungszeit. Stuttgart-Berlin-Köln 1991.
340. J. AMSTADT (Hrsg.), Die Frau bei den Germanen. Matriarchale Spuren in einer patriachalen Gesellschaft. Stuttgart 1994.
341. W. BAETKE, Die Religion der Germanen in Quellenzeugnissen. 2. Aufl. Frankfurt 1938.
342. W. BAETKE, Das Heilige im Germanischen. Tübingen 1942.
343. W. BAETKE, Kleine Schriften. Weimar 1973.
344. J. BAZELMANS, Conceptualising early Germanic political structure: a review of the use of the concept of Gefolgschaft, in: Images of the Past. Hrsg. v. N. Roymans/F. Theuws. Amsterdam 1991, 91–130.
345. J. BAZELMANS, Beyond power. Ceremonial exchanges in Beowulf, in: Rituals of Power from Late Antiquity to the Early Middle Ages. Hrsg. v. F. Theuws. Leiden (im Druck).
346. H. BECK, Germanische Menschenopfer in der literarischen Überlieferung, in: Vorgeschichtliche Heiligtümer und Opferplätze in Mittel- und Nordeuropa. Hrsg. v. H. Jankuhn. Göttingen 1970, 83–92.
347. H. BECK, Namenkundlich-religionsgeschichtliche Bemerkungen zur Gudme-Diskussion, in: Nordwestgermanisch. Hrsg. v. F. Marold/C. Zimmermann. Berlin/New York 1995, 41–55.
348. H. BECK, Probleme einer völkerwanderungszeitlichen Religionsgeschichte, in: [281] 475–488.
349. H. BECK/D. ELLMERS/K. SCHIER (Hrsg.), Germanische Religionsgeschichte. Quellen und Quellenprobleme. Berlin/New York 1992.
350. H. BECK/ H. STEUER (Hrsg.), Haus und Hof in ur– und frühgeschichtlicher Zeit. Göttingen 1997.
351. G. BEHM-BLANCKE, Gesellschaft und Kunst der Germanen. Die Thüringer und ihre Welt. Dresden 1973.
352. R. BRUDER, Die germanische Frau im Lichte der Runeninschriften und der antiken Historiographie. Berlin/New York 1974.
353. C. v. CARNAP-BORNHEIM, Neue Forschungen zu den beiden Zierscheiben aus dem Thorsberger Moorfund, in: Germania 75 (1997) 69–99.

354. H. DANNENBAUER, Adel, Burg und Herrschaft bei den Germanen, in: Hist. Jb. 61 (1941) 1–50.
355. A. DEMANDT, Antike Staatsformen: eine vergleichende Verfassungsgeschichte der Alten Welt. Berlin 1995.
356. R. L. M. DEROLEZ, Götter und Mythen der Germanen. Einsiedeln/Zürich/Köln 1963.
357. A. DIECK, Die europäischen Moorleichenfunde. Bd. 1. Neumünster 1965.
358. G. DUMÉZIL, Les dieux des Germains. Paris 1959.
359. S. DUŠEK, Römische Handwerker im germanischen Thüringen. Ergebnisse der Ausgrabungen in Haarhausen, Kreis Arnstadt. Stuttgart 1992.
360. K. DÜWEL, Germanische Opfer und Opferriten im Spiegel altgermanischer Kultworte, in: Vorgeschichtliche Heiligtümer und Opferplätze in Mittel- und Nordeuropa. Hrsg. v. H. Jankuhn. Göttingen 1970, 219–239.
361. K. DÜWEL, Das Opferfest von Lade. Quellenkritische Untersuchungen zur germanischen Religionsgeschichte. Wien 1985.
362. K. DÜWEL, Runenkunde. 2. Aufl. Stuttgart 1982.
363. K. DÜWEL, Runeninschriften als Quellen der germanischen Religionsgeschichte, in: [349] 336–363.
364. K. DÜWEL (Hrsg.), Runeninschriften als Quellen interdisziplinärer Forschung. Berlin/New York 1998.
365. K. DÜWEL/M. GEBÜHR, Die Fibel von Meldorf und die Anfänge der Runenschrift, in: ZdtA 110 (1981) 159–174.
366. K. DÜWEL/H. JANKUHN/H. SIEMS/D. TIMPE (Hrsg.), Untersuchungen zu Handel und Verkehr in der vor- und frühgeschichtlichen Zeit in Mittel- und Nordeuropa. 6 Bde. Göttingen 1985 ff.
367. H. J. EGGERS, Der römische Import im freien Germanien. Hamburg 1951.
368. H. ELLIS DAVIDSON, Gods and Myths of Northern Europe. Harmondsworth 1964.
369. M. ENRIGHT, The Lady with the Mead Cup. Dublin/Portland 1996.
370. F. GENZMER, Die germanische Sippe als Rechtsgebilde, in: ZRG GA 67 (1950) 34–49.
371. O. GIERKE, Rechtsgeschichte der deutschen Genossenschaft, Bd. 1. Berlin 1868.
372. G. GIRKE, Die Tracht der Germanen in der vor- und frühgeschichtlichen Zeit. 2 Bde. Leipzig 1922.
373. H.-W. GOETZ, Frauen im frühen Mittelalter. Frauenbild und Frauenleben im Frankenreich. Weimar/Köln/Wien 1995.

374. F. Graus, Herrschaft und Treue. Betrachtungen zur Lehre von der germanischen Kontinuität, in: Historica 12 (1966) 5–44.
375. F. Graus, Verfassungsgeschichte des Mittelalters, in: HZ 243 (1986) 529–589.
376. J. Grimm, Deutsche Mythologie. 3 Bde. Ndr. der 4. Aufl. Graz 1968.
377. W. Grönbech, Kultur und Religion der Germanen. 2 Bde. Ndr. der 10. Aufl. Darmstadt 1987.
378. W. Haarnagel, Das eisenzeitliche Dorf ‚Feddersen-Wierde', seine siedlungsgeschichtliche Entwicklung, seine wirtschaftliche Funktion und die Wandlung seiner Sozialstruktur, in: Das Dorf der Eisenzeit und des frühen Mittelalters. Hrsg. v. H. Jankuhn u. a. Göttingen 1977, 253–284.
379. G. Halsall, Early Medieval Cemeteries: an Introduction to Post-Roman Burial Archaeology. Glasgow 1996.
380. G. Haseloff, Die germanische Tierornamentik der Völkerwanderungszeit. 2 Bde. Berlin-New York 1981.
381. H. P. Hasenfratz, Die religiöse Welt der Germanen. Freiburg/Basel/Wien 1992.
382. K. Hauck, Lebensnormen und Kultmythen in germanischen Stammes- und Herrschergenealogien, in: Saeculum 6 (1955) 186–223.
383. K. Hauck, Carmina Antiqua. Abstammungsglaube und Stammesbewußtsein, in: Z. f. bayerische LG 27 (1964) 1–33.
384. L. Hedeager, Iron Age Societies. From Tribe to State in Northern Europe. Oxford 1992.
385. K. Helm, Altgermanische Religionsgeschichte. 3 Bde. 1913–1953.
386. O. Höfler, Kultische Geheimbünde der Germanen. Bd. 1. Frankfurt 1934.
387. O. Höfler, Der Sakralcharakter des germanischen Königtums, in: VuF 3 (1956) 75–104.
388. O. Höfler, Das Opfer im Semnonenhain und die Suebi, in: Edda, Skalden, Saga. Hrsg. v. H. Schneider. Heidelberg 1952, 1–67.
389. J. Ilkjaer, Illerup Ådal. 5 Bde. Aarhus 1990–97.
390. H. Jankuhn, Archäologische Beobachtungen zu Tier- und Menschenopfern bei den Germanen der römischen Kaiserzeit. Göttingen 1967.
391. H. Jankuhn, Nydam und Thorsberg. Neumünster 1964.
392. H. Jankuhn, Das freie Germanien bis 500, in: Handbuch der Wirtschaft- und Sozialgeschichte. Bd. 1. Stuttgart 1971, 56–79.

393. H. JANKUHN, Siedlung, Wirtschaft und Gesellschaftsordnung der germanischen Stämme in der Zeit der römischen Angriffskriege, in: ANRW II 5. 1. Berlin/New York 1976, 65–126.
394. H. KAEMPF (Hrsg.), Herrschaft und Staat im Mittelalter. Darmstadt 1956.
395. W. KIENAST, Germanische Treue und Königsheil, in: HZ 227 (1978) 265–324.
396. R. KOTTJE, Eherechtliche Bestimmungen der germanischen Volksrechte (5.–8. Jh.), in: [337] 211–220.
397. A. KRISTENSEN, Tacitus' germanische Gefolgschaft. Kopenhagen 1983.
398. K. KROESCHELL, Die Treue in der deutschen Rechtsgeschichte, in: Studi medievali ser. 3, 10 (1969) 465–489.
399. K. KROESCHELL, Haus und Herrschaft im frühen deutschen Recht. Göttingen 1969.
400. K. KROESCHELL, Söhne und Töchter im germanischen Erbrecht, in: Studien zu den germanischen Volksrechten. Hrsg. v. G. Landwehr. Frankfurt/Bern 1982, 87–116.
401. K. KROESCHELL, Die Sippe im germanischen Recht, in: Ders., Studien zum frühen und mittelalterlichen deutschen Recht. Berlin 1995, 13–34.
402. K. KROESCHELL, Germanisches Recht als Forschungsproblem, in: Ders., Studien zum frühen und mittelalterlichen deutschen Recht. Berlin 1995, 65–88.
403. E. KÜNZL, Die Alemannenbeute aus dem Rhein bei Neupotz (Mainz 1993).
404. H. KUHN, Die Grenzen der germanischen Gefolgschaft, in: ZRG GA 73 (1956) 1–83.
405. K. MIKAT, Dotierte Ehe – rechte Ehe. Düsseldorf 1978.
406. M. MÜLLER-WILLE, Heidnische Opferplätze im frühgeschichtlichen Europa nördlich der Alpen. Hamburg 1989.
407. A. C. MURRAY, Germanic Kinship Structure. Toronto 1983.
408. G. v. OLBERG, Aspekte der rechtlich-sozialen Stellung der Frauen in den frühmittelalterlichen Leges, in: [337] 221–238.
409. F. PAXTON, Christianizing Death. Ithaca 1990.
410. G. PERL, Die gesellschaftliche Terminologie in Tacitus' Germania, in: Rom und Germanien. Fschr. f. W. Hartke. Berlin 1982, 56–66.
411. E. PICARD, Germanisches Sakralkönigtum? Quellenkritische Studien zur Germania des Tacitus und zur altnordischen Überlieferung. Heidelberg 1991.

412. W. POHL, Herrschaftssitze östlich des Rheins und nördlich der Donau, in: Sedes Regiae. Barcelona 1999 (im Druck).
413. W. POHL, Herrschaft, in: [37] 2. Aufl., Bd. 14, im Druck.
414. B. POHL-RESL, Quod me legibus contanget auere. Rechtsfähigkeit und Landbesitz langobardischer Frauen, in: MIÖG 101 (1993) 201–227.
415. E. C. POLOMÉ, Germanentum und religiöse Vorstellungen, in: [50] 267–97.
416. E. C. POLOMÉ, Die Religion der Suebi, in: [149] 153–166.
417. H. REICHERT, Zum Problem der rechtsrheinischen Germanen vor und um Christi Geburt: Wie kann die Namenkunde helfen, die Sprachzugehörigkeit der Namenträger zu bestimmen?, in: Philologica Germanica 3. Hrsg. v. H. Birkhan. Wien/Stuttgart 1976, 557–576.
418. W. SCHLESINGER, Herrschaft und Gefolgschaft in der germanischdeutschen Verfassungsgeschichte, in: HZ 176 (1953) 225–275.
419. W. SCHLESINGER, Randbemerkungen zu drei Aufsätzen über Sippe, Gefolgschaft und Treue, in: Ders., Alteuropa und die moderne Gesellschaft. Göttingen 1963, 11–59.
420. W. SCHLESINGER, Das Heerkönigtum, in: Das Königtum. Vorträge und Forschungen 3. 4. Aufl. Lindau/Konstanz 1973, 105–142.
421. R. SCHMIDT-WIEGAND, Der Lebenskreis der Frau im Spiegel der volkssprachigen Bezeichnungen der Leges barbarorum, in: [337] 195–210.
422. R. SCHMIDT-WIEGAND, Rechtsvorstellungen bei den Franken und Alemannen vor 500, in: [281] 545–557.
423. S. VON SCHNURBEIN/M. ERDRICH, Vortrag zur Jahressitzung 1992 der Römisch-Germanischen Kommission. Das Projekt: Römische Funde im mitteleuropäischen Barbaricum, dargestellt am Beispiel Niedersachsens, in: BerRGK 73 (1993) 5–27.
424. S. VON SCHNURBEIN, Vom Einfluß Roms auf die Germanen. Düsseldorf 1995.
425. E. SEEBOLD, Was haben die Germanen mit den Runen gemacht? In: Germanic Dialects. Hrsg. v. B. Brogyani/T. Krömmelbein. Amsterdam 1986, 524–583.
426. H. STEUER, Frühgeschichtliche Sozialstrukturen in Mitteleuropa. Göttingen 1982.
427. H. STEUER, Interpretationsmöglichkeiten archäologischer Quellen zum Gefolgschaftsproblem, in: [149] 203–257.
428. H. STEUER, Archäologie und germanische Sozialgeschichte. Forschungstendenzen in den 1990er Jahren, in: Runische Schrift-

kultur in kontinental–skandinavischer und angelsächsischer Wechselbeziehung. Hrsg. v. K. Düwel. Berlin/New York 1994, 10–55.
429. A. V. STRÖM, Germanische Religion, in: A. V. Ström/H. Biezais, Germanische und baltische Religion. Stuttgart/Berlin/Köln/Mainz 1975, 9–306.
430. F. STRÖM, On the Sacral Origin of the Germanic Death Penalties. Lund 1942.
431. H. THRANE, Das Gudme-Problem und die Gudme-Untersuchung, in: FMSt 21 (1987) 1–48.
432. D. TIMPE, Tacitus' Germania als religionsgeschichtliche Quelle, in: [349] 434–458.
433. D. TIMPE, Gefolgschaft – Historisches, in: RGA 10. Berlin/New York 1998, 537–546.
434. H. VOLLRATH, Herrschaft und Genossenschaft im Kontext frühmittelalterlicher Rechtsbeziehungen, in: HJb 102 (1982) 33–71.
435. J. DE VRIES, Die geistige Welt der Germanen. 3. Aufl. Darmstadt 1964.
436. J. DE VRIES, Altgermanische Religionsgeschichte. 2 Bde. 3. Aufl. Darmstadt 1970.
437. S. WEMPLE, Women in Frankish Society. Philadelphia 1981.
438. R. WENSKUS, Probleme der germanisch-deutschen Verfassungs- und Sozialgeschichte im Lichte der Ethnosoziologie, in: Historische Forschungen für W. Schlesinger. Hrsg. von H. Beumann, Köln/Wien 1974, 19–46.
439. R. WENSKUS, Die neuere Diskussion um Gefolgschaft und Herrschaft in Tacitus' Germania, in: [149] 311–331.
440. R. WENSKUS, Religion abâtardie. Materialien zum Synkretismus in der vorchristlichen politischen Theologie der Franken, in: Iconologia sacra. Mythos, Bildkunst und Dichtung in der Religions- und Sozialgeschichte Alteuropas. Hrsg. v. H. Keller/N. Staubach. Berlin/New York 1994, 179–248.
441. H. WOLFRAM, Origo et Religio. Ethnic traditions and literature in Early Medieval texts, in: Early Medieval Europe 3 (1994) 19–38.
442. H. WOLFRAM, Grenzen und Räume. Geschichte Österreichs vor seiner Entstehung. Wien 1995.
443. I. N. WOOD, Pagan religions and superstitions east of the Rhine from the fifth to the ninth century, in: After Empire. Towards an Ethnology of Europe's Barbarians. Hrsg. v. G. Ausenda. Rochester 1995, 253–268.

Register

1. Autoren, Personen, Völker

ADLER, W. 48
Aegidius, Heermeister 36
Aesten 9
Aetius, Heermeister 35, 39, 104
AFFELDT, W. 75
Agathias, Geschichtsschreiber (6. Jhdt. n. Chr.) 33, 104 f.
Agrippa, M. Vipsanius, röm. Statthalter und Admiral 13
Agrippina, Iulia (A. minor), Tochter des Germanicus 19
Agrippinenser 17, 19
Alanen 3, 28, 31
Alarich I., Westgotenkönig 67
Alboin, Langobardenkönig 39, 43
Alci 82
Alemannen 4, 26 f., 29–34, 36, 38–43, 64, 84, 87, 101–109, 114
ALFÖLDI, M.-R. 59
Amalaberga, Nichte Theoderichs des Großen, Thüringerkönigin 41
Amaler 67
Ambronen 11
AMENT, H. 50, 86, 109, 113
AMIRA, K. v. 83
Ammianus Marcellinus, Geschichtsschreiber (4. Jhdt. n. Chr.) 7, 27, 29 f., 35, 104, 106 f.
Amsivarier 21, 108
AMSTADT, J. 75, 78
ANDERSON, T. 111
Angeln 21, 39 f., 82
Angelsachsen 39 f., 85, 115
ANGENENDT, A. 85
Angrivarier 20, 38
ANTON, H. H. 109 f.
Antoninus Pius, röm. Kaiser 100
Appian, Geschichtsschreiber (2. Jhdt. n. Chr.) 88
Aquitanier 37
Arbogast, fränk. Heermeister 36

Ariovist, Germanenkönig 4, 12 f., 53, 67, 76, 90, 92
Arminius, Cheruskerfürst 14–16, 20, 22, 67, 77, 93, 95 f.
Asdingen 23
Attila, Hunnenkönig 31, 39, 41, 43
Audoin, Langobardenkönig 42
Augustus, röm. Kaiser 13 f., 18, 20–22, 59, 92–94
Aurelian, röm. Kaiser 27
Aventin, humanistischer Gelehrter 60
Awaren 42

BAATZ, D. 98
Baduhenna, Seherin 82
BAETKE, W. 66, 78, 80–82
BAKKER, L. 104
BANGE, M. 59
BARCELÓ, P. 99
Bardongavenses 40
Basina, Mutter Chlodwigs 40
Bastarnen 25, 88 f.
Bataver 14, 17, 19 f., 33, 53, 97, 99
BAUMANN, F. 102
BAUMSTARK, A. 63
Bauto, fränk. Heermeister 36
Bayern 37 f., 42 f., 102, 114
BAZELMANS, J. 71, 80
Beatus Rhenanus, humanistischer Gelehrter 1, 60
BECHER, M. 115
BECHERT, T. 59
BECK, H. 60 f., 78, 80, 82–85, 98, 112
Beda, angelsächsischer Geschichtsschreiber (8. Jh. n. Chr.) 38–40
Belgae, Belger 53 f.
BEMANN, J. 84
Beowulf 71
BERNECKER, A. 93
BEYERLE, F. 111
BIERBRAUER, V. 49, 112

BIRKHAN, H. 46, 49 f., 53, 58, 81–83, 89
BIRLEY, A. 100
Bisin, Thüringerkönig 40
BLEIBER, W. 108
BÖHME, H. W. 100, 106, 112 f., 115
Boier 11, 14
Bonifatius-Winfried, Bischof und Missionar 5
Briganticus, Iulius, Neffe des Civilis 17
BRINGMANN, K. 63 f.
Brisigavi 30
BROWN, P. 28, 81
BRUDER, R. 75 f.
Brukterer 14, 17, 19 f., 38, 76, 99, 108
BRUNNER, H. 61, 73, 77
Bucinobantes 30
BÜCKER, C. 106
Burer 23
Burgunder 23, 29 f., 36, 38 f., 102
Burgundionen 23
Butilin, alemannischer Dux 33

Caesar, C. Iulius 1–5, 10–13, 19, 45, 47, 49, 51–54, 57–59, 62, 67, 74–76, 81, 89, 90 f.
CALLIES, H. 89, 96
Canninefaten 17, 20, 53, 99
Caracalla, röm. Kaiser 26, 103
CARNAP-BORNHEIM, C. v. 71, 84
Cassiodor, röm. Senator 40, 107
Cassius Dio, Geschichtsschreiber (3. Jhdt. n. Chr.) 27, 76, 88, 91, 93, 100, 103
CASTRITIUS, H. 103–105, 107
Catualda, markomannisch-gutonischer Heerführer 15
Celtis, Konrad, humanistischer Gelehrter 60
Cerialis, Q. Petilius, röm. Legat 20
Chamaven 20, 38, 108, 110
CHAPMAN, M. 54, 86
Chariner 23
CHASTAGNOL, A. 100
Chatten 14, 16–18, 20, 22, 26, 38, 91, 108 f.
(Ch)attuarier 108
Chauken 14, 17, 21 f., 99, 108
Cherusker 14–17, 20, 22, 86, 96, 99
Childerich I., Frankenkönig 36, 40
Chlochilaich, Dänenkönig 40
Chlodwig, Frankenkönig 32, 36–38, 107–114

Chlothar I., Frankenkönig 41
Chlothar II., Frankenkönig 32
Chnodomar, Alemannenfürst 30
CHRIST, K. 90, 93, 95 f.
CHRISTLEIN, R. 101
CHRYSOS, E. 99
Civilis, Iulius, batavischer Heerführer 17 f., 20, 96 f.
CLAUDE, D. 107
Commodus, röm. Kaiser 26, 101
Condrusi 12, 53
Constantin I., röm. Kaiser 33
Constantinische Dynastie 30
Constantius I., röm. Kaiser 33
Cotini 9
Cugerner 17, 19, 53

Dänen 40 f.
DAHLHEIM, W. 99
DAHN, F. 66
DANNENBAUER, H. 51, 66
DAUGE, Y. A. 63, 100
DEMANDT, A. 67, 76, 102, 108 f.
DEROLEZ, R. L. M. 78
Deutsche 1, 5, 11, 33, 37, 60 f., 93
Dexippos, P. Herrenius, Geschichtsschreiber (3. Jhdt. n. Chr.) 27, 104
DIECK, A. 76, 83
DIETZ, K. 100 f.
Diviciacus, gallischer Druide 52
DOBESCH, G. 51–56, 58, 69, 89 f., 100
Domitian, röm. Kaiser 18, 22, 64
Donar 81
Drusus, Sohn des Tiberius 14, 19, 76, 95
DUMÉZIL, G. 67, 79 f.
DÜWEL, K. 82–85

Eburonen 12, 53
ECKHARDT, K. A. 111
EGGERS, H. J. 46, 48, 68, 82, 97
Elbgermanen 21 f.
ELLIS DAVIDSON, H. 79
Elsässer 37
ELTON, H. 97 f.
ENGELHARDT, C. 84
Engern 38, 40, 114
Ennodius, Magnus Felix, Bischof und Schriftsteller (6. Jhdt. n. Chr.) 107
ENRIGHT, M. 71
ERDRICH, M. 97
Eruler 28, 42
Etzel 39
EWIG, E. 108–111

FEIST, S. 52f., 89
Fichte, Johann Gottlieb 61
FINGERLIN, G. 105–107
FISCHER, F. 67
FISCHER, T. 100, 114
FLACH, D. 55, 62, 64f.
Flavus, Bruder des Arminius 15f.
FÖRSTEMANN, E. 46
FRAHM, F. 90, 92
Franken 1, 3–5, 27, 29, 31–43, 64, 69, 77, 86, 102, 107–115
FRANZIUS, G. 94
Franzosen 33, 37
Fredegar, fränk. Geschichtsschreiber (7. Jhdt. n.Chr.) 37
Freya 82, 85
FRIED, J. 51, 60, 85, 94
Friesen 14, 17, 21, 33, 39f., 82f., 99, 109
Fritigil, Markomannenfürstin 41
FUHRMANN, M. 59–62, 64

Galater 51, 88
GALL, L. 61
Gallienus, röm. Kaiser 29, 105
Gallier 5, 11, 13, 17, 37, 55
Gambara 75
Gambriver 56f.
Ganna, Seherin 22, 76
Garibald, bayerischer Dux 42
Garmani 39
Gaut 85
Gauten 24
GEARY, P. 50, 108
Géat 85
GEBÜHR, M. 68, 84
GEISLER, H. 114
GENZMER, F. 73–75
Geograph von Ravenna (Anonymus Ravennatis) 111
Gepiden 3, 24, 28, 41–43
Germani cisrhenani 3, 13, 19, 47, 53
Germanicus, Neffe des Tiberius 14f., 82, 93f.
Geten 28, 88
GEUENICH, D. 85, 101f., 104f., 107f., 112, 114
Gibuld/Gebavult, Alemannenkönig 31f., 107
GIERKE, O. 66
GIESEBRECHT, A. 96
GIRKE, G. 113
GLADIGOW, B. 82

GOETZ, H. W. 75, 77, 88, 90, 93f., 112
GOLLWITZER, H. 61
Goten 1, 3, 23–25, 28, 36, 39, 41–43, 47, 67, 102, 105, 113
Gotische Völker 28
GRAUS, F. 66, 69, 72
GREEN, D. H. 46f., 50, 68, 70f., 74, 81f., 114
Gregor von Tours, Bischof und Geschichtsschreiber (6. Jhdt. n.Chr.) 32, 40, 73, 107f., 110
Greutungen 28
Griechen 4
GRIMM, J. 5, 59, 61, 68
GRÖNBECH, W. 66, 68, 71, 73, 78f.
Gundahar, Burgunderkönig 38f.
Gunther 39
Guten 24
GUTENBRUNNER, S. 45, 58
Gutonen 15, 23–25

HAARNAGEL, W. 74
HACHMANN, R. 48, 51–54, 57–59, 68, 89–91
Haeduer 12
HAGBERG, U. E. 84
HAHNE, G. 84
HALSALL, G. 48, 80, 112f.
Harier 23
Haruden 11f., 40, 102
HASELOFF, G. 85
HASENFRATZ, H. P. 78, 81
Hasuarier 108
HAUCK, K. 57, 69, 83f.
HAUPTFELD, G. 114
HEDEAGER, L. 49, 80, 84f., 101
HEILIGMANN, J. 68
HELM, K. 78f., 81
Helvetier 11f.
Herder, Johann Gottfried 61
Herkules 81
Hermegisl, Warnenkönig 40
Herminafrid, Thüringerkönig 40f.
Herminonen 20, 22, 56f.
Hermunduren 14–16, 20, 22, 26, 90, 102, 104
Herodot, griech. Ethnograph 63f.
HERRMANN, J. 87, 94
(H)ertha 83
Heruler s. Eruler
Hessen 38, 109
HEUBNER, H. 60, 97
HEUSS, A. 95

HIDDINK, B. 112
HÖFLER, O. 57, 66–68, 79 f., 83, 96
Hunnen 3, 28, 39, 41
Hygelac 40

ILKJAER, L. 84, 101
Illyrer 13
Indogermanen 46
Ingävonen, Ingväonen 21, 56
Inguomer, Cheruskerfürst 15
Iren 39
Isidor von Sevilla, Bischof und Gelehrter (7. Jhdt. n. Chr.) 7
Isis 83
Istävonen, Istväonen 20, 56 f.
Italicus, Cheruskerfürst 16

JÄNICHEN, J. 102
JANKUHN, H. 76, 83
Jazygen 16, 26, 100
Jordanes, Geschichtsschreiber (6. Jhdt. n. Chr.) 24 f.
Jovinus, röm. Kaiser 38
Jüten 39
Julian, röm. Kaiser 29 f., 110
Jupiter 82
Juthungen 22, 30, 102, 104 f.

KÄMPF, H. 66
KAISER, R. 3, 108, 113 f.
Karl der Große, Frankenkönig, röm. Kaiser 40, 115
Karolinger 33, 40, 43, 108
Kastor und Pollux 82
KEHNE, P. 98–100
KELLER, H. 104, 107, 113
KELLNER, H.-J. 100
Kelten 3, 11, 13, 18, 50–54, 58, 83, 86, 88, 90
Keltoskythen 51
KIENAST, W. 67, 70
Kimbern 11 f., 14, 21, 51, 55, 76, 88–90
Kimmerier 51
Kleist, Heinrich 93
KLOSE, G. 98
KOCH, U. 114
KÖHLER, J. 94
KOLB, F. 100
KOSSACK, G. 52, 54, 58, 91
KOSSINNA, G. 4, 47–49
KOTTJE, R. 77
KRAFT, K. 55, 94

KRAPF, L. 60
KRISTENSEN, A. 69 f.
KROESCHELL, K. 61, 66, 70–74, 77
KROGMANN, W. 46, 84
KÜHLBORN, J.-S. 94
KÜNNEMANN, W. 49, 91
KÜNZL, E. 96, 106
KUHN, H. 52–54, 58, 70–72, 91, 103
KUHNEN, H.-P. 101, 105
Kunimund, Gepidenkönig 42

LAISTNER, L. 92
Lakringen 23
LAMMERS, W. 114
LANDOLT, C. 70
Langobarden 3, 15, 22, 25, 27, 39 f., 42 f., 75, 85, 90, 105, 113 f.
Lantfrid, alemannischer Dux 32
LAUX, F. 68
LEE, A.D. 98
LEHMANN, G. 93
Lemovier 23 f.
Lentienses 30
Leudefred, alemannischer Dux 33
Leuthari, alemannischer Dux 33
Libanios, Rhetor (4. Jhdt. n. Chr.) 34
Livius, röm. Schriftsteller (1. Jhdt. v. Chr.) 62, 88
LÖWE, H. 111
Lollius, M., röm. Legat 13, 94
Lothringer 37
LOTTER, F. 114
Ludwig der Deutsche, ostfränkischer König 4
Lugier 15 f., 23, 24
Lukan, röm. Epiker (1. Jhdt. n. Chr.) 89
LUND, A. 2, 45, 47 f., 50–56, 60, 62–65, 82 f., 86, 88–92

Magnentius, röm. Usurpator 36
Makedonen 115
Mallobaudes, fränkischer Offizier 36
Mannus 4, 20, 56 f., 61, 105
Marbod, Markomannenkönig 14–16, 22, 64, 67, 69, 92, 96
Marc Aurel, röm. Kaiser 25 f., 100 f.
Marius, röm. Konsul 11
Marius von Avenches, Bischof und Geschichtsschreiber (6. Jhdt. n. Chr.) 32
MARK, L. 113
Markomannen 12, 15, 22, 25 f., 41 f., 69, 86–88, 90, 99–101, 114

Mars 81f.
Marser 16, 19, 56f., 82
MARTIN, M. 49, 113
Masyos, Semnonenfürst 22
Mattiaker 20, 99
MAURER, F. 103
MAUSS, M. 71
Maximian, röm. Kaiser 29
Maximinus Thrax, röm. Kaiser 27
MEID, W. 54
Melanchthon, Phillip 60
MENKE, M. 114
Merkur 81f.
Merowinger 3f., 32f., 36–40, 43, 75, 108, 110f., 113
MIKAT, K. 77
MILDENBERGER, G. 48, 74f., 80f., 90
MILLER, D. H. 110
MOMMSEN, T. 93f., 98f.
MONTELIUS, O. 48
Montesquieu, Charles Louis de Secondat 60
MUCH, R. 48, 53–56, 58, 62, 73, 75, 81, 83, 86, 88
MÜLLENHOFF, K. 5, 45, 56, 59, 61f., 86, 89, 104, 114
MÜLLER, K. E. 62, 64
MÜLLER-WILLE, M. 83f.
Müntzer, Sebastian, Reformator 60
MUHLACK, U. 60f.
MURRAY, A. 75

Naharnavalen 23, 82
Naristen 22, 26
Nehalennia 82
Nemeter 12, 19
Nepos, Cornelius, röm. Schriftsteller (1. Jhdt. v. Chr.) 90
Nerthus 21, 82f.
Nervier 19
NESSELHAUF, H. 64
NEUMAIER, H. 59
NEUMANN, G. 53f., 88
NIERHAUS, R. 91
Njörd 83
NORDEN, E. 51f., 55, 59, 63
Nordgermanen 24
Nordliudi 40
Nordsuavi 40
Noriker 11, 13
NUBER, H.-U. 103, 105

Obier 25
Odoaker, König 42f.
OKAMURA, L. 103, 105
OLBERG, G. v. 77
Orosius, Paulus, Geschichtsschreiber (5. Jhdt. n. Chr.) 76
Osi 9
Ostfalen 40, 114
Ostgermanen 24, 86
Ostgoten 24, 40, 42, 85, 104, 114
Ostrogothen 28
Otto von Freising, Geschichtsschreiber (12. Jhdt.) 5

Parther 25, 29
Paulus, röm. Comes 36
PAXTON, F. 80, 113
PERL, G. 64f.
Perser 27, 29
PESCHEL, K. 90–92
PETRIKOVITS, H. v. 53, 58, 94, 96
Peukiner 9, 56, 88
PICARD, E. 56, 66–68, 72, 79, 81–83
PIETSCH, M. 94
Pikten 39
PIRLING, R. 112f.
PITTS, L. F. 99
Pius II., Papst (Aeneas Silvius Piccolomini) 60
PLANCK, D. 98, 103, 106
Plinius d. Ältere, röm. Gelehrter (1. Jhdt. n. Chr.) 20–23, 56f., 62, 88, 90
Plutarch, röm. Schriftsteller (1. Jhdt. n. Chr.) 76, 88
POHL, W. 50, 58, 64, 66, 69, 70–72, 85, 87, 91, 107, 111, 115
POHL-RESL, B. 77
POLOMÉ, E. C. 81–83
POLVERINI, L. 51
Polybios, Geschichtsschreiber (2. Jhdt. v. Chr.) 88
Poseidonios von Apameia, Gelehrter (2./1. Jhdt. v. Chr.) 51, 58, 63
Postumus, röm. Kaiser 27, 29, 35
Probus, röm. Kaiser 27
Prokop v. Caesarea, Geschichtsschreiber (6. Jhdt. n. Chr.) 24, 40
Ptolemaios, Klaudios, Gelehrter (2. Jhdt. n. Chr.) 19, 23, 27

Quaden 16, 22, 26, 41, 90, 100
QUAST, D. 104

Radegunde, Tochter Bisins, Gemahlin Chlothars I. 40f.
Radulf, thüringischer Dux 41
Raetovarii 30
REICHERT, H. 82
REICHMANN, O. 108f., 112
REINERTH, H. 48
Remigius von Reims, Bischof 36
Rheinfranken 110
Rhein-Weser-Germanen 20
RICKHOFF, S. 54
Ribuarier 37, 110f.
Rodulf, Erulerkönig 42
Romanen 36f., 42, 50, 86, 113f.
ROSEN, K. 100
ROSENSTOCK, D. 112
ROTH, H. 85
ROYMANS, N. 58
Rudolf von Fulda, Gelehrter (9. Jhdt.) 60
RÜBEKEIL, L. 58, 92, 105, 112
Rugier 23f., 28, 41–43

Sachsen 27, 38–41, 43, 64, 83f., 109, 114f.
Salier 110f.
SALLMANN, K. 62
Salvian von Marseille, christl. Schriftsteller (5. Jhdt. n.Chr.) 5
Samo, Slawenfürst 39, 41
Sarmaten 3, 9, 16, 25f., 88
SCARDIGLI, P. 46, 83, 112
SCHACH-DÖRGES, H. 103, 106
SCHALLMAYER, E. 101, 105
SCHEIDEL, W. 100
SCHLESINGER, W. 66f., 69–71, 73f., 90
SCHLETTE, F. 81, 90
SCHLÜTER, W. 94
SCHMID, W. P. 47, 69
SCHMIDT, K. H. 47
SCHMIDT, L. 51f., 57, 66, 86, 88–91, 93f., 96f., 102, 104, 114
SCHMIDT-WIEGAND, R. 73, 77
SCHMITT, O. 97
SCHNETZ, J. 58
SCHNURBEIN, S. v. 59, 94, 97
SCHÖNBERGER, H. 94
Schwaben 33, 37, 43, 102
SCHWANTES, G. 49, 91
SCHWARCZ, A. 98, 114
SCHWARZ, E. 48, 87f., 91, 102, 104, 108, 110

Sedusier 12
SEE, K. v. 58–61, 79
SEEBOLD, E. 46f., 84
Segestes, Cheruskerfürst 15
Semnonen 15, 22, 29, 76, 83, 90f., 102, 104–106
Sequaner 12
Serapio, Alemannenfürst 30
Severin, norischer Heiliger 31
Severus Alexander, röm. Kaiser 27
Sido, Quadenfürst 23
Siegfried 96
SIEGMUND, F. 112
Sigibert der Lahme, Frankenkönig 32
Silingen 23
Silvanus, röm. Heermeister und Usurpator 36
SIMEK, R. 79
Skiren 28, 42, 88
Skordisker 11
Skythen 3, 28, 47, 64
Slawen 39, 41–43, 50
Snorri Sturlusson, norwegischer Schriftsteller (13. Jhdt.) 24, 56
SPRINGER, M. 47, 54, 103, 110f., 115
STAAB, F. 101
STÄDELE, A. 55
STAHL, M. 99, 101
STALLKNECHT, B. 99
STEUER, H. 49, 68f., 71, 74, 106f.
STICKLER, T. 104
STÖCKLI, W. 54, 59
Strabo, Geschichtsschreiber und Geograph (1. Jhdt. v.Chr.) 51, 58, 76, 90f.
STRAUB, J. 100
STRÖM, A. 79, 83
Sueben 10, 12–15, 18, 20–23, 29, 31, 41–43, 52, 56–58, 83, 86f., 90–92, 102–105
Sugambrer 13–14, 19, 53, 102, 108
Sulpicius Alexander, Geschichtsschreiber (4./5. Jhdt. n.Chr.) 108
Syagrius, röm. Kommandant in Gallien 36
SYME, R. 62, 97, 100
SZAIVERT, W. 100

Tacitus, P. Cornelius, röm. Geschichtsschreiber (1./2. Jhdt. n.Chr.) 2–7, 9f., 15f., 18–23, 25, 50f., 54–65, 69–77, 81–83, 88–92, 94, 96f.
Tamfana 16, 19, 82

Taurisker 11
TAUSEND, K. 94
TEJRAL, J. 68
TELLENBACH, G. 51
Tenkterer 13f., 17, 19, 91
Terwingen 28
Teutonen 11, 51, 89
Theoderich, Ostgotenkönig 32, 40–43, 67
Theudebert I., Frankenkönig 40
Theuderich I., Frankenkönig 40
THEUWS, F. 112
Thor 81f.
THRANE, H. 69, 84
Thüringer 22, 38, 40–43, 69, 114
Thusnelda, Gemahlin des Arminius 77
Tiberius, röm. Kaiser 14f., 62, 93–95
TIMPE, D. 45, 51–53, 55, 57, 59, 61f., 64, 70, 72, 81–83, 89–96, 100
TODD, M. 74–76, 81, 83f., 90
Treverer 19
Triboker 12, 19, 53
Trajan, röm. Kaiser 25
Trojaner 5, 115
Transalbiani 40
TRÜDINGER, K. 63
TRZASKA-RICHTER, C. 52, 89
Tubanten 19
Tuisto 56f.
Tungrer 3, 19, 54f.
Turci 37
Týr 81

Ubier 13, 17, 19, 53, 83
UDOLPH, J. 46f.
Ulrich von Hutten 93
URBAN, R. 63f., 97
Usipier/Usipeter 13f., 19, 91

Valentinian I. 30
Vandalen 1, 3, 23–25, 28, 31, 38, 41, 86
Vandili 23, 56
Vangionen 12, 19, 53
Vannius, Quadenkönig 16, 23
Varinner 23
Varus, P. Quintilius, röm. Legat 14f., 93–95
Veleda, Seherin 20, 76
Velleius Paterculus, röm. Geschichtsschreiber (1. Jhdt. v.Chr.) 15, 93
Venantius Fortunatus, Schriftsteller (6. Jhdt. n. Chr.) 40, 69
Venethi 50

Venus 82
Vergil, röm. Dichter (1. Jhdt. v.Chr.) 7
Vesier 28
Vespasian, röm. Kaiser 18
Vitellius, röm. Kaiser 97
Volcae 50
VOLLRATH, H. 66, 70, 72
VRIES, J. DE 67, 73, 78f., 81-83, 89

Wacho, Langobardenkönig 40, 42
WAGNER, N. 47, 51, 110
WAGNER, R. 78
WAHLE, E. 48
WAITZ, G. 61
Walderada, Tochter Wachos 42
WALSER, G. 52, 90, 97
WAMSER, L. 112
Wangio, Neffe des Vannius 23
Wariner/Warnen 21, 40, 82
WEBER, E. 100
WEISGERBER, L. 53
WELLS, C. M. 52, 93, 95
Welsche 50
WELWEI, K.-W. 88, 90, 93–95
WEMPLE, S. 76–78
Wenden 50
WENSKUS, R. 9, 46–48, 50, 52, 54, 56–58, 67–71, 74, 88f., 92, 103, 108–111, 114
WERNER, K.F. 108f., 113f.
Westfalen 40, 114
Westgermanen 57, 86
Westgoten 24, 28, 36
WHITTAKER, C. R. 95, 98
Widukind von Corvey, sächsischer Geschichtsschreiber (10. Jhdt.) 40
WIEGELS, R. 93f.
Wigithonar (Weihe-Thor) 82
Wigmodi 40
WILL, W. 99
Wimpfeling, Konrad, humanistischer Gelehrter 60
WIRTH, G. 99
WISSOWA, G. 63
Wodan 66, 81f., 85
WOESLER, W. 93f.
WOLFF, E. 62f.
WOLFF, H. 100
WOLFRAM, H. 50f., 56f., 67, 71, 76, 82, 85, 89f., 93f., 96, 100, 103, 105, 107, 114
WOLTERS, R. 93f., 97–99
WOOD, I. 75, 83–85, 101, 107f.

Ynglingar 56
Yngvi 56
ZEITLER, W. M. 52
Zíu 81

ZÖLLNER, E. 86, 108–110
Zosimos, Geschichtsschreiber (5. Jhdt. n. Chr.) 88
ZWIKKER, W. 100

2. Ortsregister

Alamannia 29, 105
Alexandria 19
Aller 47, 49
Alpen 12, 14, 45, 49, 107
Altmark 22, 49
Anreppen 94
Aquae Sextiae 11
Aquileia 26
Aquincum/Budapest 3
Arausio/Orange 11
Argentoratum/Straßburg 18, 30, 109
Atlantik 33
Augsburg 22, 104
Austrasien 111
‚Austria Romana' 59

Balkanhalbinsel 14, 88
Balkanprovinzen 28
Bataver-Insel 19, 110
Bayern 114
Belgica II 36
Belgien 19
Berlin 108
Bietigheim 106
Bodensee 30
Böhmen 11, 14, 22, 41 f., 114
Böhmerwald 114
Braaker Moor (Holstein) 83
Breisgau 30
Britannien 25, 27, 33, 39
Buchengau 30
Budapest 3
Bug 25
Burgund 37, 39

Cambrai 36
Cannstadt 33
Colonia Agrippinensis/Köln 19

Dänemark 50
Dakien 26, 28
Dangstetten 94
Detmold 93
Deutschland 60
Donau 1, 3, 11, 18, 22, 24–28, 30, 38, 41 f., 49, 52, 98 f., 102–104
– Donau, obere 29
– Donau, mittlere 41
– Donau, untere 28, 41
Donauprovinzen 25

East Anglia 39
Eifel 54
Ejsbøl 84
Elbe 14, 21 f., 25–27, 34, 41 f., 47, 76, 91, 94 f., 102 f., 106
Elsaß 12
Ems 14, 19, 21, 94
England 39, 70
Enns 42
Erfurt 40
Erzgebirge 47

Feddersen Wierde 69, 74
Fochteloo 69
Francia 37
Francia Rhinensis 111
Franken 37
Frankreich 37
Fünen 69, 84
Fulda 14

Gallien 3, 11–13, 17, 21, 27, 29, 31 f., 36, 38 f., 52 f., 58, 90, 94 f., 97 f., 104, 106 f., 113 f.
Genfer See 39

Germania 3, 5, 14, 17–25, 38–43, 59, 82, 85, 91, 93–99, 102, 108, 114
Germania inferior 29, 59
Germania magna 59
Germania superior 18, 29, 59
Germanien, Provinz 19, 26, 58 f., 82, 94
Göttingen 64
Griechenland 28
Gudme 69, 84
Guntia/Günzburg 29

Haltern 94
Hamaland 109
Havel 22, 106
Hersfeld 60
Hessen 20, 94
Hochrhein 94
Holheim 106
Holstein 49, 83

Île de France 37
Illerup 71, 84, 101
Illyrien 58
Inn 31
Island 24, 65, 73 f.
Issel 109
Italien 11, 32 f., 39, 42, 90, 104

Jütland 49 f., 89, 101
Jura 12

Kalkriese 94
Karpaten 23–25, 28, 41
Karpatenbecken 28, 42
Kaukasus 28
Kent 39
Kimbrische Halbinsel 89
Kleinasien 28, 33, 88
Köln 17, 32 f., 36, 107, 109–111
Konstantinopel 36
Kopenhagen 84
Krefeld-Gellep 35, 112 f.

Lahnau-Dorlar 94
Lech 42
Linzgau 30
Lippe 14, 19 f., 94

Maas 13, 19, 53
Mähren 11, 22, 26, 41
Main 14, 18, 22, 26, 29 f., 38, 102 f.
Mainz 19

Mannheim 108
March 16, 42
Marcomannia 101
Marklo 40
Marktbreit 94
Marwedel 68
Mattium 20
Mazedonien 37
Mecklenburg 40, 49, 106
Merseburg 81
Mitteleuropa 41
Mittelgebirge, deutsches 45, 47, 50
Mogontiacum/Mainz 18, 29
Moldavien 25, 88
Mosel 18, 59
Mušov 26, 68, 71

Neckar 18
Negau 84
Neupotz 106
Niederrhein 4, 10, 14, 20, 33, 35, 38, 50, 53
Niedersachsen 49
Norddeutschland 48
Nordeuropa 80
Nordgallien 11, 36, 112 f.
Nordmeer 89
Nordostgallien 34, 53 f.
Nordsee 14, 19, 21, 40, 74, 89, 112
Noreia 11
Noricum 22, 26, 31 f., 107
– ripense 31, 43
Northumbria 39
Nydam 84

Oberaden 94
Oberägypten 76
Oberdorla 83
Oberitalien 26 f.
Obermain 14
Oberrhein 27, 102 f.
Oder 23 f., 45, 47
Opitergium/Oderzo 26
Ostalpen 11, 41
Osteuropa 41
Ostmitteleuropa 42
Ostsee 19, 106

Pannonien 15, 22, 25 f., 37, 41 f., 103
Paris 108
Passau 31
Poitiers 41
Polen 23

Possendorf 83
Praunheim 106
Pyrmont-Brodelbrunnen 83

Rätien 18, 30, 42, 104, 114
Ravenna 32
Regensburg 18
Rhein 1, 3, 10, 12–14, 17–20, 26 f., 29–32, 34 f., 37–39, 45, 52–55, 57, 67 f., 82, 92, 96–99, 101, 103, 105–110, 112 f.
Rheinmündung 17, 19, 110
Rödgen 94
Rök 84
Rom 4, 12, 15
Rugiland 42
Ruhr 19
Runder Berg bei Urach 32, 106

Saale 40, 49, 103
saltus Teutoburgiensis 94
Save 11
Scandza 24
Schlesien 24
Schleswig 76, 84
Schwaben 37
Schwäbische Alb 106 f.
Schwarzes Meer 25, 28, 88
Siebenbürgen 42
Sirmium 42
Skandinavien 22, 24, 45, 47 f., 50, 71, 83 f., 101
Skedemosse 84
Soissons 36
Spanien 11, 33, 41, 51
Steiermark 84
Stuttgart 101
Südalpen 51
Südpolen 23
Südskandinavien 48, 50

Südwestdeutschland 102, 106
Sutton Hoo 71
Syrakus 33

Teutoburger Wald 14, 94
Thorsberg 84
Thüringen 41, 47, 83, 106
Thüringer Wald 22, 47
Toxandrien 110, 112
Trier 29, 36
Troja 37
Troyes 107
Tournai 36

Ukraine 25
Unstrut 40 f.
Unterelbe 10
Urach 32, 106

Vercellae/Vercelli 11
Vesontio/Besançon 12
Vetera/Xanten 19
Vimose 84

Walcheren 83
Weichsel 3, 23–25, 45
Weimar 40
Weser 14, 20 f., 27, 47, 50, 53
Wessex 39
Westfalen 94, 115
Wetterau 94
Windeby 76
Wolhynien 25
Worms 39
Wurmlingen 106

Xanten 109

Zähringer Burgberg 107
Zülpich 32, 108

3. Sachregister

Abstammungsgemeinschaft 8, 10, 57, 73, 91
Adel 6, 62, 65–70
Adelsherrschaft 66, 72
affinitas 74

Agrarverfassung 62
agri decumates 18
Alamannicus 29
Alemannen, in der römischen Armee 30

Alemannenname 34, 103
Alemannenrecht 32
Altertumskunde, germanische 59, 61
Altnordische Quellen, Texte 24, 68
Amazonen 76
ambaht 70
annona 39
antrustio 70
Armee, römische (siehe auch Germanen, Alemannen, Franken, in der römischen Armee) 3, 12–15, 17, 19, 26 f., 30 f., 35, 43, 95, 105, 110
Aufklärung 60, 81
Augsburger Siegesdenkmal 22, 104
Auxiliareinheiten 13, 17, 55

Barbarenbild 4 f., 63, 97
Bataveraufstand 17–19, 55
Bayernname 114
Beowulf-Epos 40, 71
Bestattungssitten 48, 81, 112
Bibelübersetzung, gotische 46
Brandbestattung 34, 41, 106, 112
Brandgrubengräber 34
Brautkauf 77
Brautraub 77
Bronzezeit 48 f.
Bügelfibel, Nordendorfer 82

caput 16
castellum 16, 69
Černjachov-Kultur 25
Christianisierung 24, 33, 41, 67, 70, 81, 85, 113
Civilis-Aufstand 18 f., 55, 96 f.
civitas 17, 36
cliens 70
cognationes 74
comes 69 f.
comes civitatis 36
comitatus 70
dediticii 35
deditio 35, 98–100

Dienstmannschaft 70
DNA-Forschung 8
Donauprovinzen 43
dos 77
Drei-Funktionen-Lehre 67, 79
Druiden 5, 17, 52
Dukat 33, 42, 111
dux 32 f., 40, 67 f.
dux Francorum 32

Edda 24, 78
Ehebruch 76
Eheformen 76 f.
Ehre 69
Eidhelfer 73
Eisenzeit 45, 49
Erbrecht 76 f., 111
Ethnische Prozesse 2, 7, 9 f., 20, 23, 27, 33 f., 37, 48, 50, 72, 86, 102
Ethnogenese 42, 45, 71, 104 f., 109, 114
Ethnographie
 – antike 9, 34, 51, 58, 60, 63 f., 72, 85, 88 f.
 – griechische 3
 – römische 19, 52, 87
 – mittelalterliche 9
familia 72, 74
Familie 75
Fehde 6, 73 f.
Fibel 84, 113
Fibeltracht 36, 112
fidelis 70
Flußopfer 11
Foederaten, *foederati* 35, 39, 98 f.
foedus 39, 98 f.
Franken, in der römischen Armee 30, 36
Frankenname 33–37, 112
Fränkisches Kulturmodell 36, 112
Frauen 11 f., 15, 71–78, 111
Frauentracht 113
Friedelehe 77
frô 70
Fürstengräber 21, 26, 68
Fürstensitz 107
furor teutonicus 89

Gabentausch 71, 80
gasindius 70
Geblütsrecht 66, 72
Gefolgschaft 6, 16, 62, 65 f., 69–72, 92
gender 6, 75, 78
Genealogie 7, 57, 67, 85, 105
Genossenschaft 66
gens, gentes 7, 32, 58, 74, 91, 102
gentes externae 98
Geograph von Ravenna (Anonymus Ravennatis) 111
Geographie, antike 89
Gericht 6

Gerichtstag von Cannstadt 33
Germanen, in der römischen Armee 17, 19, 26, 28, 34f., ,38, 55, 59, 96
Germanenbegriff 1–5, 10, 13, 35, 45–49, 52–54, 57f., 86
Germanenbild 2, 4–6, 11f., 18, 52, 63, 78, 86
Germaneneinfälle 13, 27, 31, 35, 101
Germanenforschung 6–9, 48, 61, 79
Germanenideologie 5, 48, 58f., 80, 93
– der Romantik 61
Germanenname 1–4, 50f., 53, 55–58
‚Germania libera' 59
Germanicus (Titel) 29
‚Germanische Freiheit' 65f., 93, 115
Germanische Stammeskunde 86f.
Geschlechterrollen 6
Gesinde 70
Götter 17, 56, 66, 78–82, 91
Göttertriade 79f., 82
Göttinnen 21, 82f.
Goldbrakteaten 85
Goldgriffspathen 36
Gothicus 29
Gotizismus 24

Haartracht 5, 21, 58, 91
habitus 7, 58
Hallstattkultur 49
Haßleben-Leuna-Gruppe 28, 38, 106
Hauptort, chattischer 20
Hausherrschaft 69, 72, 74
Heerkönigtum 6, 31, 67, 92
Heermeister 36
Heidentum 33, 80, 85
Heiligtümer 16, 19, 22, 82f.
Heldenlieder, Heldensagen 78, 96
Helm von Negau 84
hendinos 68
Herkunftssage, -mythos (siehe auch *origo gentis*) 7, 37, 57, 67, 85
Hermann-Denkmal 93, 96
Hermannsschlacht (siehe auch Varusschlacht) 93
Herrenhof 69
Herrschaft 65–71
Historia Augusta 27, 29, 34, 100
Historiographie
– antike 8
– deutsche 113
– französische 113
– merowingische 110
– mittelalterliche 8

hlaford 70
Höhenburgen, Höhensiedlungen 32, 69, 106f.
Hortfunde 105
Huld 66, 72
Humanismus 1, 5, 60, 62, 93f.

Imperium Romanum 3, 13, 16, 25f., 29, 35, 38, 43, 59, 101
Importgut, römisches 22, 28, 68f., 96, 106f.
interpretatio Romana 82
Irminsul 57, 84
Jastorf-Kultur 10, 49, 91

‚Kebsweiber' 77
Kimbernmythos 11, 89
Kinder 6, 75f.
kindins 68
Kirche 60, 85
Klientel-Randstaaten 16, 98f.
Königshalle 69
Königsheil 66
Königssitz 15, 69
Königtum 15, 17, 23, 32, 42, 65–67, 96, 107
Körperbestattung 106, 112
Kult 21–23, 83f., 105
Kultbild 82
Kultplatz 83f., 91, 105, 109
Kulttopographie 84
Kultur
– archäologische 8, 10, 20, 22f., 45–48
– eisenzeitliche 10
– gemeingermanische 24
– rheinwesergermanische 109, 112
Kultverband 57, 91
kuning 68

laeti 35
Landnahme 25, 103, 113
Landwirtschaft 52
Langhaus 74
La Tène-Zeit 49
1. Lautverschiebung 10, 46, 48
Leges 73–77, 110f.
Leges Langobardorum 77
Legionslager 19
Lehnwortforschung 46
leudes 70
Lex Baiuwariorum 77
Lex Chamavorum 108

Lex Ribuaria 110f.
Lex Salica 75, 77, 110f.
Liber Historiae Francorum 111
Limes 26f., 98
– Donaulimes 26
– obergermanisch-rätischer 18, 26–29, 103–105
linguistic turn 64
litus Saxonicum 39
logathore 82
Lübsow-Gruppe 68, 92

Männerbünde 6, 66, 80
Magie 85
man 70
Marcussäule 26, 100
Markomannenkriege 22–26, 29, 68, 87f., 99–101
Marschlager 94
Matronenkult 83
Megalithkultur 48
Menschenopfer 11, 76, 83f.
Merowingerreich 32, 37, 108, 113
Merseburger Zaubersprüche 81
Met 71
'Milde' 69
Militärgürtel 28
Ministerialen 5
Mission 40, 115
Moorfunde 71
Moorleichen 21, 76, 83
Morgengabe 77
Münzbilder 85
Münzhorte 27, 100
Münzreihe 94
munera 30
Munt 72, 77
Muntwalt 77
Mutterrecht 75
Mythologie, nordische 85

Namensatz 54, 56, 62
Napoleonische Kriege 93
natio 7, 30, 91
Nationalcharakter (siehe auch Volkscharakter) 60f.
Nationalsozialismus 6, 48, 78, 80
Neolithikum 45, 48
Nibelungenlied 39
Nordseegermanischer Kreis 112
Nordseeküstennahe Fundgruppe 21

Nordvölker-Stereotyp 4, 11, 52, 62
Nordwestblock-Hypothese 53f.
Notitia dignitatum 110

Opfer 11, 81–84
orbis terrarum 7
origo gentis (siehe auch Herkunftssage) 7, 34, 51, 56, 75
Origo gentis Langobardorum 22, 75
Ortsnamen 46, 84

pagus 30, 90, 108
Peplos 113
Personennamen 46, 53
Pfahl-Idole 83f.
Pferdeopfer 84
Polygamie 75
Priester 82, 110
Priesterinnen 76
primores 17
princeps 66, 68f., 95
propinquitates 72, 74
Przeworsk-Kultur 23
puer 70

Rassenlehre 5, 8, 48, 58
Rat und Hilfe 66, 69
Recht, germanisches 61
Recht, isländisches 74
regia 16, 69
regnum Francorum 8, 114
regulus 30, 68, 107
Reich
– Deutsches 93
– Heiliges Römisches 5
– Ostfränkisches 4
– Römisches, siehe Imperium Romanum
Reichskrise des 3. Jahrhunderts 28
Reihengräbersitte 31, 107, 113
reiks 68
Religion 78–85
rex 12, 30, 66–68, 107, 114
rex et amicus 12
rex Germanorum 12, 90
rex Romanorum 36
Rheinbrücke 13, 29, 33
rinc 70
riparii 111
Ritual 80f.
Romanisierung 19, 26, 30, 34, 96
Runeninschriften 84f.
Runenstein von Rök 84

Sagas (siehe auch Mythologie, nordische) 24, 73
saio 70
Sakralkönigtum 6, 66 f.
Salii 110
Satrapen 40
Schild und Speer 77
Schlachtgesang 11
Schnurkeramikkultur 48
Schutz und Schirm 66, 69
Schwert 31, 40, 77
Seherinnen 20, 22, 76
Semnonenhain 22, 83, 91, 105
senior 70
sibba 74
Sibylle 76
‚Siedlungsarchäologie' 47
Siegfried-Mythos 96
Silbergeschirr 68
Sippe 6, 72–75
Sippenlosigkeit 74
skalk 70
Spitzenahn 56
Sprache 2 f., 7 f., 50, 61, 88
– baltische 46 f.
– britannische 10
– deutsche 45, 51
– englische 51
– gallische 13
– germanische 3, 10, 45–47, 68, 81
– gotische 50
– griechische 34
– indogermanische 46
– italische 46
– keltische 46 f.
– lateinische 51
– nordgermanische 61
– ostgermanische 61
– suebische 10
– westgermanische 61
Stammesbund 30, 109
Stammesrechte (siehe auch Leges) 61
Stammesschwarm 103
Stammesverband 109
stirps regia 75
Streitaxtkultur 48
‚Substratsprachen' 53
Suebenbegriff 90–92
Suebenknoten 21, 91
Suebenname 41, 91 f., 103
Synkretismus 80, 85

Tabula Peutingeriana 109
Taufe 32, 36, 81, 108
Terpen 74
terra salica 111
Terra sigillata 26
Testament 77
thegan 70
theotiscus 11, 51
thiuda 68
thiudans 68
Tieropfer 83
Tierstil, germanischer 85
truht 70
truhtin 68, 70 f.
truhting 70
Topos 58, 63, 97
Tracht 7, 50
Traditionskern 24, 105
Treue 5 f., 34, 60, 69–72, 78
Trinkgefäße 71
Tunika 113

Varusschlacht (siehe auch Hermannsschlacht) 14, 93–95
vassus/Vasall 70
Verfassung 9, 40, 65, 72, 109, 114 f.
Versammlung bei Marklo 40
Verwandtschaft 75
vicus 105
Vierkaiserjahr 17
villa 105 f.
Vita Lebuini antiqua 40
Vita Severini 31, 42, 107
Völkernamen 28, 46, 50, 57, 102 f.
Volksbegriff 7, 50, 54
Volkscharakter (siehe auch Nationalcharakter) 2, 70, 79
Volksseele 2, 5, 63

Waffen 7, 41, 68
Waffenbeigabe 21 f., 31, 36, 68, 71, 112 f.
Waffensohn 42
Wagenburg 11, 76
Wandermotive, völkerkundliche 63
Wergeld 73 f.
Wielbark-Kultur 24 f.
Wikingerzeit 84
Wochentage 82
Wortschatz-Forschung 46

Enzyklopädie deutscher Geschichte
Themen und Autoren

Mittelalter

Demographie des Mittelalters (N. N.) 　　　　　　　　　　　Gesellschaft
Agrarwirtschaft, Agrarverfassung und ländliche Gesellschaft im Mittelalter (Werner Rösener) 1992. EdG 13
Adel, Rittertum und Ministerialität im Mittelalter (Werner Hechberger)
Die Stadt im Mittelalter (Michael Matheus)
Armut im Mittelalter (Otto Gerhard Oexle)
Die Juden im mittelalterlichen Reich (Michael Toch) 1998. EdG 44

Wirtschaftlicher Wandel und Wirtschaftspolitik im Mittelalter　　Wirtschaft
  (Ludolf Kuchenbuch)

Wissen als soziales System im Frühen und Hochmittelalter (Johannes Fried)　　Kultur, Alltag,
Die geistige Kultur im späteren Mittelalter (Johannes Helmrath)　　Mentalitäten
Die ritterlich-höfische Kultur des Mittelalters (Werner Paravicini) 1994. EdG 32
Die materielle Kultur des Mittelalters (N. N.)

Die mittelalterliche Kirche (Michael Borgolte) 1992. EdG 17　　Religion und
Religiöse Bewegungen im Mittelalter (Matthias Werner)　　Kirche
Formen der Frömmigkeit im Mittelalter (Arnold Angenendt)

Die Germanen (Walter Pohl) 2000. EDG 57　　Politik, Staat,
Die Slawen in der deutschen Geschichte des Mittelalters (N. N.)　　Verfassung
Das römische Erbe und das Merowingerreich (Reinhold Kaiser) 2. Aufl. 1997. EdG 26
Das Karolingerreich (Bernd Schneidmüller)
Die Entstehung des Deutschen Reiches (Joachim Ehlers) 2. Aufl. 1998. EdG 31
Königtum und Königsherrschaft im 10. und 11. Jahrhundert (Egon Boshof) 2. Aufl. 1997. EdG 27
Der Investiturstreit (Wilfried Hartmann) 2. Aufl. 1996. EdG 21
König und Fürsten, Kaiser und Papst nach dem Wormser Konkordat (Bernhard Schimmelpfennig) 1996. EdG 37
Deutschland und seine Nachbarn 1200–1500 (Dieter Berg) 1996. EdG 40
Die kirchliche Krise des Spätmittelalters (Heribert Müller)
König, Reich und Reichsreform im Spätmittelalter (Karl-Friedrich Krieger) 1992. EdG 14
Fürstliche Herrschaft und Territorien im späten Mittelalter (Ernst Schubert) 1996. EdG 35

Frühe Neuzeit

Bevölkerungsgeschichte und historische Demographie 1500–1800　　Gesellschaft
  (Christian Pfister) 1994. EdG 28
Bauern zwischen Bauernkrieg und Dreißigjährigem Krieg (André Holenstein) 1996. EdG 38

Bauern 1648–1806 (Werner Troßbach) 1992. EdG 19
Adel in der Frühen Neuzeit (Rudolf Endres) 1993. EdG 18
Der Fürstenhof in der Frühen Neuzeit (Rainer A. Müller) 1995. EdG 33
Die Stadt in der Frühen Neuzeit (Heinz Schilling) 1993. EdG 24
Armut, Unterschichten, Randgruppen in der Frühen Neuzeit
(Wolfgang von Hippel) 1995. EdG 34
**Unruhen in der ständischen Gesellschaft 1300–1800 (Peter Blickle)
1988. EdG 1**
Frauen- und Geschlechtergeschichte 1500–1800 (Heide Wunder)
Geschichte des Judentums vom 16. bis zum Ende des 18. Jahrhunderts
(Friedrich Battenberg)
Militärgeschichte des späten Mittelalters und der Frühen Neuzeit
(Bernhard Kroener)

Wirtschaft
**Die deutsche Wirtschaft im 16. Jahrhundert (Franz Mathis) 1992. EdG 11
Die Entwicklung der Wirtschaft im Zeitalter des Merkantilismus 1620–1800
(Rainer Gömmel) 1998. EdG 46
Landwirtschaft in der Frühen Neuzeit (Walter Achilles) 1991. EdG 10
Gewerbe in der Frühen Neuzeit (Wilfried Reininghaus) 1990. EdG 3
Kommunikation, Handel, Geld und Banken in der Frühen Neuzeit (Michael
North) 2000. EdG 59**

Kultur, Alltag, Mentalitäten
Medien in der Frühen Neuzeit (Stephan Füssel)
Bildung und Wissenschaft im 15. und 16. Jahrhundert (Notker Hammerstein)
**Bildung und Wissenschaft in der Frühen Neuzeit 1650–1800
(Anton Schindling) 2. Aufl. 1999. EdG 30**
Die Aufklärung (Winfried Müller)
**Lebenswelt und Kultur des Bürgertums in der Frühen Neuzeit (Bernd Roeck)
1991. EdG 9**
Kultur und Mentalitäten der unterbürgerlichen Schichten in der Frühen Neuzeit
(Robert von Friedeburg)
Umweltgeschichte Frühe Neuzeit (N.N.)

Religion und Kirche
Die Reformation. Voraussetzungen und Durchsetzung (Olaf Mörke)
**Konfessionalisierung im 16. Jahrhundert (Heinrich Richard Schmidt)
1992. EdG 12
Kirche, Staat und Gesellschaft im 17. und 18. Jahrhundert (Michael Maurer)
1999. EdG 51
Religiöse Bewegungen in der Frühen Neuzeit (Hans-Jürgen Goertz)
1993. EdG 20**

Politik, Staat und Verfassung
Das Reich in der Frühen Neuzeit (Helmut Neuhaus) 1997. EdG 42
Landesherrschaft, Territorien und Staat in der Frühen Neuzeit (Joachim Bahlcke)
Die Entwicklung der landständischen Verfassung (Kersten Krüger)
**Vom aufgeklärten Reformstaat zum bürokratischen Staatsabsolutismus
(Walter Demel) 1993. EdG 23**

Staatensystem, internationale Beziehungen
**Das Reich im Kampf um die Hegemonie in Europa 1521–1648 (Alfred Kohler)
1990. EdG 6
Altes Reich und europäische Staatenwelt 1648–1806 (Heinz Duchhardt)
1990. EdG 4**

19. und 20. Jahrhundert

Demographie des 19. und 20. Jahrhunderts (Josef Ehmer)	Gesellschaft

Umweltgeschichte des 19. und 20. Jahrhunderts (Arne Andersen)
Adel im 19. und 20. Jahrhundert (Heinz Reif) 1999. EdG 55
Geschichte der Familie im 19. und 20. Jahrhundert (Andreas Gestrich) 1998. EdG 50
Urbanisierung im 19. und 20. Jahrhundert (Klaus Tenfelde)
Soziale Schichtung, soziale Mobilität und sozialer Protest im 19. und 20. Jahrhundert (N.N.)
Von der ständischen zur bürgerlichen Gesellschaft (Lothar Gall) 1993. EdG 25
Die Angestellten seit dem 19. Jahrhundert (Günter Schulz) 2000. EdG 54
Die Arbeiterschaft im 19. und 20. Jahrhundert (Gerhard Schildt) 1996. EdG 36
Die Juden in Deutschland 1780–1918 (Shulamit Volkov) 2. Aufl. 2000. EdG 16
Die Juden in Deutschland 1914–1945 (Moshe Zimmermann) 1997. EdG 43
Militärgeschichte des 19. und 20. Jahrhunderts (Ralf Pröve)

Die Industrielle Revolution in Deutschland (Hans-Werner Hahn) 1998. EdG 49	Wirtschaft

Die deutsche Wirtschaft im 20. Jahrhundert (Wilfried Feldenkirchen) 1998. EdG 47
Agrarwirtschaft und ländliche Gesellschaft im 19. Jahrhundert (Stefan Brakensiek)
Agrarwirtschaft und ländliche Gesellschaft im 20. Jahrhundert (Ulrich Kluge)
Gewerbe und Industrie im 19. und 20. Jahrhundert (Toni Pierenkemper) 1994. EdG 29
Handel und Verkehr im 19. Jahrhundert (Karl Heinrich Kaufhold)
Handel und Verkehr im 20. Jahrhundert (Christopher Kopper)
Banken und Versicherungen im 19. und 20. Jahrhundert (Eckhard Wandel) 1998. EdG 45
Staat und Wirtschaft im 19. Jahrhundert (bis 1914) (Rudolf Boch)
Staat und Wirtschaft im 20. Jahrhundert (Gerold Ambrosius) 1990. EdG 7

Kultur, Bildung und Wissenschaft im 19. Jahrhundert (N.N.)	Kultur, Alltag und Mentalitäten

Kultur, Bildung und Wissenschaft im 20. Jahrhundert (Frank-Lothar Kroll)
Lebenswelt und Kultur des Bürgertums im 19. und 20. Jahrhundert (Andreas Schulz)
Lebenswelt und Kultur der unterbürgerlichen Schichten im 19. und 20. Jahrhundert (Wolfgang Kaschuba) 1990. EdG 5

Formen der Frömmigkeit in einer säkularisierten Gesellschaft (Karl Egon Lönne)	Religion und Kirche

Kirche, Politik und Gesellschaft im 19. Jahrhundert (Gerhard Besier) 1998. EdG 48
Kirche, Politik und Gesellschaft im 20. Jahrhundert (Gerhard Besier) 2000. EdG 56

Der Deutsche Bund und das politische System der Restauration 1815–1866 (N.N.)	Politik, Staat, Verfassung

Verfassungsstaat und Nationsbildung 1815–1871 (Elisabeth Fehrenbach) 1992. EdG 22
Politik im deutschen Kaiserreich (Hans-Peter Ullmann) 1999. EdG 52
Die innere Entwicklung der Weimarer Republik (Andreas Wirsching) 2000. EdG 58

Nationalsozialistische Herrschaft (Ulrich von Hehl) 1996. EdG 39
Die Bundesrepublik Deutschland. Verfassung, Parlament und Parteien (Adolf M. Birke) 1996. EdG 41
Die Sozialgeschichte der Bundesrepublik Deutschland (Arnold Sywottek)
Die Innenpolitik der Deutschen Demokratischen Republik (Günther Heydemann)

Staatensystem, internationale Beziehungen

Die deutsche Frage und das europäische Staatensystem 1815–1871 (Anselm Doering-Manteuffel) 1993. EdG 15
Deutsche Außenpolitik 1871–1918 (Klaus Hildebrand) 2. Aufl. 1994. EdG 2
Die Außenpolitik der Weimarer Republik (Gottfried Niedhart) 1999. EdG 53
Die Außenpolitik des Dritten Reiches (Marie-Luise Recker) 1990. EdG 8
Die Außenpolitik der Bundesrepublik Deutschland (Hermann Graml)
Die Außenpolitik der Deutschen Demokratischen Republik (Joachim Scholtyseck)

Hervorgehobene Titel sind bereits erschienen.

Stand: (Oktober 1999)